Reinhold Brinkmann

# Vom Pfeifen
# und von alten Dampfmaschinen

*Aufsätze zur Musik*
*von Beethoven bis Rihm*

Paul Zsolnay Verlag

1 2 3 4 5    10 09 08 07 06

ISBN-10: 3-552-05375-1
ISBN-13: 978-3-552-05375-5
Alle Rechte vorbehalten
© Paul Zsolnay Verlag Wien 2006
Satz: Filmsatz Schröter, München
Druck und Bindung: GGP Media GmbH, Pößneck
Printed in Germany

*Für Dorothea*

# Inhaltsverzeichnis

»Kennst du das Buch?«
Oder: Die Vertreibung der Musiknoten
aus *Wilhelm Meisters Lehrjahre* .................... 9

Wirkungen Beethovens in der Kammermusik ........ 32

Monologe vom Tode, politische Allegorie
und die »heil'ge Kunst«. Zur Landschaft
von Schuberts *Winterreise* ......................... 73

Zeitgenossen. Johannes Brahms und die Maler
Feuerbach, Böcklin, Klinger und Menzel .......... 108

Epoche Jugendstil? .................................... 139

Schönberg und George.
Interpretation eines Liedes ......................... 177

Der Narr als Modell. Arnold Schönbergs
*Pierrot lunaire* und der moderne Künstler ........ 206

Kompositorische Maßnahmen Eislers ................ 241

Vom Pfeifen und von alten Dampfmaschinen.
Zwei Hinweise auf Texte Theodor W. Adornos .... 263

Musikalische Lyrik oder die Realisation von Freiheit.
Wolfgang Rihms *Hölderlin-Fragmente* ............. 273

# ANHANG

Nachwort ............................................... 299

Anmerkungen ......................................... 303

Nachweise ............................................. 341

Personenregister ...................................... 345

»Kennst du das Buch?«
Oder: Die Vertreibung der Musiknoten
aus *Wilhelm Meisters Lehrjahre*

## 1796

Denken wir uns, für einen Augenblick nur, gut 200 Jahre zurück, ins letzte Jahrzehnt des 18. Jahrhunderts. Nehmen wir an, ein zeitgenössischer Leser wolle das bereits berühmte Italien-Gedicht kennenlernen, das Goethe am Beginn des 3. Buches von *Wilhelm Meisters Lehrjahre* seine Roman-Figur Mignon singen läßt: »Kennst du das Land? wo die Zitronen blühn«. Unser kundiger Leser schlägt im 2. Band der Erstausgabe des Romans nach, die 1795–96 bei Unger in Berlin in vier zierlich-eleganten Bänden im Klein-Oktavformat erschienen war[1]; dort findet er auf der Seite 7 mit den beiden ersten Strophen den Anfang des Gedichts – ohne Titel und ohne erläuternde Hinführung direkt das Kapitel eröffnend (vgl. NB 1).

Beim Blick auf das Buch und seine Seiten aber bietet sich dem historischen Leser ein ganz anderes Bild als dem Käufer und Benutzer moderner Ausgaben. Mehr noch, bei dem Italien-Gedicht wird unser Leser gewiß dem Impuls dessen folgen, was er vor sich sieht, das heißt: er wird sich mit dem Buch ans häusliche Pianoforte oder Cembalo setzen (weniger wahrscheinlich ist, daß der Haushalt eine Harfe, Laute oder Zither besitzt) und zur eigenen Begleitung ein Lied singen oder summen – Mignons Lied. Er sieht nämlich in der Erstausgabe nicht etwa auf zwei normal bedruckte Buch-

Erstes Capitel.

Kennst du das Land? wo die Citronen blühn,
Im dunkeln Laub die Gold-Orangen glühn,
Ein sanfter Wind vom blauen Himmel weht,
Die Myrthe still und hoch der Lorbeer steht,
Kennst du es wohl?
    Dahin! Dahin!
Möcht ich mit Dir, o mein Geliebter, ziehn.

Kennst du das Haus? auf Säulen ruht sein Dach,
Es glänzt der Saal, es schimmert das Gemach,
Und Marmorbilder stehn und sehn mich an:
Was hat man Dir, du armes Kind, gethan?
Kennst du es wohl?
    Dahin! Dahin!
Möcht ich mit Dir, o mein Beschützer, ziehn.

Mit Ernst und Affekt.                                     Reichardt.

Kennst du das Land? wo die Ci-tro-nen blühn, im dun-keln Laub' die Gold-o-ran-gen glühn, ein sanf-ter Wind vom blau-en Him-mel weht, die Myr-the still und hoch der Lor-beer steht, Kennst du es wohl? Da-hin, da-hin möcht' ich mit dir, o mein Ge-lieb-ter, ziehn.

seiten mit dem erzählten Übergang vom 2. zum 3. Buch des Romans. Während auf der Recto-Seite 7 das bereits in seiner Plazierung und nachträglichen Erläuterung formal außerordentliche Italien-Gedicht beginnt, ist auf der Verso-Seite zur Linken der Leser gehalten, ein eingeheftetes Blatt, größer als das Buchformat, aufzuklappen und auszufalten. (Die Abbildung 1.1 zeigt diese Konstellation.) Das Ausfaltblatt ist nur auf jener Seite bedruckt, die dem Gedicht auf S. 7 zugewandt ist, und – ganz entscheidend – das Blatt enthält Noten, ein Lied in Es-Dur, im Klaviersatz auf 2 Systemen notiert, mit dem Sopranschlüssel für die rechte Hand und mit der Liedmelodie als Oberstimme. (Eine andere Möglichkeit wäre die Ausführung mit der zeitgenössischen Harfe, Laute oder Zither.) Als Text ist die 1. Strophe des Italien-Gedichts der Seite 7 unterlegt, das somit doppelt erscheint: als literarisches wie als musikalisches Lied. Die beiden anderen Strophen sollten zum gleichen Tonsatz musiziert werden – die musikalische Einlage aber drängt zur Aktion, die Noten wollen erklingen, und dies um so mehr, als der folgende Romantext die Melodie Mignons als unvergleichlich preist. Natürlich muß man annehmen, daß die Notenbeilage Mignons Melodie wiedergibt. Und natürlich wird unser häuslicher Leser, zum Musiker geworden, dann auch die Nuancen des Ausdrucks darzustellen suchen, die Mignon so eindrucksvoll gestaltete, als sie das Lied in der fremden Sprache vorführte. Der Leser liest und exekutiert ein Strophenlied, dessen Theorie und Praxis die modifizierende Ausgestaltung der einzelnen Strophen durch den Musiker forderte[2]. Befremdlich verfremdend allerdings ist, daß ihm rechts oben in der Ecke des eingehefteten Notenblattes der Name des Komponisten mitgeteilt wird: »Reichardt.« – ohne Vornamen, karg und fast unfreundlich. Die Nennung eines dem Roman externen Komponisten weist den Leser noch einmal auf den fiktiven Charakter des Ganzen hin.

In analoger Weise sind in den *Lehrjahren* sieben Gedichte in zwei Existenzformen, als dichterisches und als musikalisches Lied, einander gegenübergestellt.[3] Es gibt Noten für die drei vollständigen Lieder des Harfners, für das Lied Philines und für drei der vier Lieder Mignons. »So lasst mich scheinen bis ich werde«, Mignons letztes Lied, sollte im Roman offenbar »Gedicht« bleiben. Aber dazu später. Eine Nachricht des Verlags an den Buchbinder über die Plazierung der Musikbeilagen steht am Ende des 2. Romanbandes, auf S. [375]: »Die von dem Hrn. Capellmeister R e i c h a r d[t] componirten Lieder werden so eingeheftet, daß man sie von der Rechten zur Linken aufschlägt: Zu Seite 7 Kennst du das Land etc. Zu S. 265 Nur wer die Sehnsucht kennt etc.«.

## In Parenthese: Lied

Der Liedbegriff der Goethezeit führt ein Doppelleben, das heißt, er ist gleichzeitig in zwei Kunstbereichen aktuell: in der Dichtung und in der Musik. Lied als literarisches Genre meint ein Gedicht, das auf Vertonung hin angelegt ist, das zu seiner vollen Entfaltung der Ergänzung durch Musik bedarf. Niemand hat das klarer ausgesprochen als Wilhelm Müller, der Dichter der *Schönen Müllerin* und der *Winterreise*, beides Exempel literarischer Lieder. Müller schreibt: »… denn in der Tat führen meine Lieder, die zu einem deklamatorischen Vortrage, wenige ausgenommen, durchaus nicht geeignet sind, nur ein *halbes* Leben, ein Papierleben, schwarz auf weiß – […] bis die Musik ihnen den Lebensodem einhaucht, oder ihn doch, wenn er darin schlummert, herausruft und weckt«[4]. Umgekehrt meint die musikalische Gattung Lied in der Goethezeit eine Vertonung, die ihren Text nicht artistisch überformt, sondern ihm nur zu einer anderen, höheren Existenz verhilft. Goethe an Zelter: »Deine

Kompositionen fühle ich sogleich mit meinen Liedern identisch, die Musik nimmt nur wie ein einströmendes Gas den Luftballon mit in die Höhe«.[5] Dichterische und musikalische Lyrik haben in der Goethezeit ihren archimedischen Ort im Begriff der Sangbarkeit.

Goethes Zustimmung zu ihrer Vertonung bestimmt die Gedichte Mignons und des Harfners als poetische Lieder, und die Veröffentlichung der Noten am Gedichtort ist eine demonstrative künstlerische Geste. Sie tangiert die Auffassung der Gedichte als Gedichte, als sprachliche Formen eigenen Rechts. »Ein Lied ohne Weise ist nur halb, was es sein soll«, schreibt Johann Heinrich Voß am 29. 3. 1784 an Johann Abraham Peter Schulz[6] – das bedeutet aber auch, daß eine rein literaturwissenschaftliche Interpretation von Mignons Italien-Lied am Liedbegriff selbst ihre Grenzen findet. Lieder sind weder philosophische Traktate noch in sich selbst vollkommene Sprachgebilde. Stephen Sondheim hat diese grundsätzliche Bestimmung für seinen Bereich des Musicals knapp und präzise ausgedrückt[7]: »Once a line becomes poetry, it's not a lyric«. Es irritiert mich, daß Hannelore Schlaffers faszinierende mythologische Interpretation des Italien-Liedes[8] unter den Bedingungen der »Sangbarkeit« problematisch wird.

Die von den Lied-Einlagen intendierte oder provozierte Praxis eines isoliert-privaten Lesevorgangs mit gelegentlichem Selbst-Musizieren von Liedern, reflektiert auf das private Haus als den sozialen Ort der Gattung Lied. Die Praxis setzt ferner das Klavier als weitverbreitetes Musikmöbel im bürgerlichen Haushalt voraus (selten wird eine Harfe vorhanden gewesen sein). Doch gibt es auch hier eine öffentliche oder doch halb-öffentliche Perspektive in den Lesegesellschaften, die in der frühen Entfaltung der bürgerlichen Kultur als institutionelle Katalysatoren der zeitgenössischen »Lesewut« entstanden und die in analogen Musikgesellschaften eine Parallele hatten. Die Stadt Mannheim kann als Beispiel gelten[9]. Da gibt es die 1803 gegründete Lesegesellschaft »Casino« mit Bibliothek und Lesezimmer und einer assoziierten Buchhandlung, nach seinen Statuten ein Unternehmen, »wodurch die gesellige Mitteilung erleichtert und zugleich der Geist auf angenehme und nützliche Art beschäftigt wird« (zitiert bei Walter, S. 87). Und da gibt es das 1806 gegründete musikalische »Conservatorium«, ebenfalls mit assoziierter Buchhandlung, das vor allem die »Bildung zur Aufführung größerer Musikstücke« fördern wollte (Weber, Jg. 8, Sp. 652–3) und tatsächlich im Januar 1807 die erste öffentliche Aufführung der Beethovenschen *Eroica* außerhalb Wiens zustande brachte. Beide Institutionen fusionierten im Jahr 1808 zum »Museum«, um »durch Vereinigung mehrerer bisher isolirter Anstalten, für intellektuelle und ästhetische Kultur, für verfeinerte und erhöhete Geistigkeit einen Vereinigungspunkt zu bilden« (»Denkblätter«, S. 3). In dieser »öffentlich relevant gewordenen Privatsphäre der Gesellschaft« formiert sich »ein Publikum von Privatleuten, deren in der Verfügung über privates Eigentum gegründete Autonomie sich in der Sphäre der bürgerlichen Familie als solche darstellen, in Liebe, Freiheit, und Bildung, mit einem Wort: als Humanität sich innerlich verwirklichen möchte« (Habermas)[10].

## Verseinlagen und Musikbeilagen

Poetische Lieder als Verseinlagen in klassischen und romantischen Romanen und Novellen[11] bewirken eine Unterbrechung des Erzählzusammenhangs, sie suggerieren das momentane Einstehen der Zeit, die Weitung eines erfüllten Augenblicks. Diese Brechung der Erzählperspektive führt zu einer Ästhetisierung der Leseerfahrung, zum momentanen Sichabwenden vom Gang der Erzählung und zur Konzentration auf den zum Verweilen einladenden lyrischen Moment. Die Distanzierung des Lesers vom narrativen Kontext ist besonders stark bei Mignons Italien-Lied. Die vielfach verschlüsselte Darstellung dieses Liedes geht bekanntlich bis zur Einschaltung des Romanautors und die fiktive Konsequenz ist die als ungesichert hingestelllte sprachliche Form. Das Gedicht setzt, wie bereits erwähnt, gänzlich unvorbereitet, ohne Überschrift und ohne erläuternde Prosa an einem Kapitelanfang ein. Daß dies ein Lied Mignons ist, wird nicht gesagt, und daß Mignons emphatischer Ausruf »Mein Vater!« am Ende des vorhergehenden 2. Buchs die letzte Gedichtzeile vorwegnimmt, wird dem Leser erst nachträglich klar. Das Gedicht steht als lyrischer Augenblick zunächst isoliert in sich selbst. Ihm folgt Romanprosa, die sich aber anfangs keineswegs auf das Gedicht zu beziehen scheint. Erst am Ende des 2. Absatzes dieser Prosa wird klar, daß hier ein nachgetragener Bericht vorliegt. Der Leser erfährt jetzt, daß Mignon das Lied am Morgen, nach dem Abend des »reinsten unbeschreiblichsten Glückes«, vor Wilhelm sang, aber sie sang es in einer fremden Sprache, mehrere Worte blieben unverständlich, erst nach einer Wiederholung der Strophen konnte Wilhelm den Text aufschreiben und ins Deutsche übersetzen. Die Eigenart wie die künstlerische Qualität der sprachlichen Gestalt, so wird uns erzählt, ihre Gebrochenheit und ihre lockere Fügung konnte die Übersetzung nur annähernd treffen. »Auch konnte der Reiz der Melodie mit nichts verglichen werden,« fügt der Erzähler wissend hinzu. Mignon rezitierte nicht ein Gedicht, sie sang ein Lied.

Die am Ort des Gedichts eingefügte Vertonung ergänzt die zum Lied fehlende Komponente Musik. Zugleich aber betont sie und verstärkt die ohnehin erst nachträglich in den Erzählkontext eingeholte Selbständigkeit der Einlage.

Führte die Lesetätigkeit bereits zu einer Isolierung des Gedichts innerhalb des Romans, so findet das Singen am Klavier als Tätigkeit jenseits des reinen Wort-Mediums statt – im Moment der musikalischen Exekution wird das Lied faktisch aus dem Roman hinausverlegt.

## Es war der Verleger

Die Initiative für die Musikbeilagen in den *Lehrjahren* kam nicht vom Autor, sondern von Johann Friedrich Unger, dem erfindungsreichen Berliner Verleger, dem Goethe die Herausgabe seiner *Neuen Schriften* anvertraut hatte, und sie kam spät, im November 1794, wenige Wochen nur vor dem Erscheinen des 1. Bandes der *Lehrjahre*. Nie war in der zweijährigen Korrepondenz zwischen Verleger und Autor seit dem ersten Erwähnen des Romans im Dezember 1792 die Möglichkeit von Notenbeigaben zu den *Lehrjahren* auch nur angeklungen. Unger hat aber sofort nach Erhalt der ersten Lieferung der Druckvorlage im späten Juli 1794 in einer Mischung aus Enthusiasmus und verlegerischem Kalkül den Roman in seinem Bekanntenkreis durch Vorzeigen und Vorlesen propagiert. Am 24. 7. 1794 schreibt er an Goethe[12] (Hagen 514, S. 250): »Es wird Ihnen [sic!] wohl nicht wundern, wenn ich Ihnen sage, dass ich das Manuscript schon auswendig kann, so oft habe ich es schon vorgelesen«. Reichardt, der ein vielfacher Verlagsautor Ungers war, hat das 1. Buch des Romans durch Vermittlung, vielleicht sogar durch eine gezielte Maßnahme Ungers, ohne daß Goethes Einverständnis eingeholt wurde, gelesen und die drei Harfner-Gesänge aus den Druckfahnen komponiert. Als Verleger von Musikalien und Kenner der Druckszene war Unger die Praxis der Noteneinlagen geläufig. Doch könnte bei den »Lehrjahren« der umtriebige Reichardt selbst die treibende Kraft gewesen sein. Jedenfalls schreibt Unger am 12. 11. 1794 an Goethe (Hagen 525, S. 254):

»Reichard[t] hat die 3 Lieder des Harfenisten componirt und Kenner versichern, sie seien schön u. passend gesezt, wie man es auch von ihm erwarten konnte. Er verehrt nicht allein den großen Dichter auf das Höchste, sondern hat auch diesen Roman mit Entzücken gelesen, und in diesem [Entzücken] hat er die Musik verfertigt. – Erlauben Sie es, daß diese drei Blätter Noten zu diesem Werke beigelegt würden? Und kann ich dies auf dem Titel bemerken?«

Goethe erlaubte die Noteneinlage, nicht aber eine Notiz über die beigefügten Vertonungen oder den Namen des Komponisten auf dem Titelblatt. Aus Ungers Antwortschreiben vom 29. 11. 94 geht hervor, daß Goethes Ablehnung dezidiert war (Hagen 527, S. 255)[13]: »Auf Ihren Befehl werde ich die Compositionen von Reichard (sic!) nicht bei dem Titel erwähnen«. So fehlt der Name Reichardts im 1. Band der *Lehrjahre* ganz, der Komponist bleibt anonym; nur auf den Notenblättern wird dann im 2. Band »Reichardt«, schließlich im 3. »J. F. Reichardt« genannt – wohl eine von Unger eingeführte Progression, der gewiß auch durch das indirekt, innerhalb der Anweisung an den Buchbinder hineingeschmuggelte »Capellmeister Reichard« im 2. Band dem vom Dichter auf dem Titel verschmähten Komponisten sein Recht widerfahren lassen wollte.

Mignons letztes Lied, »So laßt mich scheinen« aus dem 4. Band, sollte zunächst überhaupt nicht in den Roman aufgenommen, sondern nur erwähnt werden, dann aber nach Goethes ausdrücklichem, allerdings sehr spät geäußertem Wunsch ohne Musik bleiben. Das ergab einen Konflikt mit Unger und Reichardt. Doch darauf werde ich am Ende zurückkommen. Zunächst aber gilt meine Aufmerksamkeit einem philologischen Defizit.

## Neue Gesamtausgaben

Als ich im Mai 1997 in einer Feier zum 125. Jahrestag der Ernennung des ersten »Professor of German« an der Harvard University einen kleinen Vortrag über die Musikeinlagen in Romanen von Goethe und Mörike hielt und diese Präsentation mit Originalbelegen aus den reichen Beständen der Houghton Library illustrierte[14], endete ich mit einem Appell an die deutsche Philologie, endlich eine textkritische Ausgabe des *Wilhelm Meister* herauszubringen, in der die Noten zu den Liedern vollständig, am richtigen Ort und in adäquater Form abgedruckt sind. Das ist ein Desideratum, man darf sagen, seit Goethes Tagen. Denn keine der vielen Ausgaben nach der »Neuen Auflage« von Goethes *Neuen Schriften* (mit den *Lehrjahren* von 1801 als den Bänden 4–7) enthält Notenbeilagen, auch nicht eine der »großen« wissenschaftlichen Editionen: Weimarer Sophien-Ausgabe, Jubiläums-Ausgabe, Festausgabe, Hamburger Ausgabe, Gedenkausgabe, Berliner Ausgabe – alle sind Fehlanzeigen. Das hängt natürlich mit der Entscheidungsvorgabe für eine Ausgabe »letzter Hand«, also den Rekurs auf die Cottasche Oktav-Ausgabe von 1830, zusammen. Erst die chronologisch angelegte Münchner Ausgabe mit den 1988 erschienenen *Lehrjahren*[15] und die Ausgabe im Deutschen Klassiker Verlag (Frankfurt), in der die *Lehrjahre* 1992 erschienen sind[16], nehmen den Erstdruck als Textgrundlage; sie müssen daher die Notenbeilagen bedenken und tun das auch – allerdings mit unterschiedlicher Intention und beide nicht in einer Form, die der Bedeutung und Funktion der Musikbeilagen innerhalb des Romans gerecht würde.

Die Frankfurter Ausgabe gibt die Reichardtschen Vertonungen als verkleinerte Faksimiles der Erstausgabe von 1795 wieder und plaziert sie im Anhang als reine Dokumente, zusammen mit Handschriftenproben und Bildreproduktionen, versucht also gar nicht erst, im Roman selbst einen Zusammenhang mit der poetischen Lyrik herzustellen. Der knapp(st)e philologische Kommentar zu den musikalischen Liedern (S. 1580f.) steht völlig isoliert vom kritischen Bericht zu den *Lehrjahren* ganz am Ende des Bandes. Er schließt die von Goethe abgelehnte Komposition von »So lasst mich scheinen« ohne Diskussion gleichberechtigt mit ein.

Das tut auch die Münchner Ausgabe. Sie aber plaziert wenigstens vier dieser Notenbeilagen direkt neben die entsprechenden poetischen Lieder, allerdings auf das obere Drittel der Nachbarseite im Hochformat. Unter dem Notenbeispiel bleibt die Seite leer, der sehr verkleinerte Notenabdruck aber ist kaum lesbar. Schon die Beibehaltung der alten Schlüssel deutet auf eine bloß historisch-museale Auffassung der Musikbeilagen: Wer kann das heute schon lesen? (Die Notenschrift hat sich in einem ganz anderen Maße entwickelt als die Wortschrift, Max Webers Prinzip der Rationalisierung schlägt hier voll durch.) Und die ästhetische Dimension der Notenzugaben scheint nicht erkannt zu sein, jedenfalls wird sie drucktechnisch und buchbinderisch nicht umgesetzt.

## Plädoyer

Eine in allen Belangen adäquate Einbeziehung der Notenbeilagen in eine Edition der *Lehrjahre* steht also immer noch aus. Von einer solchen Ausgabe dürfte man in Reflexion auf die Praxis der Erstausgabe erwarten:

(1) den Abdruck der sieben von Goethe autorisierten Vertonungen sowie eine Pro und Kontra abwägende textkritische Entscheidung über die Aufnahme oder Nichtaufnah-
me des letzten Mignon-Liedes; (2) einen Abdruck der Noten
direkt neben dem Gedicht, um das Spiegelverhältnis zwischen poetischem und musikalischem Lied auch optisch
sinnfällig zu machen; (3) einen Abdruck, der auch dem heu-
tigen Leser eine die reine Leserezeption ausweitende private
Ausführung des musikalischen Liedes ermöglicht – als Teil
einer Lektüre, die aus der reinen Wortsphäre hinausführt.
Das aber verlangt einen Abdruck nicht als museales Faksi-
mile im Kleinstformat, sondern eine Wiedergabe in ausrei-
chender Größe – und das ist wohl am ehesten auch heute
noch die ausklappbar eingeheftete Sonderseite. Um aber die
gleiche Lesesituation wie bei der Erstausgabe zu garantieren,
wäre zu überlegen, die Musik in moderner Notenumschrift
mit den heute geläufigen G- und F-Schlüsseln wiederzu-
geben.

Eine solche moderne textkritische Edition würde uns
erstmals seit 1795/6 *Wilhelm Meisters Lehrjahre* in der Form
der Entstehungsjahre bieten.


## Noten im Roman

Notenbeigaben in Romanen, nicht nur in deutschen, sind
zur Zeit Goethes bereits eine jahrhundertealte Praxis.[17] Als
einen früheren Beleg nenne ich stellvertretend nur Philipp
von Zesen. Sein Roman *Die Adriatische Rosemund* von 1645
enthält in einem Potpourri von Einschüben aller Arten auch
Noten, eine einstimmige Melodie zur Nr. 9 der »Lust- und
Ehrengetichte« (S. 312), während deren Nr. 8 nach einer Melodie gesungen werden soll, die so bekannt ist, daß sie nicht
eigens mitgeteilt werden muß (S. 310). Zesens *Assenat* von

1670 druckt zwei zweistimmige Gesänge in Stimmennotation (S. 194/5), den ersten charakterisiert der Romantext als »Freudengesang« zweier Königlicher Herolde (S. 193), der zweite ist ein Liebeslied, das zu Ehren des hohen Brautpaares gesungen wird (S. 266/7) – die Einfügung als zweistimmiger Gesang ist also jeweils realistisch begründet. (Wenn die Königin das erste Lied noch einmal laut vorträgt, *liest* sie den Text.) Und Zesens *Simson* von 1679 enthält gar drei solcher zweistimmigen Liedsätze, jetzt in Partiturnotation (S. 41, 44/5, 151/52.) Wieder sind die Lieder lose aus der Handlung begründet; das erste verfaßt Simson »bei müßiger Weile« als Erinnerung an seine Hochzeitsnacht. In den Erst- und Frühausgaben, die ich konsultieren konnte, sind aber in allen Fällen die Noten auf den normalen Buchseiten gedruckt und nicht als Beilage eingefügt[18].

Näher am *Wilhelm Meister* ist Samuel Richardsons *Clarissa* von 1748 (einer der fünf englischen Romane übrigens, der in der Gattungsdiskussion der *Lehrjahre* eigens erwähnt wird!)[19]. Der Roman enthält eine eingeheftete und auszuklappende Notenbeilage, und zwar ein Generalbaßlied mit zwei weiteren Textstrophen unter dem Notenteil des Blattes. Die Vertonung ist ausdrücklich nur für die letzten drei der 16 Strophen einer »Ode to Wisdom« bestimmt – jene drei Strophen, in denen die Komponistin Clarissa zur Nachtzeit versuchte, »to compose my angry passions at the harpsichord«, nachdem sie vorher Türen und Fenster geschlossen hatte. Die nach der 14. Strophe gedruckte Musik setzt – mitten im Gedicht – dort ein, wo das Herz überfließt.

Auf der anderen Seite des historischen Spektrums steht Eduard Mörike mit seinem *Maler Nolten*. Hier sind allerdings die sechs »Musikbeilagen«, komponiert von Ludwig Hetsch, dem Freund, und Karl Mörike, dem älteren Bruder des Dichters, in einer separaten Broschüre gedruckt und der zweibändigen Erstausgabe des Romans von 1832 beigelegt.[20]

Der Erstdruck der *Lehrjahre* folgte also einer durchaus verbreiteten Praxis. Die volle Entfaltung der ästhetischen Dimension wird aber bereits in der Neuauflage von Goethes *Neuen Schriften* von 1801–1803, die allerdings von Goethe nicht überwacht wurde, wieder aufgegeben. 1801 werden die Notenbeilagen nämlich nicht mehr bei den entsprechenden Gedichten eingeheftet, sondern erscheinen versammelt auf einem Blatt am Ende des jeweiligen Bandes. Die dann folgenden, von Goethe selbst betreuten Ausgaben des Romans, beginnend mit der Cotta-Ausgabe der *Werke* von 1806–1810, haben überhaupt keine Notenbeilagen mehr. Das mag auf der einen Seite wohl erzähltheoretische Gründe haben. Doch spielt andererseits auch ein politischer Grund hinein. Meine These ist, dass für den konservativ-bewahrenden, auf Evolution statt Revolution setzenden Goethe der liberale, die Ideen der Französischen Revolution offen und undiplomatisch vertretende Reichardt nicht mehr als Koautor in Frage kam.

## Goethes Ambivalenz

Reichardt war ein provozierender Anhänger der Ideen der Französischen Revolution. Seine 1792/3, zur Zeit des terreur, publizierten *Vertrauten Briefe über Frankreich* sprachen diese Symphathie öffentlich aus. Goethe dagegen machte aus seiner kritischen Haltung gegenüber der Revolution kein Hehl. Das Verhältnis zu Reichardt, den Goethe als Komponisten sehr schätzte, wurde mehr und mehr von diesem politischen Gegensatz bestimmt. Und das tangierte offensichtlich auch Reichardts Beteiligung an den *Lehrjahren*. In seinen *Tages- und Jahresheften* für 1795 hat Goethe diesen Gegensatz klar beschrieben:

es »ergab sich ein widerwärtiges Verhältnis mit Capellmeister Reichardt. ... Nun hatte sich Reichardt mit Wut und Ingrimm in die Revolution geworfen; ich aber ... hielt ein für allemal am Bestehenden fest ... Reichardt hatte auch die Lieder zum Wilhelm Meister mit Glück zu componieren angefangen, wie denn immer noch seine Melodie zu ›Kennst du das Land‹. als vorzüglich bewundert wird. Unger theilte ihm die Lieder der folgenden Bände mit, und so war er von der musikalischen Seite her unser Freund, von der politischen unser Widersacher« (Hagen 525, S. 258).

Nun war Reichardts liberale Gesinnung Goethe natürlich bereits zu Beginn der *Lehrjahre*-Publikation bekannt. Reichardt wurde 1794 aus politischen Gründen von seiner Berliner Position als Hofkapellmeister fristlos entlassen. Und man darf vermuten, daß bereits Goethes Weigerung, den Namen des Komponisten auf dem Titelblatt zu nennen, nicht allein der Reinhaltung seiner eigenen Autorschaft galt, sondern auch der Person Reichardts und ihren politischen Ideen. Ich sehe diesen Aspekt von Goethes Verhalten als eine Art Selbstschutz; er wollte eine öffentliche Identifikation mit dem revolutionären Geist vermeiden.

## Zelter am Horizont

Die Loslösung von Reichardt erreichte Goethe 1796 mit Hilfe Schillers. Beide bedienten sich Carl Friedrich Zelters, der Goethe durch Friederike Unger seine *Zwölf Lieder am Klavier zu singen* übersandt hatte, die auf Goethe, wie er brieflich gegenüber der Mittlerin bekannte, einen nachhaltigen Eindruck machten.[21] Nun kamen offenbar diese Lieder gerade zur rechten Zeit, um ein Komplott gegen Reichardt schmieden zu helfen. Im selben Brief an Frau Unger schreibt Goethe nämlich: »In dem achten Bande meines Romans wird zwar kein Raum für Gesänge bleiben, doch ist der Nachlaß Mignons und des alten Harfenspielers noch nicht erschöpft, und ich werde alles was davon das Licht erblicken kann Herrn Zelter am liebsten vertrauen«. Damit ist Reichardt als bevorzugter Liederkomponist Goethes durch Zelter abgelöst. Der Brief geht aber noch einen Schritt weiter: »Indessen schick' ich vielleicht bald einige andere Lieder mit der Bitte sie für den Schillerschen Musenalmanach zu componiren ...« (ebenda). Wenige Tage später, am 22. 6., offeriert Goethe Schiller diese Lieder mit Zelter als Komponisten und schließt ausdrücklich Mignons »So lasst mich scheinen« mit ein:

> »Zelter in Berlin ist präparirt. Es wäre gut, wenn Sie nun auch gleich an ihn schrieben. Ich habe ein Lied Mignons das ich gern in Ihren Almanach setzen möchte, im Roman wird es nur erwähnt. Es wäre die Frage, ob man Ungern selbst darüber nicht ein vertraulich Wort sagen sollte. Wenn auch eine solche Erklärung auskäme, so wäre doch die Kriegs-Erklärung geschehen, zu der wir je eher je lieber schreiten sollten.«[22]

Diese »Kriegs-Erklärung« richtete sich gegen Reichardt, und sie war ein speziell begründeter Teil der »Xenien-Flut«, mit der Goethe und Schiller Feind und Freund in den Jahren 1796/97 die Spitzen ihrer satirischen Federn spüren ließen. Schillers Verärgerung über Reichardts Rezension der *Horen* brachte eine merkliche Verschärfung der Distanzierung.[23]

Das letzte Mignon-Lied hat Goethe dann aber doch in den Roman aufgenommen; »des Effects wegen«, wie er am 26. 6. an Schiller schreibt, habe er es »einschalten müssen« (Hagen 677, S. 298) – ohne Musik. Die im Brief an Friederike

Unger durchscheinende Möglichkeit, mit Zelter einen zweiten Komponisten in die *Lehrjahre* einzuführen, hat Goethe nicht realisiert. Zelter aber vertonte die Goetheschen Lieder für Schillers *Musen-Almanach für das Jahr 1797*, darunter »So laßt mich scheinen«, das als Notenbeilage mit dem Titel »Mignon als Engel verkleidet« erschien.[24] Reichardt war im Almanach für 1797 nicht vertreten.

Von dieser Beauftragung Zelters und von dem Komplott gegen Reichardt war allerdings Unger entgegen Goethes Überlegung vom 22. 6. nicht informiert worden. Goethe verweigerte nun post festum die Aufnahme der Reichardtschen Komposition in den letzten Band. Und daraus resultiert der nächste Konflikt, vielleicht ist er sogar von Goethe gewollt. Denn zu diesem Zeitpunkt hatte Reichardt, wie bei den vorherigen Bänden, quasi automatisch das Gedicht von Unger zur Vertonung erhalten, und er hatte es sofort komponiert, es war sogar bereits gedruckt und den auf Versand wartenden Exemplaren beigelegt worden. Ungers Briefe an Goethe vom 24. 9 und 11. 10. 1796 berichten dies in beredten Worten.[25] Der Verleger benutzt gar Zelters positives Urteil als Argument pro Reichardt und für einen Abdruck. Wenn nun Unger erkärt, sich Goethes Entscheidung beugen zu wollen, aber dies abhängig macht von einem weiteren Brief seines Autors, spielte er ganz offensichtlich auf Zeit. Erst als Goethes zweiter Brief, auch noch postalisch verzögert, kompromißlos auf dem Ausschluß der Musik beharrt, verspricht Unger, das Notenblatt aus den bereits vollständig fertigen Exemplaren wieder zu entfernen (Hagen 715, S. 323). Das geschah denn wohl auch, offenbar auf Ungersche Weise, nämlich keineswegs systematisch. Bei einer großen Zahl von Exemplaren ist das Notenblatt nicht wieder herausgenommen worden, inbesondere nicht aus den Vorzugsexemplaren, worauf Unger den Dichter selbst hinweist. Das Exemplar in Harvards Houghton Library enthält die Notenbeilagen aller vier Bände. Reichardt veröffentlichte seine – von Goethe für den Romandruck abgelehnte – Version von »So laßt mich scheinen« mit der Überschrift »Mignons letzter Gesang von Göthe, mit Musik von Reichard« zusammen mit dem Gedicht in dem von ihm selbst herausgegebenen Journal *Deutschland*[26]. Noten wie Buchstabentypen sind exakt dieselben wie die der übrigen Beilagen für den 4. Band des Romans. *Deutschland* erschien ebenfalls im Verlag Unger zu Berlin. Man darf annehmen, daß der gemeinsame Verleger jetzt für Reichardts Journal die Notenbeilage benutzte, die Goethe für den Roman zurückgewiesen hatte.

## Mignons letztes Lied

Die Frage, was denn den Romanautor Goethe dazu bewog, »So laßt mich scheinen«, Mignons letztes Lied, ohne Musik zu belassen, als einziges der Lieder einer Person, die sich nur singend auszudrücken vermag, deren Wesen sich nur in Musik verwirklicht – diese Frage erheischt eine Diskussion. Bekanntlich veränderte Goethe während der Arbeit am Roman seine Präsentationspläne für dieses Gedicht. Bereits bei der frühesten Erwähnung des Gedichts spricht er davon, daß in diesem Band des Romans »kein Raum für Gesänge« sei (Brief an Friederike Unger, 13. 6. 1796; der Brief hat allerdings bereits durch die Perspektive auf Zelter eine strategische Komponente). Der etwa gleichzeitige Brief an Schiller vom 22. 6. 1796 beschreibt Goethes poetisch und poetologisch außerordentlich interessanten Plan, das Gedicht solle im Roman »nur erwähnt« werden und zur gleichen Zeit sowohl als literarisches wie als musikalisches Lied in Schillers *Musen-Almanach für das Jahr 1797*, also außerhalb des Romans, gedruckt erscheinen. Zu diesem Stadium der Überlegungen gehört also eine Doppelexistenz des Liedes, allerdings mit Musik nur außerhalb des Romans. Schließlich setzt Goethe das Gedicht doch in den Roman, gegenüber Schiller begründet er diese Änderung seines ursprünglichen Plans mit dem Zwang (»einschalten müssen«), eine bestimmte Wirkung zu erzielen (»des Effects wegen«) – darf man sagen, eine lyrische, reine Wirkung in einer prosaischen Welt? Die Fortsetzung des Briefes an Schiller zeigt retrospektiv, daß die Roman-Präsentation des Gedichts und sein Abdruck im Musenalmanach voneinander abhängig sind. Die Entscheidung, das Lied ohne Musik in den Roman aufzunehmen, hat zur Folge, daß es als Gedicht im Musenalmanach nicht mehr erscheint; als musikalisches Lied dagegen, das als solches nicht im Roman steht, darf es als Notenbeilage des Almanachs publiziert werden. (Und zwar in der Fassung Zelters!)

Aber die endgültige Präsentationsform des Gedichts innerhalb des Romanzusammenhangs ist mehr als merkwürdig, nicht unähnlich den Komplikationen um das Italien-Lied. Zunächst: Es steht nicht dort, wo es gesungen wird, sondern später und ist Teil des Berichts, den Natalie von Mignon gibt; das bewahrt ein Element des frühen Plans, das Gedicht nur zu »erwähnen«. Mehr noch: Mignon »sang ein Lied mit unglaublicher Anmut«. Und obwohl sie also sang, wird Mignons Lied nur als literarischer Text wiedergegeben. Nun könnte man realistisch argumentieren, daß die Darbietung des Liedes als Bericht einer anderen Person ein Singen ausschließe; Natalie, so möchte man argumentieren, könne Mignon nicht imitieren, schon gar nicht deren »Anmut«, und daher sei es konsequent, daß Goethe eine Vertonung abgelehnt habe. Doch in anderen Fällen war Goethe keineswegs so skrupolös. Man denke nur an die ebenfalls überaus merkwürdige Einfügung von Mignons »Heiß mich nicht reden« durch den Erzähler, der lakonisch behauptet, »verhindert« gewesen zu sein, das Lied »früher mitzuteilen«. Dieses Lied aber hatte Mignon »mit großem Ausdruck einigemale rezitiert«. Will man das wörtlich nehmen, so hätte sie das Lied nicht gesungen – trotzdem hat Goethe in diesem Fall eine Notenbeilage zugelassen. Durch diese auktoriale Einschaltung realisiert der Autor nun bei »Heiß mich nicht reden«, allerdings in ästhetisierter Form, die Idee, den Zusammenhang zwischen Roman und Gedicht zu unterbrechen, die beim früheren Plan mit »So laßt mich scheinen« durch verschiedene Präsentationsorte inner- und außerhalb des Romans gegeben war.

Wichtig aber ist, daß Goethe selbst seine »Kriegs-Erklärung« an Reichardt mit Mignons letztem Lied so direkt verbindet, daß eine Trennung der ästhetischen von den politischen Argumenten kaum mehr möglich ist. Auch hat Goethe bei der Übersendung des Manuskripts weder Unger noch Reichardt von einer Entscheidung, das Lied ohne Noten zu veröffentlichen, Mitteilung gemacht. Vielmehr geschah die Anweisung, wie oben gezeigt, reaktiv, als die Komposition bereits als Notenbeilage gedruckt war. Es ist kaum glaubwürdig zu machen, Goethe habe eine entsprechende Mitteilung einfach vergessen. Ich nehme daher an (und wähle diese Formulierung, weil die Quellenlage keinen eindeutigen Beweis zuläßt), daß das Lied diesseits aller ästhetischen oder erzähltechnischen Erwägungen instrumentalisiert wurde, um – ganz im Sinn des zitierten Briefs Goethes vom 22. 6. 1796 an Schiller – den Konflikt mit Reichardt herbeizuführen.

So bleibt noch die Frage, warum bei den von Goethe überwachten Ausgaben seiner Werke nach den Schriften von 1793–1800, also von der Cotta-Ausgabe 1806(–1810) an, die *Lehrjahre* ohne Notenbeilagen blieben. Nach den hier vorgeführten Fakten und Interpretationen ist meine These, daß es das »widerwärtige Verhältnis« zu Reichardt war, das

Goethe diese Koproduktion endgültig abbrechen ließ. Kaum läßt sich zwingend hinzufügen, daß es liedästhetische oder gar Qualitätsgründe gewesen seien, die Goethes Abwendung vom Komponisten Reichardt und seine neue Orientierung auf Zelter hin bestimmt hätten. Eher wird aus dem dargestellten Ablauf des Geschehens deutlich, daß Zelter genau zur rechten Zeit kam, um die bereits beschlossene Loslösung von Reichardt leichter zu machen. Und der jeder Selbstgefälligkeit ferne Zelter hat zudem durchaus recht, wenn er Reichardts Vertonung von »So laßt mich scheinen« seiner eigenen gegenüber für überlegen hält. Mögliche andere Gründe, wie Druckkosten oder eine generelle Abneigung des späteren Goethe gegen solche Beilagen, stechen nicht. Denn Bd. 12 der Cotta-Ausgabe von 1806–10 mit dem Text von »Aus Italien« enthält zu S. 116 die Romanze »Ghiurighiuna« als eingeheftete Notenbeilage. Dieses Insert findet sich auch in den nachfolgenden Werkausgaben, etwa in Bd. 13 der Wiener Ausgabe von 1810–1817 und Bd. 13 der 20-bändigen Cotta-Ausgabe von 1815–1819. Außerhalb des *Wilhelm Meister* setzt Goethe also die Praxis der Notenbeilagen fort. Die Beilagen zu den *Lehrjahren* aber kehren nicht wieder.

## Coda

Die Geschichte hat aber noch eine doppelseitige Coda. Im Verfolg ihres »Krieges« gegen den Revolutionär Reichardt und teils als Antwort auf seine Kritik der *Horen* nahmen Goethe und Schiller ihn als besonders ausgezeichnetes Ziel einiger ihrer Xenien auf, die – wie Zelters Lieder – in Schillers Musen-Almanach für 1797 erschienen. Ein Xenion trägt die Überschrift »Kunstgriff« (S. 154) und bezieht sich auf Reichardts anonymes Selbstlob in seinen eigenen Journalen:

»Schreib die Journale nur anonym, so kannst du mit vollen
Backen deine Musik loben, es merkt es kein Mensch.«

Ein weiteres, mit dem Titel »Die Journale Deutschland und
Frankreich« stehe für mehrere, die auf Reichardts politisches
Engagement für die Französische Revolution zielen:[27]

»Zwei Journale gibt er heraus, wohl dreie, verwahrt
Nur die Papiere, denn ihn treibet der Hunger auf Raub.«

Reichardt antwortete mit gleicher satirischer Münze. Er
publizierte in seinem Journal *Deutschland* (Bd. 2, 1796,
4. Stück, S. 47) eine Parodie von Goethes Italien-Lied, deren
Autor als L. zeichnet.[28] Diese Parodie bezieht sich in ihrer
1. Strophe auf Goethes Gedicht vom Veilchen, wendet sich
in der Mittelstrophe sozialen und politschen Fragen zu, be-
rührt so den auslösenden Faktor für den Konflikt und attak-
kiert in der letzten den Dichterfürsten selbst. Ob die Anrede an die »Freundin« im Refrain auf Goethes Verhältnis zu
Christiane Vulpius zielt, muß offen bleiben.

Das glückliche Land
(Zu Reichardts Melodie des Liedes: K e n n s t   d u
d a s   L a n d, etc. in Göthe's Meister. etc.)

Kennst du ein Land wo stets die Veilchen blühn,
Am ewig grünen Busch die Rosen glühn,
Ein sanfter Wind vom blauen Himmel weht,
Der Obstbaum reich und hoch der Weinstock steht?
Kennst Du es wohl?
Dahin, dahin
Möcht ich mit dir,
Geliebte Freundin, ziehn.

Kennst Du ein Land wo unter eignem Dach
Der Landmann ruht im reinlichen Gemach,
Wo Tugend herrscht, wo Freiheit mit ihr wohnt,
Das Laster nie auf goldnen Stühlen thront?
Kennst Du es wohl?
Dahin, dahin
Möcht ich mit dir,
Geliebte Freundin, ziehn.

Kennst Du ein Land, wo fern von Eitelkeit
Man hoher Einfalt nur Altäre weiht,
Wo Unschuld knüpft der reinen Liebe Band,
Und Weisheit mehr gilt als gelehrter Tand?
Kennst du es wohl?
O lass dahin,
Lass eilends uns,
Geliebte Freundin, ziehn!

Mit diesem Schlagabtausch endete die Existenz von Musikbeilagen in den von Goethe selbst überwachten Ausgaben
des Romans. Die Erstausgabe hat somit einen einzigarti-
gen Platz in der Lebensgeschichte der *Lehrjahre*. Angesichts
der Seltenheit der Überlieferung der vollständigen Erstausgabe wäre unser eingangs erfundener zeitgenössischer Le-
ser-Musikant ein Indikator für ein tieferes Verständnis eines
Romans, den Friedrich Schlegel in seiner historischen Bedeutung der Französischen Revolution gleichsetzte.[29]

# Wirkungen Beethovens in
## der Kammermusik

Wirkungen Beethovens in der Kammermusik – das ist wahr-
lich kein Thema von kleinen Dimensionen. Um diese Weite
gleich eingangs zu demonstrieren, genügt es, die derzeitigen
Endpunkte des Feldes, den zeitlichen Umriß der Thematik
anzuzeigen.

Für den Anfang stehe die Zeit um 1830. Am 2. September
1825 erhielt Ludwig van Beethoven in seiner Sommerfrische
Baden bei Wien den Besuch eines Komponistenkollegen.[1]
Es war Friedrich Kuhlau aus Kopenhagen, der sehr achtbare
Komponist von Kammermusik und Klaviersonaten, heute
noch allen Flötisten vertraut als einer der »fruchtbarsten«
Autoren für ihr Instrument – gewissermaßen fürs Flöten in
allen Arten – und den Klavierspielern in Erinnerung als der
Verfasser liebenswerter Sonatinen, die vielen Generationen
den klassischen Sprach- und Formenkanon in die Finger
und ins Ohr brachten. Beethoven und Kuhlau verstanden
sich bestens, verbrachten im Kreis von Freunden einen offenbar ebenso heiteren wie feuchten Tag, mit Champagner
zur Mittagszeit im idyllischen Helenental und Vöslauer Ro-
tem später in Beethovens Wohnung. Kuhlau extemporierte
einen Kanon über B-A-C-H, und Beethoven antwortete mit
einem eigenen über dasselbe Motiv, dem er ein Wortspiel
auf den Namen seines Gastes unterlegte: »Kühl, nicht lau ...
Kuhlau nicht lau«. Das benutzte Grundmodell bringt es
mit sich, daß die kleine Melodie von – in unserem Zusammenhang durchaus bedeutsamen – Halbton-Motiven durchsetzt ist.

Eine Woche später, am 9. September 1825, wird Beethovens neueste Komposition, das Streichquartett in a-Moll, das spätere op. 132, im privaten Kreis in Wien uraufgeführt. Kuhlau könnte noch in Wien gewesen sein – er verhandelte wie Beethoven mit dem Berliner Verleger Schlesinger –, und möglicherweise hat er das Quartett bei der Uraufführung oder den vorherigen Proben bereits dort kennengelernt.

Mehr als 5 Jahre später, 1831, ein Jahr vor seinem Tod, beginnt Friedrich Kuhlau die Komposition eines Streichquartett-Corpus. Beethovens späte Quartette liegen sämtlich im Druck vor. Von drei geplanten Werken Kuhlaus wird nur mehr eines fertig. Es steht in a-Moll und erhielt die Opusziffer 122. Kopfsatz und Finale des viersätzigen Quartetts haben jeweils eine langsame Einleitung (die zum Schlußsatz ist durch lange Notenwerte ins Grundtempo hineingenommen). Die »Introduzione« zum 1. Satz ist Andante sostenuto überschrieben[2] (vgl. NB 2.1).

Dieser Werkeingang kann beispielhaft stehen für die offenbare Tatsache, daß Kuhlaus Streichquartett eine Komposition »nach Beethoven« ist, in jenem pointierten Sinn einer bewußten künstlerischen Anknüpfung, eines Versuchs, Tonsprache und Formniveau des späten Beethoven in das eigene Idiom einzubringen. Nicht nur das sehr betont gesetzte direkte Zitat der zentralen Halbton-Terz-Motivik der späten Beethoven-Quartette in der eröffnenden 1. Violine verweist darauf. Es gibt weitere, im strikteren Sinn musiksprachliche Momente dieses Bezuges:

• Tonfall, Typus und Funktion der Satz-Introduktionen (in unserem Beispiel am Beginn von op. 131 orientiert);

• die Quartettsatz-Struktur von der Lagen-Disposition der vier Instrumente bis zur quasipolyphonen Stimmendurchbildung mit dem charakteristischen Einmünden in die Parallelführungen zweier Stimmen in Terzen oder Sexten;

**Introduzione**
**Andante sostenuto**

NB 2.1

34

- schließlich Details der motivischen Durchbildung des Satzes (man vergleiche die Quintfall-Gegenstimme zum Hauptmotiv in den Takten 13 ff. mit der Konstellation Takt 11 ff. des op. 132).

Solche Momente deuten auf die kompositorische Reflexion eines durch Beethoven gesetzten Standards des Quartettkomponierens. Friedrich Kuhlaus Beethoven-Anknüpfung ist – trotz des deutlichen biographischen Bezugs – mehr denn bloße Hommage. Sie zielt auf eine künstlerische Auseinandersetzung.

Der andere Eckpunkt: 150 Jahre später. 1977 komponiert Wolfgang Rihm ein Streichtrio *Musik für drei Streicher*, ein Werk in drei Teilen respektive sieben Sätzen. Der dritte Satz, letzter des ersten Teils, ist Double überschrieben und entfaltet sich über einem ostinaten Klangband fis-gis, das unregelmäßig pulsiert (vgl. NB 2.2). Die Takte 97 ff. zeigen dieses Klangband in der Viola; Violine und Violoncello artikulieren dazu in Korrespondenz floskelhafte Tritonus-Wendungen, die sich in ostinaten Wiederholungen festsetzen und sich über eine Zwischenstufe (T. 99) zu einem motivisch konturierten Ausbrechen vereinen (T. 104 ff.)[3].

Was hier als signifikante motivische Kontur und im subito pianissimo gleichsam positiv wie negativ aus der hart akzentuierten Sforzato-Umgebung abgehoben erscheint, ist nichts anderes als das zentrale Motiv eines ebenfalls siebensätzigen Werks: des Beethovenschen cis-Moll-Quartetts aus dem Jahre 1826. Wenige Takte später (114 f.) erklingt dieses Motiv erneut, in gleicher Tonhöhe, jedoch nur in der Violine und rhythmisch stärker verzerrt.

An diesen Beispielen bereits ist ablesbar, daß das Beethoven-Zitat hier in einer bestimmten Konfiguration von floskelhaften motivischen Elementen steht, in der neben dem grundierenden Sekundostinato fis-gis und dem Tritonus cis-g besonders die Dreitonfolge e-f-a hervortritt, die zu-

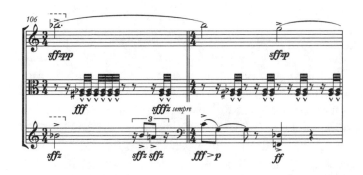

NB 2.2

dem stets in umittelbarer Nähe zum Beethoven-Motiv erscheint, es quasi vorbereitet, herbeiführend (T. 99, 102, 104) oder umrahmend (T. 113, 117), auch in Spiegelformen. Durch diese klingende Nachbarschaft wird auch ohrenfällig, was dem Analytiker schon der Blick in die Noten zeigt, daß nämlich e-f-a die Krebsumkehrung der ersten drei Töne des Motivs aus op. 131 darstellt (a-cis-d) und damit ein Beethovensches Kernmotiv selbst ist: in der Tat jene Halbton-Großterz-Folge, die auch Kuhlau aus op. 132 zitierte.

So wird schon an der Oberfläche deutlich, daß Rihms *Musik für drei Streicher* zugleich eine »Musik mit Beethoven« ist – ebenfalls Dokument einer künstlerischen Auseinandersetzung wie das Quartett von Kuhlau, eine andere historische Situation reflektierend und doch Glied der gleichen Kette eines auf Beethoven, gerade auf diese Musik, gerichteten Traditionsbewußtseins. An beiden ist Musikgeschichte erfahrbar.

Wie in der Geschichte der deutschen Literatur, wo das Dichten »nach Goethe« schon für die Zeitgenossen und dann für Generationen zum Problem wurde, einerseits die künstlerische Phantasie befreiend, andererseits sie zutiefst lähmend, so – und in einem noch weiteren Radius – läßt sich, wie Hugo Riemann in Ansätzen zeigte, eine mitteleuropäische Musikgeschichte aus der Optik eines »Komponierens nach Beethoven« schreiben, wobei die Präposition »nach« über ihren temporalen Sinn hinaus primär historisch-inhaltlich aufgefaßt ist. Warum aber gerade Beethoven als Fluchtpunkt der Traditionsvergewisserung und Betroffenheit, warum nicht Haydn oder eher noch Mozart? Und ferner: Was bei Beethoven, welche Momente seines Œuvres, welche Werke, welche Werkaspekte sind Gegenstand des kompositorischen Interesses der Nachgeborenen, und auf welche Weise wird erinnert, auf welche Weise wird verarbeitet, oder auch: sich abgearbeitet an Beethoven?

Doch bevor ich hier einige Antworten wage, kann ich der Versuchung nicht widerstehen, ihnen wie in einem kleinen Katalog den Reichtum und die andauernde Intensität wie auch das durchaus wechselnde Interesse der Rückbeziehung auf Beethoven zu demonstrieren.

Daß das »Beethoven-Fieber«, von dem der Komponist Ignaz Moscheles sprach, bereits zu Lebzeiten einsetzte, auch bei den komponierenden Zeitgenossen, ist hinreichend bekannt. Und so lohnend und verlockend es wäre, dem nachzugehen:

- von jenem Baron Niclas de Krufft, der bereits 1804 (als op. 4) eine angeblich Beethoven sklavisch nachahmende Klaviersonate publiziert und seinem Vorbild gewidmet hat. Natürlich vermerkt die Kritik, daß nur Beethovens »Eigenheiten«, nämlich das »Gesuchte, Abgerissene, Dunkle, Unverständige« kopiert seien, welches nach Auffassung des Rezensenten »gewiß nicht die beste Seite einiger unserer neuen Componisten ist«[4];
- über Beethovens direkten Schüler Ferdinand Ries, der nicht nur einen Bagatellen-Satz als »Malinconia« gestaltet[5], sondern auch eine 5. Sinfonie in d-Moll (op. 112) als thematischen Nachhall von Beethovens Fünfter kompo-

niert und den 3. Satz, Allegretto vivace, einer Sonate für Klavier und Violine, op. 8, mit einem Thema beginnt[6], das sofort die Kunst des metrischen Spiels mit Motivverschiebungen im Dreiertakt seines Vorbildes, der Beethovenschen c-Moll-Violinsonate (op. 30 Nr. 2; 3. Satz, Allegretto), als unvergleichlich erscheinen läßt;

- über das Aufspüren Beethovenscher Modelle in Schuberts Klaviersonaten, etwa im 2. Satz der Es-Dur-Sonate von 1817 im Vergleich zu Beethovens As-Dur-Adagio aus op. 10 Nr. 1 oder im 6/8-Schlußsatz der c-Moll-Sonate von 1828 im Verhältnis zu Beethovens Es-Dur-Finale aus op. 31 Nr. 3; oder die Wirkungen Beethovens zu Lebzeiten auf höchstem Niveau, so der cantabel-lyrischen 90er Opera in desselben Schubert großer Kammermusik;

- bis hin schließlich zu dem interessanten Hinweis in der Handschen Ästhetik von 1837 auf »Nachbeter« des Neuen bei Haydn und Beethoven: »[…] die originelle Manier, mit welcher Beethoven in seinen Quartetten und Symphonien den Schluß der Sätze bildet, konnte in unserer geschäftigen Zeit nicht ohne Nachahmung bleiben; wie aber die Versuche ins Affectirte und Erkünstelte verfielen statt für originell genommen zu werden […] kann der Beobachtung nicht entgangen sein«[7] –

so verlockend das Verweilen bei den Zeitgenossen wäre, so interessiert mich heute doch mehr der größere Rahmen, der raffende Gang durch Stationen der Musikgeschichte – und sei er notgedrungen noch so skizzenhaft und oberflächlich. Dabei beschränke ich mich überdies auf das Allersimpelste: auf direkte Entlehnungen, offenbare Zitate, werde also die untergründigen und indirekten Rekurse, etwa Schumanns Poetisieren der Bruchstellen in Beethovenschen kleinen Formen wie den Bagatellen, überhaupt nicht streifen.

Die Belege meiner Reihe habe ich – aus der immensen Vielfalt der möglichen[8] – so ausgewählt, daß auch genrespezifische Aspekte und unterschiedliche Akzentuierungen des Traditionsbezugs zum Vorschein kommen. Lassen Sie mich direkt nach Beethovens Tod einsetzen, mit Felix Mendelssohn Bartholdy.

Mendelssohn schrieb kurz nach Beethovens Tod, und gewiß als Hommage, im Sommer und Herbst 1827 sein Streichquartett a-Moll, das die Opuszahl 13 erhielt. Wie beim wenig späteren Es-Dur-Quartett op. 12 (dessen langsame Einleitung auf die des Beethovenschen Harfenquartetts direkt zurückgeht und dessen Hauptthema sich an das Hauptthema des op. 127 anlehnt) sind die Bezüge auf Beethovens späte Quartette offenkundig. Hier seien zunächst zwei strukturell und satztechnisch verschiedene Belege angesprochen.

Das große Finale wird mit einem instrumentalen Rezitativ eingeleitet, das nach Funktion und Satzbild dem analogen Rezitativ in op. 132 folgt, zugleich aber in seinem ersten Abschnitt fast wörtlich das zweite Rezitativ und die repetierende Allegro-Figuration der Klaviersonate op. 31 Nr. 2 (d-Moll) zitiert, während der zweite rezitativische Ansatz dann den Tonhöhen des Quartetts nachgeht. Hinleitung zum Finale und Faktur des Finale-Hauptsatzes sind überdies deutlich vom a-Moll-Quartett Beethovens abhängig.

Der langsame Satz, ein Adagio non lento, ist in dem Wechsel von homophonen und fugierten Abschnitten, aber auch in motivischen Details geprägt durch das Allegretto aus Beethovens op. 95. Vorbild ist hier also eine Satz- oder Formidee.

Auf Mendelssohn werde ich am Ende noch einmal zurückkommen.

Schumanns Streichquartette op. 41, 1842 entstanden, also nach der intensiven Klavier- und Liedkomposition, auch nach den ersten Orchesterwerken und vor der Klavierkammermusik, zeigen andere Aspekte der Wirkung Beethovens. Man könnte sie allgemeiner, weniger konstruktiv als vielmehr assoziativ nennen.

Das F-Dur-Quartett op. 42 Nr. 2 zeigt im 1. Satz latente Reminiszenzen an die Eröffnung von Beethovens Opus 132 und bringt im Schlußsatz eine Variante des bereits aus der Klavierfantasie op. 17 bekannten Zitats aus dem Liederkreis *An die ferne Geliebte* (»Nimm sie hin denn, diese Lieder [...]«), das in anderer Form auch in die spätere 2. Sinfonie an bedeutender Stelle eingehen wird.

Das a-Moll-Quartett op. 41 Nr. 1 – dessen Finale an Mendelssohns op. 12 ausdrücklich als Hommage erinnert (die Quartette sind dem Freund Felix Mendelssohn Bartholdy gewidmet) – dagegen eröffnet im langsamen Satz, gleich am Anfang des Adagios, eine weitere Dimension. Das Zitat der großen Adagio-Melodie der Beethovenschen Neunten ist unverkennbar. Unüberhörbar aber ist auch deren Veränderung ins Lyrisch-Genrehafte durch die Floskel am Zeilenende. Wichtig an diesem Beispiel ist mir jedoch das Überschreiten der Gattungsgrenzen in anderer Richtung (als vom Lied her): die Wirkung der Symphonik hinein in die Kammermusik. Das ist bei Schumann in sehr bezeichnender Weise auch an anderer Stelle zu beobachten. Fragmentarisch überliefert ist ein frühes Klavierquartett (ohne Opuszahl) in c-Moll aus dem Jahre 1829.[9] Schumann hat es zu einer Sinfonie umarbeiten (»umschustern«) wollen, weil er es für »verpfuscht« hielt. Auf einem Blatt des Orchestrierungsversuchs fallen neben Unterschriftsproben Schumanns die mehrfach wiederholten Worte »Beethoven«, »Buonaparte« und »Sinfonia eroica« ins Auge. Die Nähe des kammermusikalischen Werks zu bestimmten sinfonischen Konzepten wird dadurch wahrscheinlich gemacht. Und vielleicht ist es kein Zufall, daß auch in Schumanns frühem Opus das Des-Dur eine zentrale Rolle in der Tonarten-Disposition (vor allem der Exposition) spielt. Eine genauere Untersuchung wäre lohnend.

Ein Jahrzehnt später. Johannes Brahms, op. 1, Klaviersonate C-Dur. Die Beziehung des Brahmsschen op. 1 auf Beethovens Hammerklaviersonate op. 106 ist bekannt. Schon die zeitgenössische Kritik hat sie vermerkt – im Zusammenhang mit Schumanns Brahms-Hymnus zum Teil auch hämisch und nicht ohne hemmende Rückwirkung auf den Komponisten gerade wegen des Rekurses auf Beethoven. Der Bezug geht aber über die bloße thematische Reminiszenz am Beginn weit hinaus, was stets übersehen wurde und der Angelegenheit eine andere Qualität gibt. Ich hebe drei Momente hervor.

Nicht nur das Brahmssche Hauptthema ist abhängig von Beethovens kompaktem, mottoartigem Satzbeginn, sondern auch die Überleitungspartie in imitatorisch verschränkten Terzzügen (T. 17ff.) geht auf ein Moment der Beethovenschen Exposition (T. 92ff.) und dessen Entfaltung in einem zentralen Durchführungsabschnitt (terzgeführte Imitationen) zurück. Und schließlich besteht zwischen den beiden lyrischen Epilogabschnitten (T. 75ff. resp. T. 100ff.) eine deutliche Verwandtschaft.

Dabei ist das Verhältnis des Brahmsschen Kopfthemas zur Beethovenschen Thematik als integrierende Kontraktion getrennter Momente zu bezeichnen. Das Brahms-Thema vereint in sich akkordisch und rhythmisch das Kopfmotiv Beethovens sowie diastematisch dessen thematische Fortspinnung (die aus dem Kopfmotiv rhythmisch entwickelt ist).[10] Brahmsens Bezug ist also nicht einfach abbildend, sondern verdichtend, die Beethovensche Vorgabe weiterdenkend.

Erwin Ratz hat in seiner erhellenden Analyse der Hammerklaviersonate die harmonische Opposition von B-Dur und G- respektive D-Dur sowie die Neigung des 1. Satzes insgesamt zum Subdominantbereich herausgehoben. (Die Wiederkehr des zweiten Hauptgedankens in der Reprise in Ges- statt B-Dur ist ein auffälliges Kennzeichen dieser Subdominanttendenz.) Brahms baut dies in charakteristischer Weise zugleich sprengend und zentrierend, festigend aus. Sein Hauptthema ist latent subdominantisch, was am Reprisenbeginn vollends manifest wird. Und Brahms gestaltet Thema und ersten Satz auf dem Hintergrund einer harmonischen Strukturhyperbel zwischen doppeltem Subdominant- und doppeltem Dominantbereich. B und D sind die Pole der Disposition.[11]

Daß Brahms an die Beethovensche Disposition anschließt, zeigt ein Blick auf die Exposition in op. 106: B-Dur und D-Dur treten zwischen Hauptsatz (T. 1 ff.) und Seitensatz (T. 51 ff. resp. 47 ff.) in direkte Opposition (T. 35–38). Der Unterschied aber besteht darin, daß Beethoven ein Opus in B-Dur schreibt, während Brahms die Spannung zwischen D und B auf eine fixierte Mitte C bezieht – eine für das Brahmssche Musikdenken sehr aufschlußreiche Maßnahme.

Brahms greift also Beethoven direkt und betont auf – »jeder Esel« merke das, hätte er später gewiß unwirsch gesagt. Aber er versucht zugleich, sein Vorbild in der thematischen Konzentration weiterzudenken, und er versucht, die harmonische Strukturhyperbel über Beethoven hinaus sprengend im gesamten Satz durchzuführen. Das ist Anknüpfung und Übersteigerung, oder doch Fortführen, unter historisch neuen Bedingungen zugleich. Und ebenfalls zeigt sich die Position des Spätgeborenen: Die Struktursprengung wird an die Sicherheit eines festen tonalen Zentrums gebunden, C-Dur als Mitte eingefügt, Beethovens extremes Wagnis letztlich doch zurückgenommen: »Dauerhafte Musik« hat Brahms das genannt, was er im Anschluß an eine große Tradition erstrebte.[12]

Die tonale Gesamtdisposition übrigens, die Umstellung einer Tonika C durch ihre beiden doppelten Dominanten B und D ist nicht unbekannt. Genau sie prägt (gewiß im Rückgriff jetzt auf Brahms und durch ihn hindurch auf Beethoven) eine bedeutsame Komposition eines historisch durchaus bedeutenden und wirkungsmächtigen Komponisten des 20. Jahrhunderts, der sich ebenfalls betont auf Beethoven bezog, zuletzt ex negativo: das Violinkonzert von Adrian Leverkühn. Derjenige, der den Erfinder dieses Tonsetzers kompositorisch informierte, war – bei allen hintersinnig diabolisch erscheinenden Zügen – ein sehr genauer Kenner Beethovens und Brahmsens.

Mehr im Vorübergehen zwei Beispiele aus dem späteren 19. Jahrhundert für eine partiale, eher beiläufig-äußerliche Beethoven-Anknüpfung. Der Beethoven-Kenner Antonin Dvořák hat die Neigung, in Variationszyklen an Beethovensche Modelle und Satztypen zu erinnern. So in den Klaviervariationen As-Dur op. 36 aus dem Jahre 1876 (unmittelbar nach dem g-Moll-Klavierkonzert geschrieben), mit Anlehnungen an den Variationensatz aus Beethovens Klaviersonate op. 26, ebenfalls in As-Dur. Die jeweils 3. Variationen stehen beide in Moll, 3/8-Takt, und haben das gleiche synkopische Satzmodell mit Tonrepetitionen und sfz-Akzenten; Dvořáks 5. Variation zitiert ferner in den Takten 21 ff. mit dem pianistisch alternierenden Oktaven-Satz in Gegenbewegungssprüngen eine Passage gleicher Setzweise aus dem zweiten Teil von Beethovens 2. Variation (T. 17 ff.). Und in Dvořáks Streichsextett As-Dur op. 48 von 1878 ist die 4. Variation des Schlußsatzes (wie vielleicht die Idee eines Variationen-Finales überhaupt) eine Reminiszenz an den Schlußsatz des Beethovenschen Harfenquartetts op. 74; Satztyp mit (in dieser Konstellation keineswegs zufälligem) Quartettsatz-Beginn, Triolen-Orgelpunkt im Cello, Oberstimmenlage in gleichmäßigen Achteln sowie Motivik sind aus der wiederum 4. Variation Beethovens hergeleitet.

Hommages für den Kenner, punkthafte Beziehungen ohne konstruktive Bedeutung für das jeweilige gesamte Werk.

Von ganz anderer Intensität und Qualität ist die Auseinandersetzung mit Beethoven im Streichquartett am Ende der tonalen und Beginn der atonalen Epoche, also um die Jahrhundertwende. Hierher gehört wegen seiner außerordentlichen klanglichen Radikalität bereits Hugo Wolfs frühes Streichquartett in d-Moll, ein Jugendwerk der Jahre 1878–1884. Es ist ebenso Zeugnis einer äußerst schwierigen Lebenssituation (für die das Faust-Motto »Entbehren sollst du, sollst entbehren« steht) wie eines leidenschaftlichen Ringens des jungen Komponisten um die eigene Sprache auf dem Hintergrund der Vorbilder Wagner und Beethoven. Während sich der Blick auf Wagner vor allem in der *Tannhäuser*-Reminiszenz des langsamen dritten Satzes äußert (nicht nur *Lohengrin*-Reminiszenz, wie in der Literatur behauptet, sondern Übernahme eines Klang- und Satzmodells von Wolframs Lied an den Abendstern im instrumentatorischen Gewand des *Lohengrin*-Vorspiels), ist die Anknüpfung an Beethoven, vor allem das op. 95, für die Werkanlage wie die Satztechnik und Tonsprache bedeutender. Als Beispiel sei nur auf Scherzo und Trio verwiesen, in deren Faktur-Relation die Beethovensche Satzanlage abgebildet erscheint.

Dann ist – neben Pfitzners cis-Moll-Quartett von 1925, einem im geschichtlichen Sinn »späten« Werk[13] – vor allem Bartók zu nennen, dessen Quartette Ludwig Finscher zu Recht eine »sechsfach Gestalt gewordene Auseinandersetzung mit den letzten Quartetten Beethovens« nennt.[14] Vor allem die Verbindung Beethovenscher formaler und satztechnischer Esoterik mit volksmusiksprachlichen Modellen in Rhythmus und Instrumentalklang ist kennzeichnend für Bartóks geschichtliche Position. So in den Formexperimenten des 1. Quartetts, das sich an op. 131 (fugierte Einleitung) und 132 (instrumentales Rezitativ vor dem Finale) anlehnt, oder in instrumentalen Modellen des 5. Quartetts, das die *Große Fuge* verwandelt aufgreift und in Nähe zu Folklore-Idiomen bringt oder das Gegensatzmodell des lydischen Dankgesangs aus op. 132 umbildet.[15] Deutlich ist aber auch, daß innerhalb eines neuen musiksprachlichen Idioms auf atonaler Basis die direkte Beethoven-Reminiszenz problematischer wird als im 19. Jahrhundert. Nicht nur der zeitliche Abstand läßt die Beziehung gelassener, distanzierter erscheinen; in der veränderten (vor allem harmonisch veränderten) Tonsprache wird der Zitatcharakter einer tonalen Reminiszenz so hervortreten, daß er sich aus der neuen musikalischen Umgebung wie distanzierend abhebt – sofern nicht Verwandlungen und Näherungen wechselseitig komponiert sind.

Und wenn Schönberg für sein 1. Streichquartett op. 7 in d-Moll nach späterem Bekunden bei Beethoven Rat holte, so ist vielleicht diese Distanz bereits am Werk. Schönberg schreibt bekanntlich:

»Vielleicht könnte es für einen Analytiker interessant sein zu erfahren, daß ich Nutzen zog aus den ungeheuer vielen Ratschlägen, die mir ein zu diesem Zweck gewähltes Vorbild gab: der erste Satz der Eroica. Alexander von Zemlinsky hat mir erzählt, Brahms habe gesagt, daß er sich jedesmal, wenn er sich schwierigen Problemen gegenüber sah, Rat zu holen pflegte bei je einem bedeutenden Werk von Bach und Beethoven, die er beide immer in der Nähe seines Stehpultes aufbewahrte. Wie wurden sie mit ähnlichen Problemen fertig? Natürlich wurde das Vorbild nicht mechanisch kopiert, sondern seine geistige

Essenz entsprechend angewandt. Auf gleiche Weise erfuhr ich aus der Eroica Lösungen für meine Probleme: wie
man Eintönigkeit und Leere vermeidet, wie man aus Einheit Mannigfaltigkeit erzeugt, wie man aus Grundmaterial
neue Formen schafft; wieviel aus oft ziemlich unbedeu-
tenden kleinen Gebilden durch geringfügige Modifikationen, wenn nicht durch entwickelte Variation zu machen
ist. Von diesem Meisterwerk lernte ich auch viel über die
Schaffung harmonischer Kontraste und ihre Anwendung.
Brahms' Rat war ausgezeichnet, und ich wünschte, diese
Geschichte würde junge Komponisten davon überzeu-
gen, daß sie nicht vergessen dürfen, was unsere musikalischen Vorfahren für uns getan haben [...]«[16]

Der Rückbezug erscheint – vergleicht man etwa Wolfs kri-
senhafte Betroffenheit – versachlicht. Beethoven wird konsultiert als Autorität in Fragen der Satztechnik, der künstlerischen Ökonomie – die Verfahren interessieren, nicht die
direkte Aufnahme. Natürlich: das ist nur möglich in der fort-
dauernden Tradition motivisch-thematischen, tonal grun-
dierten Komponierens; aber auch unter dieser Voraussetzung einer mitteleuropäischen Kontinuität geht es um die
»geistige Essenz« der kompositorischen Techniken. In solcher Sicht rückt Beethoven, als Autorität, als Meister, um
Auskunft gebeten, doch in eine gewisse Distanz. Und der
alte Schönberg des zitierten Textes muß am Ende gar die
jungen Komponisten bereits darauf aufmerksam machen,
daß es sich lohnt, bei Beethoven in die Lehre zu gehen. Geht
da eine Epoche zu Ende? Wird Beethoven inaktuell für das
kompositorische Selbstverständnis der Avantgarde?
    Den veränderten Umgang mit Beethoven im beginnen-
den 20. Jahrhundert (und noch vor der Neuen Sachlichkeit) dokumentiert in meiner Beispielreihe Charles Ives mit
seinem 2. Streichquartett, das zwischen 1907 und 1913 ent-

stand. Das Stück in drei Sätzen kann in Anlehnung an den Komponisten so beschrieben werden.[17]

»Ein Streichquartett für vier Personen, die sich unterhalten, diskutieren, argumentieren (über Politik), handgemein werden, endlich stillschweigen, sich die Hände schütteln und schließlich eine Anhöhe hinaufwandern, um den Himmel zu betrachten.«

Die Sätze sind überschrieben: 1. Discussions, II. Arguments, III. »The Call of the Mountains«. In unserem Zusammenhang interessiert der zweite Satz: Arguments.

Die vier Instrumente reden, agieren gegeneinander, zunächst einander ablösend, dann zunehmend gleichzeitig, immer lauter, gewaltsamer, eigensinnig werdend, schließlich in vier großen Klang- und Stimmschichten, ohne Rücksichten auf die Mitspieler, nebeneinander her tönend. Dann löst sich die 2. Violine in einer solistischen Kadenz heraus, sentimental, altmodisch. Ihr wiederholtes *Andante emasculata* (so nennt es Ives: »verweichlichtes Andante«) wird jeweils roh von der Gruppe der drei anderen Instrumente unterbrochen, zuletzt in einem Fugato, in das auch die 2. Geige letztlich einfällt.

Dieses Gegeneinander mündet in ein Allegro con fuoco, dem Ives die Beischrift »all mad« gibt. Der Schluß erscheint als Groteske. Versucht man, ihm mit dem Vermögen der Erinnerung an Bekanntes zu folgen, so vernimmt man eine Zitatcollage, in der das marschartige Thema aus dem 3. Satz von Tschaikowskys 6. Sinfonie, das 2. Hauptthema aus Brahmsens Zweiter und schließlich, besonders herausstechend, »Freude, schöner Götterfunken« im Verbund mit amerikanischen Folksongs (darunter das von Ives so sehr bevorzugte »Columbia, the Gem of the Ocean«) durcheinandertönen. Am ironischen Ende dieser Kette von politisch-instrumentalen Argumenten stehen durcheinanderlaufende, nichtssagende C-Dur-Skalen und leere Quinten, »as tuning up«. Die dissonanten Schläge dann schließen die Auseinandersetzung der vier »as a knock out«.

Natürlich, das ist ein sehr unheiliger Umgang mit den heiligen Kühen der europäischen Tradition. Und Ives hat auch seinen Spaß bei der Komposition später selbst bekundet. Aber die kompositorische Hand ist nicht »mad«, sondern mit großer künstlerischer Ernsthaftigkeit geführt. Denn die Idee des Stückes (»making those men fiddlers get up and do something like men«[18]) bezieht sich für den Kenner der Streichquartett-Geschichte unabweisbar auf dessen klassische Theorie: »Man hört vier vernünftige Leute sich untereinander unterhalten«, so in der späten »klassischen« Formulierung Johann Wolfgang von Goethes. Und wenn die Vernunft hier ironisch ins Gegenteil umschlägt, dann wird – vor allem, wo es sich um Politik handeln soll – die argumentative Situation vom Finalbeginn der 9. Sinfonie nachgebildet, nur, der Ives'schen Situation angemessen, ex negativo oder in der Umkehrung der Partner. Wird in der Neunten das orchestrale, vielstimmige Tönen jeweils von der einstimmigen Linie der Kontrabässe unterbrochen und abgelehnt, so schlagen hier bei Ives drei Spieler im Verein auf den einen solistischen ein.

Zur Darstellung des Gehalts wird also in doppelter ironischer Brechung sowohl ein Topos der Streichquartett-Tradition wie ein Form – und Sprachmodell eines Beethovenschen Sinfoniesatzes samt Zitat herangezogen und uminterpretiert. Erst in der Relation zu dieser auf Distanz gehaltenen Tradition, in der Beethoven hervortritt, ist die Idee des Ganzen realisiert und adäquat wahrnehmbar. Beethovens Musik erhält so die Funktion eines Darstellungsmittels – sie wird »benutzt« im fast Brechtschen Sinn.

Von hier ist der Schritt zu einem letzten Beispiel meiner Reihe, aus der Zeit nach dem 2. Weltkrieg, nicht weit. 1970, zum Beethoven-Jubiläumsjahr, hat Mauricio Kagel *Ludwig van* ... komponiert, aus dessen Kammermusikfassung[19] ich hier ein Beispiel, etwa von Minute 18 bis Minute 21 wähle.

Verstörung einer festgelegten Musik durch experimentelle Formprozesse, so hat Dieter Schnebel das Verfahren Kagels generell definiert. Von Metacollage spricht Kagel selbst bei dieser Musik über Musik, die Beethoven verfremdet durch Collagierung, durch surrealistische Montage originaler Verläufe und durch (behutsame) elektro-akustische Verformung. Und der (bewußt mittelmäßig gespielte, also bereits beschädigte) Streichquartettsatz (op. 132) wird nicht nur durch die Klaviersonate (op. 53) überlagert, sondern zudem durch abrupt und »sinnlos« herausgerissene Beethovensche Kadenzierungen – also das, was als das musikalisch Banalste zumeist nicht zitiert wird, sich nicht pfeifend (erinnernd und vergewissernd) nach Hause tragen läßt. Das kulturkritische Programm, das Kagel hier – mit der Zerstörung von Hörgewohnheiten als Ausgangspunkt – komponiert: die Darstellung der musikalischen Tradition als von der Kulturindustrie beschädigt und verzerrt und ihre Rettung durch sinnlich schockierende Wahrnehmung, durch schonungslose Aufdeckung ihres wahren Zustandes (was im Gewande der holden Kunst Kagels wiederum auch lustvoll sein kann) – das ist nicht mein Thema.[20] Der benutzte Gegenstand, das Werk Beethovens, dem in diesem Werk eine helfende Interpretation aus Distanz widerfahren soll, kann so jedenfalls nicht mehr übermächtiges Vorbild oder doch Maßstab des gegenwärtigen künstlerischen Urteils sein. Denn Beethoven bedarf in solcher Sicht selbst der Hilfe, der Rettung.

Offenbart sich hier das Ende vom Lied der Macht Beethovens über die komponierenden Nachgeborenen, ein Ende aus Geist und Selbstbewußtsein der Avantgarde?

Ich breche ab. Schon aus Zeitgründen muß ich nach diesem Geschwindmarsch durch 150 Jahre Beethovenscher

Wirkungen zu meinem Fragezusammenhang zurückkehren. Und wenn ich einige Generalia aus dieser fragmentarischen Übersicht herausziehe:

- daß die verbreitete und immer wieder anzutreffende Ansicht von der historisch späten Wirkung des Beethovenschen Spätwerks nicht haltbar ist;
- daß vermutlich zwar die Beethoven-Rezeption in der Kammermusik unbefangener war als in der mit historischen Deutungen belasteten Symphonik, aber doch nicht so unproblematisch, wie zumeist angenommen und dargestellt (Mendelssohn, Brahms, Wolf sind Zeugen);
- daß auf jeden Fall aber die Wirkung Gattungsgrenzen ständig überschreitet, vor allem von der Symphonik hin zur Kammermusik;
- daß offenbar vor allem junge Komponisten (wieder stehen Brahms, Wolf, Mendelssohn dafür) erst durch Beethoven hindurch zu sich selbst finden mußten;
- daß dann im 20. Jahrhundert – wenn an Beethoven angeknüpft wurde – eine Versachlichung, ein Weiterdenken aus Distanz, auch aus ironischer, eintreten konnte, das musikhistorisch erklärbar scheint.

Wenn ich solche Generalia im Vorbeigehen aufzeichne, so bleibt doch die Frage: Warum ist gerade Beethoven von dieser Geschichtsmächtigkeit?

Lassen Sie mich Antworten durch einkreisende Annäherungen versuchen. Zunächst und vorab: Diejenigen Komponisten, auf die sich im mitteleuropäischen 19. und 20. Jahrhundert das historisch reflektierende Komponieren am häufigsten und intensivsten bezog, dürften Bach und Beethoven sein. (Die Oper und damit das Problem des Wagnerismus bleibe hier ausgespart.) Dabei erscheint nun – in typisierender Vereinfachung formuliert – der Bezug auf Bach durchweg als betonter Rückgriff auf Vergangenes (als historisierendes Moment ebenso wie als Rekurs auf einen alten

Stil, also auf etwas Allgemeines), der Bezug auf Beethoven dagegen als Konfrontation mit einer offenbar als stets noch gegenwärtig begriffenen Problemlage des Komponierens, als aktuelles und aktualisierendes Aufgreifen, das eine Kontinuität des künstlerischen Denkens über nunmehr fast zwei Jahrhunderte anzuzeigen scheint und das sich an der Individualität einer kompositorischen Physiognomie entzündet. Für diese Sonderstellung Beethovens seien fünf mögliche Gründe, partielle und zusammenwirkende genannt, die ersten vier knapp skizziert, der fünfte ausführlicher, gleichsam als Reprise und Coda, entfaltet.

1. Die außerordentliche Qualität dieser Musik »obersten Ranges«, wie Adorno sie nennen würde. Diese kompositorische Qualität ist ein Faktum, das hier keiner Argumente bedarf. Sie ist allerdings nur notwendige Voraussetzung, nicht hinreichende Begründung: Haydn, Mozart, Schubert ... würden sie ebenfalls erfüllen können. Doch die geschichtliche Situation um 1800 ließ Beethoven besonders heraustreten. Denn:

2. Beethovens erste Wirksamkeit fiel zusammen mit der allgemeinen Bewußtwerdung und Entfaltung eines neuen Kunstbegriffs auf dem Hintergrund politisch-gesellschaftlicher Veränderungen, deren Inhalt die bürgerlichen Ideen und deren äußeres Zeichen die Französische Revolution darstellten. Beethovens Werke trafen in den ersten Jahrzehnten des neuen Jahrhunderts in dieser historischen Konstellation zunehmend auf eine Erfahrungsbereitschaft für das Neue, Ungewöhnliche, Zukunftweisende. Und indem die sich rasch ausbreitende Wirkung seiner Kompositionen dieses Neue seiner Konzeptionen gegenüber dem durchaus auch vorhandenen Traditionellen seiner Tonsprache und seines Formenkanons akzentuierte, erschienen Beethovens Werke mehr und mehr als der Inbegriff dieser modernen Kunstauffassung, die auf das von innen heraus frei geformte,

nur in sich begründete individuelle Werk als Kanon zielte. Die zentrale Gedankenfigur der zeitgenössischen Beethoven-Interpretation: wie nämlich in seinen großen Werken Form zur Disparatheit aufgebrochen und dann doch zur Einheit einer geprägten Individualität zusammengezwungen sei, erschien als das neue Paradigma – Mendelssohns Reaktion auf die späten Quartette beweist das. Konstitution und Idee der Werke einerseits sowie eine spezifisch interessierte Interpretation andererseits trafen zusammen. Indem so eine durchaus extreme Individualität von höchster kompositorischer Kraft und Kompetenz zum Muster erhoben wurde, ergab sich Stoff für Generationen.

3. Für die kompositorische Nachwirkung Beethovens immens wichtig ist nun, daß als Folge dieser übermächtigen Erfahrungen des frühen 19. Jahrhunderts die pädagogische Umsetzung der Beethovenschen Modelle beginnt. Vom zweiten Drittel des Jahrhunderts an wurde Beethovens Werk zentraler Lehrinhalt des Kompositionsunterrichts.

Ablesbar ist das an den großen Kompositionslehren. Lobe lehrt schon den »Anfang der Komposition mit den drei harten Dreiklängen der Dur-Skala«, also das Elementarste, ausdrücklich »nach Beethoven« (mit dem Septett op. 20 beginnend) und formuliert als Leitgedanken: »Unsere Zeit macht andere Ansprüche an die Komposition als eine frühere. Ein Quartett im Beethoven'schen Geiste zu schaffen, setzt eine reichere Phantasie und Einbildungskraft voraus, als etwa die Verfertigung einer Fuge«.[21] In Adolf Bernhard Marx' einflußreichem Lehrwerk ist Beethoven, als der »unerreichte Schöpfer in aller Instrumental- und in der Klaviermusik bis auf diesen Tag«[22], der Haupt-Lehrmeister; Hugo Riemanns erstes Beispiel für die »Grundlagen« des einfachsten Satzes ist ein Beethovenscher Variationen-Zyklus.[23] Und noch in Schönbergs Fundamentbuch der musikalischen Komposition[24] werden die Prinzipien guten und richtigen Komponierens fast ausschließlich an Werken Beethovens exemplifiziert. Und: Gelehrt werden vor allem und zunächst das Komponieren von Kammer- und Klaviermusik, in zweiter Linie erst der Orchestersatz, die große Dimension. Die Probleme mit der Beethovenschen Symphonik mögen zum Teil auch hier begründet sein.

So ausgebildet, wird der junge Komponist zwangsläufig in die Auseinandersetzung mit Beethoven gestellt. Er kann ihm nicht entgehen.

4. Fundiert werden diese Begründungen von institutionengeschichtlichen Momenten. Denn die Entfaltung gerade des Beethovenschen Werkes ist in Wechselbeziehung verknüpft mit der Entstehung der bürgerlichen Musikkultur, ihrer öffentlichen Institutionen, ihrer Vertriebs-, Vermittlungs- und Darbietungsformen, ihres Publikums und ihrer zentralen Gattungen. So wie Beethovens Werke, etwa die *Eroica* im symphonischen Bereich, mehr noch die mittleren Quartette für die öffentlich-professionelle Kammermusikdarbietung, dieses Musikleben in unseren Breiten durchsetzen halfen, teilweise erst konstituierten, so tragen dessen fortdauernde Institutionen (die Orchester, die Abonnementskonzerte, die Verlage, die historische Wissenschaft etc.) heute diese Werke. Unter dem Signum unseres durch und durch historisch orientierten Selbstverständnisses garantiert die institutionelle Kontinuität auch die der tradierten musikalischen Gattungen und Werke. Konkret: Zwischen der Existenz von Quartettvereinigungen heute und der ungebrochenen Aktualität der Beethovenschen Streichquartette besteht eine tragende Wechselwirkung.

5. Überformt werden diese innerkompositorischen, kunstphilosophischen, pädagogischen und institutionellen Gründe von ideengeschichtlichen Aspekten, von dem, was Beethovens Werk für seine Zeitgenossen, für das 19. Jahrhundert überhaupt (und vermutlich partiell noch für unsere

Gegenwart) als Problembewußtsein formulierte, was als seine Modernität in einem künstlerisch durchaus existentiellen Sinn erfahren wurde, was ihn – bei aller Bewunderung für Mozart, für Schubert – als den Mann der neuen Zeit erscheinen ließ. Es ist das sentimentalische Moment seiner artistischen und historischen Physiognomie. In einer heute fast vergessenen, gleichwohl musikhistorisch und ideengeschichtlich außerordentlich interessanten zeitgenössischen Novelle wird diese geschichtliche Erfahrung mit einer ausdrucksvollen Metapher umschrieben: Durch das Jahrhundert gehe ein »großer Riß«, er spalte die Individuen; und dieser Riß, diese Spaltungen seien in Beethovens Musik gespiegelt, machten deren Gehalt, deren überwältigende und geschichtsmächtige Faszination, deren Wahrheit aus. Lassen Sie mich Ihnen diese Novelle nacherzählen und knapp kommentieren.

Im Jahr 1838 veröffentlichte der Braunschweiger Schriftsteller Wolfgang Robert Griepenkerl, der 1810 geborene Sohn des bekannten Bachianers Friedrich Konrad Griepenkerl, seine Erzählung *Das Musikfest oder die Beethovener*. 1841 bereits erschien sie in zweiter Auflage mit einer eigens dafür von Meyerbeer komponierten Lied-Einlage.[25] Das Titelkupfer dieser 2. Auflage zeigt eine charakteristische Szene: Ein offenbar außer sich geratener Musiker stürzt einen Stuhl um und zertrümmert seinen Kontrabaß, der neben einer zerbrochenen Weinflasche am Boden liegt, während auf dem Notenpult eine Partitur aufgeschlagen ist – »Sinfonie 9« überschrieben. Und in der Tat handelt die Novelle von der Gewalt der Musik, doch anders als die Kleistsche von der verheerenden Macht der Musik Beethovens.

Erzählfolie sind die Vorbereitungen zu einem der großen bürgerlichen Musikfeste in einer mitteldeutschen Residenzstadt. Selbstverständlich soll ein Werk von Händel gemeinsam einstudiert und aufgeführt werden, *Der Messias*. Bedeutende Künstler werden erwartet, die Komponisten Spohr und Marschner, auch einige »Davidsbündler« aus Leipzig, und als Dirigenten der »Ritter« (also Spontini), der »Dessauer« (also Friedrich Schneider) und der Leipziger »Felix« (natürlich Mendelssohn). Die handlungstragenden Personen sind im übrigen die Bürger der Residenzstadt: der Organist und Klavierlehrer Pfeiffer, ein genialischer Mensch bis zur Exaltation und glühender Beethoven-Verehrer, seine Klavierschülerin, die Baroneß mit dem beziehungsreichen Namen Cäcilie, und als Gegenspieler die einheimischen Philister: Kaufleute, ein Provinz-Journalist, Beethoven-Gegner selbstverständlich. Hinzu treten, von außerhalb kommend, der junge, schöne und interessante Graf von Rohr, ebenfalls ein Beethoven-Enthusiast, in den sich natürlich die Baroneß verlieben wird, und der alte Kontrabassist Hitzig, der Name umschreibt den Charakter eines mit grotesk-hoffmannesken Zügen ausgestatteten Musikers von großer Profession, aber gefährdetem Geist.

Die Handlung setzt ein mit der Programmkonferenz für das Musikfest. *Der Messias* steht als Hauptwerk fest, und gerade ist der Organist Pfeiffer wieder einmal mit dem Versuch gescheitert, auch Beethoven auf das Musikfestprogramm zu setzen, da gelingt es dem zufällig eintretenden und sofort für Beethoven entflammten Grafen durch Geldzusagen (heute würden wir von einer Ausfallbürgschaft sprechen) und das Versprechen allerhöchster (sprich: landesfürstlicher) Teilnahme, die Versammlung der rechnenden Bürger umzustimmen. Der Graf wird künstlerisch Verantwortlicher des Festes und bestimmt sofort Beethovens dritte und neunte Sinfonie zur Aufführung am ersten Tage. Der »Ritter« wird die Eroica, der »Leipziger« die Neunte dirigieren, der oratorienbewährte »Dessauer« wird den Händel des zweiten Tages übernehmen. Und sein Eingreifen begleitet der junge Mann mit einem dithyrambischen Hymnus auf Beethoven: »Die Symphonie, rief Adalbert begeistert, ist das glänzende Resultat der neuen Kunst, und die Beethovenschen sind unserer Zeit allertreuesten Spiegel. Seit Beethoven gewinnt die Musik auf anderem Wege als auf kirchlichem welthistorische Bedeutung. Ihr nennt den Haydn, den Mozart! Sie waren doch nur die Vorläufer des eigentlichen Messias. Mozart schon riß an den alten Formen; Beethoven aber sprengte sie, seine Kunst ist der dämonische Jubel dieses Gewaltstreichs« (S. 13). Und mit diesen Metaphern der Sprengung, des Gewaltstreichs durch eine dämonische Macht ist die Novellenhandlung präludiert; der Einbruch der neuen Kunst wird die Ordnung der bürgerlichen Welt zerstören, wird zur Katastrophe führen.

Im Festspielort wird Beethovens Musik jetzt zur Haupthandlung. Sie wird – am Klavier und vom Orchester – gespielt, geprobt; sie wird – in Monologen, in Gesprächen, durch Gedichte – beschrieben, gedeutet. Sie eigentlich bewegt das Geschehen, wird insgeheim zum Akteur des Ganzen. Dazu treten zwei Handlungsnebenstränge: die Intrigen der bürgerlichen Philister, der Anti-Beethovener, die bis zur politischen Denunziation gehen, und die Liebesgeschichte zwischen der Baroneß Cäcilie und dem Grafen von Rohr, durch den unglücklich in seine adlige Schülerin verliebten Organisten zum klassischen Dreieck erweitert.

Beethovens Musik ergreift nun die Menschen buchstäblich, nimmt von ihnen Besitz. Die Protagonisten werden so in ihren Bann gezogen, daß sie mehr und mehr außer sich geraten, daß sich eine Kluft auftut zwischen ihnen, ihren Erlebnissen der Töne, ihren Träumen, ihren rauschhaften Gedanken und der Alltagswirklichkeit, den Menschen, die sie umgeben. Den Organisten Pfeiffer treiben unglückliche Liebe und Beethovenbegeisterung ins Verderben: Ein glanzvolles Orgelkonzert scheint er »wie mit einer Glorie im harten B schließen zu wollen, als er mit einem Mal, Allen unerwartet, in eine Phantasie hinausbrach, wie sie noch niemals auf der Orgel erhört worden« (S. 253). Beethovensche Modelle, der 7., der 3. und vor allem der 9. Sinfonie, treibt er zu klanglichen und dynamischen Exzessen; die hohe Geistlichkeit verläßt ob der frevelhaften Töne entsetzt die Kirche, ruft die Obrigkeit an; der selbstvergessene Spieler aber bricht am Ende unter den verhallenden leeren Quinten vom Beginn der Neunten auf seiner Orgelbank zusammen – kein Freudenthema überwölbt mehr das Chaos.

Der schwärmerische Graf von Rohr ist nach den Sinfonieproben so in Beethovens Welt eingesponnen, so entrückt, daß er seine Braut vergißt, von sich stößt und, als noch eine mißdeutende Eifersucht hinzukommt, sie zu Tode beleidigt. Die ohnehin durch die Intensität des Beethoven-Erlebnisses tief erschütterte Cäcilie verfällt schwermütiger Verzweiflung, von der sie sich nicht mehr erholen wird. Und der alte Kontrabassist Hitzig schließlich wird nach seinem meisterlichen Proben-Solo im Finale der Neunten von Raserei ergriffen, verfällt dem Wahnsinn, zerstört sein Instrument, verwüstet das Gasthaus, in dem er wohnt, und stürzt am Ende sich und seinen Sohn in den Tod.

Unruhe verbreitet sich in der ganzen Stadt, politische Verdächtigungen wegen revolutionärer Gesinnungen im Zusammenhang des Beethoven-Enthusiasmus werden von den Behörden verfolgt – nicht nur ist der Geist von Individuen verstört, auch die öffentliche Ordnung scheint in Gefahr. (Und im Jahr 1846 wird nach Wagners Dresdner Aufführung der 9. Sinfonie eine Sächsische Zeitung in der Tat die Regierung vor den revolutionären Gefahren der Beethovenschen Musik warnen: »Zu beneiden sind unsere Behörden schon um das Vertrauen, das sie Palmsonntags genießen, wo Tausende ruhig Leib und Leben ihrer Vorsicht anvertrauen, eine Musik zu hören, deren Resonanzboden wie auf Feuer oder Einsturz wartet«[26].)

Am Ende steht so ein Desaster. Die Gäste fliehen die Stadt, das Musikfest ist abgesagt (auch Händel kann man nicht mehr singen und spielen), der Staat hat Exponenten beider Lager verhaftet. Die Beethovener sind Opfer ihrer Leidenschaft geworden, Opfer in einer gewöhnlichen Zeit, die für diese Kunst, ihre sinnliche Gewalt und ihre Gedanken, noch nicht reif erscheint. Cäcilie, Pfeiffer, Hitzig sind tot, Adalbert von Rohr verläßt das Land wie schon Eichendorffs Leontin. Doch am Ende geht keine Sonne »prächtig« auf wie in *Ahnung und Gegenwart* als Zeichen versöhnender Hoffnung. Griepenkerls Novelle endet – wie Pfeiffers Orgelspiel aus dem Geiste Beethovens – mit dem Chaos.

Das ist nun kein konservatives Verdikt über die Musik. Im Gegenteil. Der Berlioz-Freund Griepenkerl ist ein Anwalt der Beethovener, für ihn legt diese Musik bloß, was die Individuen der Erzählung, sprich: die sensible Zeitgenossen der Restaurationszeit, verstört und was als ihre geschichtliche Situation begriffen wird: Die »Spaltungen der Individuen« führen auf »den großen Riß des Jahrhunderts überhaupt« (S. 199). Griepenkerls Protagonisten erfahren ihre Gegenwart als Übergang von einer alten, »kranken« Welt (S. 201) in eine neue, »verjüngte« (S. 202) und Beethovens Musik als den »Schwanengesang sterbender Jahrhunderte, der zugleich der Nachtigallenschlag eines neuen Völkerfrühlings wird« (S. 203). Für diesen großen Gedanken in Tönen aber sind sie, ist ihre Zeit noch nicht groß, nicht stark genug. »Wars nicht mit allem Großen so?« erklärt am Novellenbeginn der junge Graf. »Muß nicht immer erst vernichtet und zertrümmert werden, ehe es hindurchbricht? Baut sich auf Trümmern nicht zumeist das neue Glück auf?« (S. 14). In Beethovens Musik ist das geleistet: Auf das Chaos der leeren Quinten und die Dissonanzen des Finalbeginns folgt der Freudenhymnus. Sie formuliert daher für Griepenkerl einen Anspruch an seine Gegenwart, denn in der Novelle bleibt offen, wie die Zerstörung der alten Form aus dem Geist der Freiheit zu einer neuen Einheit finden kann.

Was in solcher Utopie-Metapher der Novelle durch eine Identifikation Beethovenscher Musik mit dem Hegelschen Weltgeist überhöht interpretiert wird, soll nun – und damit lenke ich zu meinem Kernthema zurück – keineswegs nur für die Symphonik gelten. Die Kammermusik wird ausdrücklich einbezogen in das Bild der ungeheuerlichen Betroffenheit durch Beethovens Kunst. Einer der bürgerlichen Philister berichtet:

> »Ja, Tollhäusler sind sie alle, diese Beethovener [...] Da führten sie mich in L... [natürlich: Leipzig] in eine Gesellschaft solcher Irren. Nichts als Beethovensche Komposizionen wurden aufgelegt. Vier bärtige Brüder spielten Quartett, nannten's Hokuspokus 95. Danach sprang die Gesellschaft wie besessen auf, warf die Stühle zu Boden, riß sich einander in die Arme. Einer raufte sich die Haare und schwur, er sei Nichts, durchaus Nichts; ein Anderer heulte sein Entzücken in die Partitur hinein, [...]; ein Dritter trug die bedenklichsten Folgen zur Schau, die ihm die Angst unter dem letzten Satz ausgepreßt [...]« »Also partieller Wahnsinn [...]«, kommentiert ein Gesinnungsfreund (S. 20f.).

Ob *Eroica* oder f-Moll-Quartett – die Wirkung der Töne ist gleich, differiert nur gemäß dem sozialen Ort der Werke in der Zahl der Betroffenen. Und wenn man die professionelle ästhetische Kritik Beethovenscher Werke im frühen 19. Jahrhundert konsultiert, ergibt sich ein durchaus analoger Befund. Notiert und meist gerügt werden Beethovens »Bizarrerien«, die »Sonderbarkeiten«, das »Grelle« der Werke, die »Begierde ganz neu zu werden«, das »Ausdehnen der Gränzen der Kunst« als bewußter, ja als gewaltsamer Akt. So lobt der Rezensent der Leipziger AmZ im Jahr 1805 an der Kreutzer Sonate zunächst die außergewöhnliche Phantasie und Kunstfertigkeit des Komponisten, um dann fortzufahren:

>»Aber, auch, man muss von einer Art des ästhetischen oder artistischen Terrorismus befangen oder für Beethoven bis zur Verblendung gewonnen sein, wenn man in diesem Werke nicht einen neuen, offenbaren Beleg davon findet, daß sich dieser Künstler seit einiger Zeit nun einmal kapriziere, mit den trefflichsten Gaben der Natur und seines Fleißes nicht bloß aufs willkürlichste zu schalten, sondern vor allen Dingen nur immer ganz anders zu seyn, wie andere Leute; daß er mithin sein großes Vermögen nicht nur gewaltsam in das Blaue hinaustreibe, – was zwar Ungeheuer hervorbringen könnte, aber immer bewundernswürdige – sondern sich zugleich ein irdisches Ziel, deutlich oder nicht, vorhalte, wobey weder seine Werke gewinnen können, noch die Welt, noch er selbst«[27].

Was hier versammelt erscheint und was andere Kritiker das »Dunkle«, »Ungewöhnliche«, die »bis ans Abentheuerliche streifende Eigenart« der Beethovenschen Muse nennen, ist genau jener Punkt, an dem Griepenkerls historische Interpretation kompositorisch ansetzen kann. In einer frühen Kritik des Jahres 1803 wird dafür ein sehr aufschlußreicher Begriff benutzt:

>»[...] ein neues Quintett von Beethoven [gemeint ist wohl op. 16], genialisch, ernst, voll tiefen Sinnes und Characters, nur dann und wann zu grell, hier und da Odensprünge, nach der Manier dieses Componisten [...]«[28]

»Odensprünge« – das bezieht sich einmal auf die Gattungstheorie der literarischen Ode (ihr Charakteristikum der »schönen Unordnung« durch das »Überspringen der Mittelbegriffe«, das, was Herder als »Digression« und »künstli-

chen Sprung« bezeichnete[29]), zum andern aber übertragend
auf die Theorie der Symphonie, die auf diesen Begriffen
der Odentheorie aufbaut[30], und drittens schließlich auf ein
ästhetisches Prinzip, hier die Faktur eines Kammermusik-
werkes. Der »Odensprung« als »Manier« Beethovens ist
das kompositorische Korrelat zu jenem »Riß des Jahrhunderts«, der für die romantische Selbstinterpretation Griepenkerls durch das Bewußtsein seiner Menschen hindurch-
ging und in Beethovens Musik erfahren werden konnte. Und
das kann sich beziehen auf die sprengenden Konzeptionen
in der Kammer- und Klaviermusik, die Formexperimente
etwa der mittleren Streichquartette, die Funktionswandlun-
gen der tradierten Formen in Satz und Zyklus, dann insbesondere auf die Diskontinuität der späten Opera mit ihrem
Reichtum an divergierenden Sprach- und Satzcharakteren
zwischen Fuge, homophoner Sonate und instrumentalem
Rezitativ, mit den Tempo- und Fakturwechseln, den Kon-
tinuitätsbrüchen im Satzverlauf, den Ausdruckskontrasten,
den Spannungen von Formelwesen und Subjektivität, das,
was Adorno als Formgesetz des Beethovenschen Spätwerks
zu erkennen meinte. Der archimedische Ort für die Grie-
penkerlsche Interpretation aber ist die rätselhafte Aufhebung dieser Diskontinuitäten in dem zyklischen Ganzen, in
der Einheit der Werke über alle extremen Brüche hinweg.
Hier haben wir die kompositorische Rechtfertigung jenes
zeitgeschichthich verständlichen Interpretationsmodells von
Formzertrümmerung und Neuaufbau, das metaphorisch die
Novellenhandlung grundiert. Und wenn der Schriftsteller
dies als ein unbewältigtes Bewußtseinsproblem, als historische Aufgabe seiner erzählten Gesellschaft darstellt, so lehrt
uns ein Blick auf die kammermusikalische Beethovenrezep-
tion dieser Generation, daß hier auch innerkompositorisch
die zentrale Fragestellung, der Nerv des Sichabarbeitens an
Beethovens Vorgaben lag. Das führt mich zurück auf meine

Ausgangskonstellation zwischen 1830 und 1980, die jetzt noch einmal, abschließend und in erweiterter Perspektive, ins Blickfeld rückt.

In Friedrich Kuhlaus a-Moll-Quartett folgt auf die zitierte Introduktion mit ihrem Beethovenschen Idiom in schlagend unterbrechendem Kontrast ein Allegro-Hauptthema im Stile Rossinis. Nachdem so auf engstem Raum die Disparatheit zweier Satztypen deutlich herausgestellt ist, wird umgehend mittels thematischer Integration, nach dem satztechnischen Vorbild wieder des Beethovenschen op. 132, eine Durchdringung beider, eine Verzahnung im durchbrochenen

NB 2.3

Satz komponiert. Das Vorbild der Takte 23 ff. aus dem 1. Satz von Beethovens a-Moll-Quartett für die analogen Takte 62 ff. bei Kuhlau ist evident.

Ganz im Zentrum der künstlerischen Reflexion steht dieses Problem der Integration einer vielgestaltigen Form aus dem Geiste Beethovens beim jungen Mendelssohn. Das a-Moll-Quartett op. 13 des Jahres 1827 ist dabei mehr als eine Hommage des 18jährigen. Es erscheint von Mendelssohns Selbstinterpretation her als eine Probe auf seinen Komponistenberuf, auf seine künstlerische Existenz.

In einem Brief an den Freund Adolf Fredrik Lindblad schreibt er 1828 unter Bezug auf Beethovens späte Quartette:

»Siehst Du, das ist einer von meinen Punkten! Die Beziehung aller 4 oder 3 oder 2 oder 1 Stücken einer Sonate auf die anderen und die Theile, so daß man durch das bloße Anfangen durch die ganze Existenz so eines Stückes schon das Geheimniß weiß – d a s muß in die Musik. Hilf mir's hineinbringen!«[31]

»Das muß in die Musik« – in dieser nachdrücklichen Wort-
prägung wird die ganze Intensität des Mendelssohnschen
Bemühens in der Nachfolge Beethovens deutlich. Im a-Moll-
Quartett gestaltet er diese Nachfolge ohne Selbstaufgabe in
außerordentlich eindrucksvoller Weise. Es geht darum, das
eigene Idiom der jüngeren Generation, nämlich: musikalische Lyrik, mit dem diskursiven Quartettsatz Beethovenscher Formgesinnung zu vereinen. Schumann hat später einmal gesagt, die einzige Gattung, in der nach Beethoven noch
Neues zu komponieren sei, sei das Lied. Mendelssohn legt
seinem Streichquartett sein Lied *Frage* (op. 9 Nr. 1), einen
kantablen Liedsatz, zu Grunde, von ihm nimmt das Werk
seinen Ausgang, in ihn mündet es, die Mittelsätze erscheinen
thematisch mit der Liedmelodie verknüpft. Und so kann
Mendelssohn schreiben:

> »Das Lied, was ich dem Quartett beifüge, ist das Thema
> desselben. Du wirst es im ersten und letzten Stücke mit
> seinen Noten, in allen vier Stücken mit seiner Empfin-
> dung sprechen hören«.[32]

So nobilitiert er einerseits das Lied, die kleine Hausmusik-
Gattung, und poetisiert andererseits das große Kammermu-
sikwerk im lyrischen Rahmen. Dem Kundigen fällt natürlich auf, daß die Melodik des liedhaften Quartetteingangs
mit Sprachformeln der späten Beethoven-Quartette – etwa
der langsamen Einleitung aus op. 130 – durchsetzt ist und
daß vor allem das doppelte Fragemotiv des Liedes »Ist es
wahr?« dem Beethovenschen »Muß es sein?« aus dem Finale
von op. 135 sehr nahe steht.[33] »Muss es sein?« »Es muss in
die Musik.«
Und in diese Disposition eines Streichquartetts auf der
Grundlage eines Liedes ragt nun die Auseinandersetzung mit
Beethoven hinein, mit Sprachcharakteren, Strukturmomen-
ten und mit dem Problem der zyklischen Bindungen. Fried-

helm Krummacher hat diese Momente in seinem wichtigen Mendelssohn-Buch in allen Facetten analysiert.

Daß aus solchen vielfältigen internen und externen Rückbezügen keine eklektische Nachahmung resultiert, erreicht Mendelssohn, weil er das eigenste Idiom, das der musikalischen Lyrik, nicht preisgibt, sondern den Beethovenschen Sonatengeist durch liedhafte Periodik, durch auskomponierte Überleitungen, durch motivische Vermittlungen, durch die Verlegung des Beethovenschen Kontrastprinzips auf größere Strukturebenen, umdenkt, sich aneignet, so die »Einheit poetischer Situationen«[34] unter dem Primat des Lyrischen, des Liedes, zu bewahren weiß. Eine »Transformation« Beethovens hat Krummacher daher dieses außerordentliche Resultat zu Recht genannt.

Solches Komponieren »nach« Beethoven kann damit zugleich als Korrektiv bestimmt werden zu jener einseitigen Beethovenschwärmerei, der Griepenkerls Novellenmenschen verfallen, es dokumentiert in Tönen die Erfüllung genau des Anspruchs, dem jene nicht gewachsen sind. Anders gesagt: Die romantischen Kompositionen »nach« Beethoven korrigieren jenes Beethovenbild, das – aus den Texten abgezogen – als das romantische gilt.[35]

Die kompositorische Aneignung und Akzentuierung Beethovens – zumindest – als Korrektiv einer verbalen Interpretation zu handhaben: – auf diese Möglichkeit wollte ich zentral aufmerksam machen. Die Fragerichtung auf das sich verändernde kompositorische Interesse »nach« Beethoven mündet ebenso in das Begreifen und Schreiben von Geschichte – die Darstellungen Krummachers und Kropfingers zu Mendelssohn und Wagner haben das eindringlich vor Augen geführt –, wie es die Aufarbeitung der verbalen Rezeption tun kann[36], vielleicht ist das Interesse der Komponisten sogar der gerechtere Indikator.

Mit diesem Stichwort des Begreifens von Geschichte wende ich mich am allerletzten Ende meines Vortrags wieder in unsere Gegenwart, springe – an die Konstellation des Beginns anknüpfend – von 1830 nach 1980. Das Streichtrio von Wolfgang Rihm hatte ich als eine »Musik mit Beethoven« bezeichnet. Das direkte Zitat aus op. 131 im 3. Satz des Trios, und das e-f-a-Motiv, beide zum pulsierenden Klangband fis-gis. Man könnte ferner den Schlußteil (ein Presto feroce) desselben Satzes mit Reminiszenzen an die *Große Fuge* hinzufügen oder auf das Ende des 1. Satzes verweisen, wo wie versprengt erklingende Beethovensche Motive (unter anderem aus der *Großen Fuge*) in eine Konstellation von knappen, scharf umrissenen Ausdruckscharakteren treten, die primär in gestischen Momenten dieser Musik ihr Wesen treiben. Vor allem aber am Beginn des Trios sind Prinzipien des Umgangs mit der Tradition, konzentriert auf Beethovens Spätwerk, zu erfahren. Und sie ergeben – verblüffenderweise oder mittlerweile vielleicht auch nicht mehr – eine ganz andere Optik als die nur knapp zehn Jahre älteren Verfahren Mauricio Kagels, – eine Beobachtung, die in der Tat auf weitreichende geschichtliche Bewußtseinsveränderungen hinzeigen könnte, wenn sich der stets skrupulöse Historiker solche Gegenwartsdiagnosen zutrauen würde.

**Drei Kommentare:**

1. Das ist eine Musik, die in extremer Weise von ihren Elementen her gedacht und entfaltet ist. Und ihr zentrales ästhetisches Problem ist, wie sich dieses intensive Besondere zum intendierten Allgemeinen – zur großen Form – vermittelt: durchaus das Problem der musikalischen Tradition im Gefolge Beethovens, das so – nach dem Durchgang durch das Ende der Avantgarde – erneuert und mit einer gewissen Radikalität in veränderter Position gestellt ist. Es geht um

den gespannt atmenden und ichhaft befrachteten Zug durchs Einzelne zum Ganzen, den expressiven Durchschuß der strömenden, stockenden, gestauten und wieder drängend befreiten Zeit. Die Elemente sind dabei zunächst an den zentralen Punkten durchaus Beethovenscher Provenienz: das uns schon bekannte e-f-a am Beginn, dann die hervortretende Terz es-ges von Takt 11 aus dem Beginn des 3. Satzes von op. 130[37], die sich in Takt 13/14 sequenzierend wiederholt etc. Und doch ist das keine Musik über Geschichte, sondern aus gegenwärtiger Betroffenheit durch Tradition.

NB 2.4

Indiz dafür ist bereits, daß Rihm kein historisches Pasticcio komponiert. So wird die vielleicht naheliegende Möglichkeit, das »Beethovensche« e-f-a mit dem Schumann/Brahmsschen (oder Joachimschen) f-a-e, dem Regerschen a-f-f-e oder Mahlerschen a-f-e (aus dem Klavierquartett) zu kombinieren, überhaupt nicht in Betracht gezogen. Vielmehr wird das Beethovensche Motivmaterial so ergriffen, daß es vom eigenen Rihms kaum mehr unterscheidbar ist – sich gewissermaßen neu erzeugt gibt aus dem künstlerischen Potential dieser Gegenwart. Die Musik der Takte 4 ff. entfaltet die

Kleinsekund- und Großterz-Partikel der Anfangssetzung in obstinat-amorphe und gleichwohl strukturierte Sukzession. Und der zusammenfassende, intern belebte Klang der Takte 8–10 legt zwei Terzen als Dur-Moll-Mischung um den aus Takt 5/6 überkommenen Halbton. Zugleich jedoch ist dieser zusammengesetzte Klang in seinem oberen Teil c-e eine Allusion an Rihms eigenes 3. Streichquartett (mit dem Titel *Im Innersten*), wo er in Takt 5 analog erscheint, und der untere Klangteil g – es gewinnt für das in Gang gesetzt Assoziationsvermögen des interpretierenden Hörers und Analytikers inmitten der anverwandelten Beethoven-Reminiszenzen die Qualität eines isolierten Hinweises auf den Beginn des op. 127. Die Schwelle zwischen Tradition und Gegenwart, Fremdem und Eigenem scheint zu schwinden – und zwar in beiden Richtungen:

Beethoven-Partikel verlieren ihre Provenienz, Rihmsche erscheinen wie Reminiszenzen. Und wenn in Takt 15/16 erstmals die im Verlauf des Trios in vielfältigen Ausdrucks- und Gestusbrechungen auftretende oktavierte Figur in der hohen 1. Violine erklingt, sucht das Ohr (wie das Auge) nach einer Beethovenschen Parallele, findet Anklänge vielleicht an die Takte 2–4 des 3. Satzes aus op. 130 (1. Violine) und wird doch bei dieser aus dem Nachdenken Beethovens erzeugten Rihmschen Figur in der Schwebe eines Zwischenreichs der Erfahrung von Tradition und Gegenwart bleiben müssen und sollen.

2. Die historischen Formeln sind nicht bloße Zitate, sondern Material im strikten Sinne. Der dreitönige Anfangsklang ist die Vertikalform des zentralen Motivs e-f-a. Und der zweite Klang, jene Sekunde fis-gis, die im eingangs vorgeführten 3. Satz als Klangband fungiert, ist diesem Beginn ableitend verbunden. Fis und gis füllen die Terz f-a schrittweise auf, doch nicht im strengen Webernschen Sinn als Halbtonfeld. Vielmehr scheinen sie in dieser Konstellation

wie aus dem Anfang der *Großen Fuge* abgeleitet, wo e-f-fis-gis-a innerhalb der Rahmenoktave g-g zusammentreten zu dem Zentralmotiv der expressiv geweiteten Chromatik. Und die aus solchen Setzungen und Ableitungen gewonnenen Elemente selbst fügen sich wieder zu größeren Einheiten zusammen. Doch nicht im Sinne einer collagierenden Montage. Dazu fehlen das Distanzprinzip und das Moment der Verfremdung. Der kompositorische Standpunkt ist hier vielmehr die Identifikation mit dem Material. Diese Musik zielt durch das Bewußtsein der Moderne hindurch im direkten positiven Aufgreifen der historisch geprägten Modelle erneut auf die ästhetische Einheit, das durchlebte Ganze, das geschlossene Werk, die individuell artikulierte Form – nicht auf Brüche und Verstörung. Das ist eine fundamentale Differenz zum Verfahren und zur Zeit-Diagnose Mauricio Kagels. Anders aber als Mendelssohn setzt diese Musik in bezug auf Beethoven auf der gleichsam untersten Ebene an, bei der Diskontinuität von Elementen, nicht beim übergreifenden Formproblem. (Das zu erweisen, bedürfte es allerdings einer eingehenden Analyse.)

3. und letztens: Rihms Trio ist ein sehr persönliches Werk. E-f-a, das zentrale Eröffnungsmotiv, ist zugleich Material, Beethoven-Reminiszenz und privates Kryptogramm. Das Trio ist »Eva« gewidmet, der Name erklingt mit dem Motiv – wenn auch mit f – durch das ganze Opus. Nicht ein biographisches Moment ist mir daran wichtig, sondern der Hinweis auf den Bekenntnischarakter dieser Musik. Die persönliche Betroffenheit vermittelt zur künstlerisch-individuellen durch Beethoven. Deren archimedischer Ort ist die kompositorische Technik im Schnittpunkt von Traditionsbewußtsein und Moderne. Adrian Leverkühns Verdikt über die bürgerliche deutsche Kultur mit ihrem guten Repräsentanten Beethoven, dessen 9. Sinfonie angesichts des Grauens der Gegenwart zurückzunehmen sei, scheint in solcher Kon-

zeption nicht mehr zu gelten. Anders als bei Kagel, wo nur der beschädigte Beethoven Wahrheit über die Gegenwart in Tönen sagte, fügen sich bei Rihm in bekennender Anknüpfung die Bruchstücke Beethovens und die eigenen zur leidenschaftlich artikulierten, zur großen Konfession. Sie kommt aus der erneuten Identifikation mit der Geschichte. Es scheint fast, als wollte Rihms Musik mit aller Kraft des konstruktiven Gedankens und mit ihrer alle Grenzen nach innen wie außen überschreitenden Expressivität in bezug auf diese Tradition, auf Beethoven, und in bezug auf die eigene Gegenwart einen Hymnenvers Hölderlins beschwören, der allen Künstlern, die Adorno gelesen haben, vertraut ist[38]:

»Wo aber Gefahr ist, wächst
Das Rettende auch.«

# Monologe vom Tode,
## politische Allegorie und die »heil'ge Kunst«.
### Zur Landschaft von Schuberts *Winterreise*

## Schuberts lyrische Reflexion

Franz Schuberts Musik »singt«. Roland Barthes, der französische Literaturkritiker, ist der enthusiastisch-bewundernde Zeuge: »Es *singt*, es singt einfach, ungeheuerlich, an der Grenze des Möglichen«.[1] Und Schubert braucht dazu keine Worte, auch seine Instrumente singen. Das 2. Thema der sogenannten *Unvollendeten* zum Beispiel könnte neben dem »Lindenbaum« in einem Liederzyklus stehen. Der Schein von Einfachheit aber täuscht. Die vier Elemente des sanglichen Themas sind taktmotivisch retrograd angeordnet.

NB 3.1

Das Liedhafte schließt also das Artifizielle nicht aus. Eine der geschichtlich bedeutenden Leistungen Schuberts besteht ja auch darin, dass er einen hohen Grad an lyrischer Reflexion in die symphonischen Sonatensätze einbringen kann, ohne die Form zu zerbrechen.[2] Musikalische Lyrik aber ist fragil und verletzlich. Schubert schützt die lyrische Kundgabe, und er tut das musikalisch, indem er zum Beispiel das lyrische Thema einer Sonaten-Exposition nicht den Abspaltungsprozeduren der symphonischen Durchführung unterwirft. In der Durchführung der *Unvollendeten* (ab T. 150) erscheint vom 2. Thema im Widerspiel mit den Motiven des Hauptthemenkomplexes nur die Begleitung, leere Taktgruppen, ohne Oberstimme, reduziert auf die synkopierten Begleitakkorde. (Ein früherer Ansatz zur Durchführungsarbeit, nach dem Einbruch mit der Generalpause von T. 62, kommt nicht zur Entfaltung, die Exposition endet mit dem Gesangsthema.) Im ästhetischen System des deutschen Idealismus wird Lyrik zum Medium und zur Repräsentation von Subjektivität. Indem Schubert diese Subjektivität, ihre Faszination und Fragilität, ihr Gefährdetsein und ihre Krise zu Idee und Struktur seiner Musik macht, wird Kunst in einem Prozeß der Verinnerlichung gesellschaftlicher Erfahrungen zur Instanz von Wahrheit.

### Posaunengesang

Schuberts lyrische Imagination läßt auch die Posaunen, die erst zwei Jahrzehnte zuvor als Metaphern revolutionärer Gewalt mit martialischem Ton (aber auch mit Würde) in die Symphonik eingeführt wurden – Schubert läßt auch diese Posaunen singen. In der großen C-Dur-Symphonie hallen sie im Epilog der Exposition (T. 199 ff.), wie hinter einem orchestralen Teppich plaziert, von weit her durch den symphonischen Raum – ein lyrischer Ton dieser »erhabenen« Instrumente, der bei Beethoven ganz unvorstellbar wäre.

Mit diesem neuen lyrischen Ton, der am Beginn des 19. Jahrhunderts geladen ist mit Zukunft, hat Schubert die Posaunen auch in seinem letzten symphonischen Werk, dem Fragment in D-Dur, D936a, eingesetzt. So hat sie Luciano

Berio gehört und in *Rendering* realisiert. Der Posaunensatz[3], der hier wie von anderem Planeten hereinzubrechen scheint, hat deutliche musikalische Konnotationen zur ersten von Beethovens *Equalen für vier Posaunen*. Teile dieser *Equale* wurden bekanntlich zu Beethovens Begräbnis gespielt. Schubert war einer der Sargträger. Es liegt daher nahe, diese in jeder Hinsicht extraordinäre symphonische Passage als Beethoven-Reminiszenz zu begreifen,[4] eine Erinnerung an Beethoven, doch im Schubertschen Idiom, anders formuliert: eine Hommage à Beethoven, die betont von Beethoven wegführt – ein Rückblick auf die Zukunft. Aus der Perspektive des 20. Jahrhunderts ist diese paradoxe Zeitverschränkung Teil des Prinzips »Erinnerung«, das Berio im Falle seiner Schubert-Komposition *Rendering* um eine weitere Spirale ausweitet. Diese Gedächtnisarbeit wird unten dargestellt.

Dasjenige *Schubertsche* Werk aber, das Prinzipien des Gedächtnisses zu seiner inneren Form macht, ist *Winterreise*, jener »Zyklus schauerlicher Lieder«, den Schubert im Jahr 1827 komponierte und dessen letzte Korrekturen er auf dem Sterbebett im November 1828 las.

## Lyrisches Subjekt, Landschaft, Tod

In Wilhelm Müllers literarischem Liederzyklus *Die Winterreise* nimmt ein poetisches Ich die Rolle des zurückgewiesenen Liebhabers an, wird zum Wanderer, verläßt die Stadt der Geliebten und beginnt eine ziellose Reise durch eine kalte, rauhe, ungastliche Winterlandschaft. Wir hören von der winterlichen Reise allein durch das Ich selbst, sie existiert ausschließlich in der Darstellung des wandernden Subjekts. Dieser Wanderer erfährt die Welt als eine verstörte, undurchdringliche, abweisende Landschaft, in der Naturmotive zu

Chiffren des Todes gewandelt erscheinen. Schuberts Vertonung des 1. Liedes ist im Autograph bezeichnet »In gehender Bewegung«. Wiewohl das Tempo des Liedes schneller erscheint denn normales Gehen, bestimmen die ununterbrochen repetierten Achtel innerhalb des 2/4-Pulses symbolisch das Maß des Schreitens; sie ziehen den Wanderer unwiderstehlich in eine Bewegung, die er selbst nicht kontrollieren kann, weder ihren Anlaß noch ihre Richtung, ihren Takt, noch ihren Sinn. »Ich kann zu meiner Reisen / Nicht wählen mit der Zeit«.

In *Die Winterreise* gibt es außer dem einen Protagonisten keine handelnden Charaktere. »Fremd bin ich eingezogen, Fremd zieh ich wieder aus«. Dieser erste Doppelvers bestimmt Ton und Intention des Ganzen. In einem subtilen Zusammenspiel von Metrum und Tonhöhe betont Schubert das allererste Wort »fremd« sowohl entgegen der Versakzent-Ordnung wie entgegen dem musikalischen 2/4-Metrum; das Wort erhält zweimal, im Auftakt, die höchste Note der fallenden Melodielinie und akzentuiert so, wie in einem Brennpunkt, den Ausdruck der Fremde und der Entfremdung als ikonisches Zeichen dieser Wanderschaft.[5] Und die Vokalfolgen der beiden ersten Verse unterstützen mit den dunklen Vokalen o und au am Ende diesen Zug nach »unten«: e-i-i-ei-o. e-i-i-au, während die beiden Achtelpunktierungen zwei Formen des Verbums »ziehen« verbinden.

In Parenthese: Kein Geringerer als Johannes Brahms hat an dieser Passage Schuberts Deklamationskunst gepriesen: »Kein Komponist versteht wie er, richtig zu deklamieren. Bei ihm kommt immer das Beste so selbstverständlich heraus, als könne es nicht anders sein. So z. B. der Anfang der *Winterreise*: ›Fremd bin ich eingezogen‹. Unsereinen macht die 2. betonte Silbe zu schaffen – bei Schubert fließt es auf das Schönste dahin«.[6]

Vierundzwanzig Lieder, vierundzwanzig monologische Stationen bezeugen Vereinsamung und Entfremdung als ständig wiederkehrende zentrale Lebenserfahrung – mit einer Absolutheit, die keinen Ausweg, keine Hoffnung kennt. Das Aussprechen dieser innersten subjektiven Erfahrung ist dabei sofort wieder Gegenstand von Reflexion. Das entspricht Hegels Definition einer lyrischen Weltsicht. Hegel schreibt:

>»Im Lyrischen [...] ist es die Empfindung und Reflexion, welche [...] die vorhandene Welt in *sich* hineinzieht, dieselbe in diesem inneren Elemente durchlebt und erst, nachdem sie zu etwas selber Innerlichem geworden, in Worte fasst und ausspricht. Im Gegensatze epischer Ausbreitung hat daher die Lyrik *Zusammengezogenheit* zu ihrem Prinzipe«[7].

Die von Hegel dargestellte permanente Selbstreflexion »der ihrer selbst gewissen *Kunst*« ist Garant der Identität auch des lyrischen Subjekts dieser *Winterreise*. Der *monologue intérieur* dieses Protagonisten läßt verschiedene Bewusstseinsstadien erkennen, welche die innere Form der Liederfolge als ein In-sich-Kreisen definieren. Theodor W. Adorno spricht bei Schubert von »Landschaft«, deren Chiffren als Bedeutungsträger besonderer Art die gesellschaftliche Lage des Subjekts anzeigen.

>»Es ist die Landschaft des Todes [...] Der exzentrische Bau jener Landschaft, darin jeder Punkt dem Mittelpunkt gleich nahe liegt, offenbart sich dem Wanderer, der sie durchkreist, ohne fortzuschreiten: alle Entwicklung ist ihr vollkommenes Widerspiel, der erste Schritt liegt so nahe beim Tode wie der letzte, und kreisend werden die dissoziierenden Punkte der Landschaft abgesucht, nicht sie selbst verlassen. Denn Schuberts Themen wandern

nicht anders als der Müller oder der, den im Winter die Geliebte verließ. Nicht Geschichte kennen sie, sondern perspektivische Umgehung: aller Wechsel an ihnen ist Wechsel des Lichts.«[8]

Theodor W. Adorno spricht hier in bildhafter Sprache vom Schicksal Schubertscher Themen, die keine »Heroen-Geschichte« schreiben, sondern wie unter wechselndem Licht wandernd erscheinen und so tatsächlich nur Wandlungen unterliegen, nicht aber im Diskurs aktiv handeln. In musikologischer Begrifflichkeit ist das Widerspiel von Wiederholung und Verwandlung beschrieben und gegen Beethovens diskursive thematisch-motivische Arbeit abgegrenzt worden.[9] Charakteristisch für Schuberts große C-Dur-Symphonie ist zum Beispiel statt der diskursiven »Arbeit« mit argumentativen Motiven oder Themen die Schichtung rhythmischer Takt-Modelle, wobei vor allem Triolen die Zweiergruppierungen beleben. Ein Beispiel ist die Passage T. 304 ff. im 1. Satz: Viertel-Folgen (tiefe Streicher), auf voll – wie halbtaktige Einheiten bezogene punktierte Viertel (Flöte/Oboe, Klarinette, Fagott), auf den Halbtakt bezogene Triolen (hohe Streicher), auf den Volltakt bezogene doppelpunktierte Halbe (Posaunen). Eine Konsequenz dieser undramatischen Sonatenexekution ist der beinahe beiläufige Eintritt der Reprise (T. 356).

Robert Schumann rühmte an Schuberts großer C-Dur-Symphonie hintersinnig deren »himmlische Länge«[10]. Das ist wohl richtig auf das Prinzip der lyrischen Verwandlung zu beziehen, und dieser lyrische Impuls der Schubert-Symphonie ist in der Tat etwas fundamental anderes als der dramatisch-gewaltsame Eingriff am Beginn der Beethovenschen *Eroica* und das daraus folgende Fingieren einer radikalen Entwicklungslogik. Der Zeitbegriff von Beethovens Musik ist ein anderer als der Schuberts. Doch machen wir keinen

Fehler: da ist auch noch ein »anderer« Beethoven; Beethoven komponierte auch eine Sechste, seine pastorale Symphonie. Hier, in der Durchführung des 1. Satzes (T. 151 ff.), mit ihren aus verschiedenen Perspektiven belichteten Wiederholungen einer konstanten musikalischen Figur und mit den mediantischen Rückungen der figural aufgelösten Klangflächen – hier, in Beethovens Natursymphonie ist Schuberts kreisende musikalische Landschaft bereits ganz nahe. Engstens verwandt ist dieser Pastorale-Durchführung der Seitensatz des Finales von Schuberts großer C-Dur-Symphonie mit den virtuell identischen, entwicklungslosen, zum Teil ebenfalls in Großterzen rückenden figuralen Wiederholungsfeldern (T. 170 ff.).

Aber ein Unterschied ist dem Ohr sofort deutlich. Gegenüber Beethovens instrumentaler Abhandlung »singen« Schuberts Floskeln – sie singen trotz ihrer fragmentarischen Formelhaftigkeit. Hinzu gesellen sich, über Beethoven hinaus oder an ihm vorbei, für eine jüngere Generation und in einer für deren Lebensperspektive veränderten geschichtlichen Lage andere Gehalte. Musikalische Lyrik wird Repräsentant gefährdeter Subjektivität, umgreift eine dunkle, entfremdete Welt, für die der Gedanke und die Darstellung des Todes zentrale Erfahrungen sind. Und Müllers Zyklus *Die Winterreise* ist wohl in seiner Zeit die extremste künstlerische Formulierung dieser verstörten Welterfahrung – ich kenne keine analoge zeitgenössische Dichtung, die ihre negative Diagnose der eigenen Gegenwart so hoffnungs- und kompromißlos gestaltet, und Schuberts »schauerliche Lieder« nehmen davon keine Nuance zurück, sie »schönen« nicht durch den schönen Ton – im Gegenteil. Schon daß Schubert gerade diesen Zyklus zur Vertonung auswählt, setzt ein Zeichen. Für mich gewinnt Schuberts *Winterreise* hier eine entschieden gesellschaftskritische Dimension.

## Natur, Traum und die Verweigerung
## von Versöhnung

In *Winterreise* agieren die traditionellen romantischen Fluchträume nicht als Medien der Versöhnung. Es gibt hier kein einverständliches Aufgehen in einer allumfassenden Natur wie im Wiegenlied des Baches am Ende der *Schönen Müllerin*; die winterliche Landschaft ist nicht friedvoll, sie verweigert Erlösung. Auch Traum, die andere mögliche Sphäre von Versöhnung, wird schließlich demontiert.[11]. Traum ist für die Romantik letztlich Illusion. Das Lied »Frühlingstraum« erscheint als Realisierung eines romantischen »Traumzweifels« und »Traumverdachts«.[12] In »Frühlingstraum« wird die subjektive Traumwelt auch musikalisch durch abrupte Wechsel in Textur und Tempo sowie durch die Wendung nach Moll brutal mit der Realität konfrontiert und als falsch entlarvt, als Illusion; im Lied »Im Dorfe« endlich verbleiben für den Traum nur noch Ironie und vollkommene Ablehnung.

Und schließlich gibt es in der *Winterreise* auch keine Befreiung durch den Tod. Selbst wenn der Tod wieder und wieder (und im zweiten Teil verstärkt) als Motiv erscheint, entzieht sich das lyrische Subjekt sowohl der sanften sinnlichen Verführung zur ewigen Ruhe durch den Lindenbaum, wie es lernt, den Totenacker als ein Wirtshaus zu begreifen, in das man zwar zur Rast einkehren, nicht aber auf Dauer verweilen kann. Winterreise ist Dauerzustand, sie hat kein Ende, keine Erlösungsperspektive. Zudem ist sie, bis auf wenige aufblitzende Zeichen von Kraft (so in Nr. 18 »Der stürmische Morgen«, scheinhaft auch in Nr. 22 »Mut«), ein Leidensweg. Sie ist nicht, wie die andere »Winterreise«, Goethes *Harzreise im Winter* (1777), ein selbstverordneter Kampf mit der erhabenen Natur, eine kraftvolle Orakelbefragung zur Lebenstüchtigkeit, so am Beginn von Goethes Hymne:

Dem Geier gleich,
Der auf schweren Morgenwolken
Mit sanftem Fittig ruhend
Nach Beute schaut,
Schwebe mein Lied.

Sondern Müller/Schuberts *Winterreise* ist gekennzeichnet durch Leiden und Erleiden, Weglosigkeit und Ausweglosigkeit. Goethes Gedicht im freien Vers ruft den Geier an als den voranfliegenden Augurenvogel; Müllers metrisch gebundenem Winterwanderer folgt die leichenfleddernde Krähe, die ihre Sagegabe vergessen zu haben scheint.

## Erinnerung als Form

Der lange Blick zurück, der Einstand von Zeit als fortschreitend messende Instanz ist die primäre Zeitform dieser Reise. »Rückblick« ist die Titel-Chiffre dieser Haltung, aber auch als individuelle Zeitidee einzelner Lieder und deren Folge. So bewahrt die Initialfigur des »Lindenbaum«-Präludiums (Nr. 5) das Zentralmotiv der vorhergehenden »Erstarrung« (Nr. 4) auf und gibt die Triolenbewegung weiter an Nr. 6, »Wasserflut«.[13]

Erinnerung ist eine Doppelperspektive, ein ständiger Wechsel zwischen Vergangenheit und Gegenwart, der bereits in der emblematischen doppelten Kopfzeile des ersten Gedichts erscheint, wobei sich die prekäre Gegenwart aus der verklärten Vergangenheit negativ bestimmt und sich kein Blick voraus in eine erlösende Zukunft auftut. Für dieses lyrische Subjekt hat Erinnerung keine heilende Kraft. Und wo sich eine solche anzubieten scheint, wie in »Frühlingstraum«, bleibt sie ein Traumbild, das der in die Gegenwart hinein Erwachte nun im *tempus imperfectum* als Erlebnis erzählt und der Wirklichkeit konfrontiert – versöhnende Erinnerung bleibt so ein »Produkt der Subjektivität«[14], ist Illusion.

Hier wäre eine terminologische Klarstellung nötig. Anders als im Englischen mit dem einen »memory« gibt es im Deutschen 2 Begriffe für das Sachfeld, »Gedächtnis« und «Erinnerung», zwei Begriffe unterschiedlicher Herkunft (Gedächtnis von der Psychologie; Erinnerung von der Philosophie) und Perspektive. Gedächtnis wird für den Zusammenhang dieser Studie als die Bedingung der Möglichkeit begriffen, »aus Erfahrung zu lernen«, das Erfahrene über die zeitliche Dauer des Lernprozesses hinaus zu speichern und [...] zu einem späteren Zeitpunkt wieder im Verhalten zu aktualisieren«[15]. Gedächtnisarbeit vollzieht sich so von der Gegenwart (Erlebnis) in die Vergangenheit (Speicherung) und zurück in die Gegenwart (Aktualisierung). Wichtig ist, daß Gedächtnis nicht nur quantitatives »Aufbewahren« bleibt, sondern durch die Strukturierung des Gespeicherten auch qualitative Voraussetzung für den Gedächtnisvorgang ist, wobei es nicht nötig ist, daß auch die äußeren Umstände, die zur Gedächtnisbildung führten, wiederkehren.

Das terminologische Problem besteht nun darin, daß Erinnerung und Gedächtnis einander in ihren Bedeutungen überlappen und nicht vollständig voneinander zu trennen sind. Erinnerung entsteht ebenfalls aus der Wahrnehmung, und ihr Vollzug schließt ebenfalls eine Aktualisierung des Vergangenen in der Gegenwart ein. Erinnerung aber ist ein Vermögen, das die Wege öffnet zu den Erfahrungen insbesondere der Wissenschaften und Künste und das die Fähigkeit einschließt, Vorstellungen in einem zeitlichen Zusammenhang zu behalten. Dies nähert sie der Geschichte. Seit der Aufklärung und vollends mit Hegel wird Erinnerung ein geschichtsphilosophischer Begriff und steht in engem

Konnex zu Tradition, Zeit und Individualität. Dabei erhält Erinnerung »die Aufgabe, die Einheit der Geschichte zu stiften« (Bormann, Sp. 637). In der Geschichte der Künste nennt man das Tradition.[16] Die gegenwärtige Diskussion um Erinnerung als historische Kategorie vergißt meines Erachtens, daß die Künste zu Zeiten der sogenannten Romantik in durchaus ähnlicher Weise ihre Werke aus dem Konnex zu Erinnerung und Vergangenheit bestimmten. Entscheidend bleibt, wann und wie die Zukunft in das Past/present-Verhältnis einbezogen wird. Henri Lefevre hat dies bei Marx gesehen: »Marx has clearly indicated, the way historical thought proceeds. The historian starts from the present [...] at first he moves backward, from the present to the past. Afterward he comes back toward the present, which is now analyzed and known, instead of offering a confused totality to analysis.«[17] Während Marx so die Vergangenheit von der Gegenwart her in Frage stellt, bezieht Friedrich Schlegel in seinem bekannten Philosophischen Fragment Nr. 667 auch die Zukunft mit ein: »der Historiker ist ein rückwärts gewandter Prophet.«

Die Faszination des historischen Begriffs der Erinnerung beruht so auch auf seiner Nähe zu künstlerischem und kunsthistorischem Denken. Für Musiker, die sich als Teil einer großen Tradition wahrnehmen, ist die Denkrichtung von der Gegenwart zur Vergangenheit (und von dort wieder nach vorn) das entscheidende Moment des künstlerischen Selbstverständnisses. Es ist im Sinne Schlegels und Novalis, daß der Künstler sich als Forscher begreift, Erforscher eines Neuen, Unerhörten und eines Sich-Vergewisserns in den Tiefen der musikalischen Sprache.

Erinnerung wird somit eine für Wissenschaft und Kunst gemeinsame Kategorie, deren Berufung die beiden Komponenten Zeit (Dauer) und Individualität (Identität) betrifft und deren dauernde Identitätsstiftung immer wieder aus der

Zeit gewonnen werden muß: »Verweile doch ...« Das gelingt oder scheitert.

Schubert hat noch andere, mehr hintergründige Mittel als die oben gezeigten, um Erinnerung als musikalische Form zu gestalten. Der Beginn des »Lindenbaums« ist ein Beispiel. Nach dem instrumentalen Präludium mit seiner lautenartigen Textur folgt mit dem Einsatz der Singstimme ein zweiter Satztyp, homophon-akkordisch, die Gesangsmelodie verdoppelt die Oberstimme eines quasi vierstimmigen Choral- oder Liedsatzes, das Ganze ist eine klar periodisch gegliederte 16-taktige Liedstrophe. Aber der Eindruck des Naiv-Volkstümlichen trügt. Da steckt ein kalkulierter, ein artifizieller Fehler in der periodischen Struktur. So nämlich singt der Protagonist:

NB 3.2

Zweimal erklingt dasselbe Modell, mit dem betonten Grundton E schließend. Aber eigentlich sollte es doch anders sein, nach den Regeln nicht der Kunst, wohl aber des Handwerks. Ein Vordersatz sollte doch, gemäß der common practice, zum offenen Halbschluß auf der Melodie-Terz Gis zum Wortteil »-baum« führen, dann sollte der Nachsatz auf dem Tonika-Grundton E zu »Traum« schließen.

Friedrich Silcher, der süddeutsche Komponist volkstümlicher Lieder und Arrangeur, wollte es richtig machen, daher korrigierte er Schubert.[18] Denn Schubert reiht zwei schließende Nachsätze, ohne je den vorhergehenden Vordersatz zu bringen. Der Singstimmen-Beginn des »Lindenbaum« antwortet also musikalisch auf etwas, was realiter gar nicht erklang, was jenseits des Lieds liegt, nur in der Vergangenheit imaginiert, erinnert werden kann. Auch s o komponiert Schubert Erinnerung als musikalische Struktur.

Zeitgestaltungen dieser Art finden sich auch sonst in der Wiener Musik nach Schubert. Der 4. Satz von Gustav Mahlers 7. Symphonie, die 2. Nachtmusik, beginnt mit einem solchen Nachsatz ohne Vordersatz. Dabei greift dieser Satz auf das Normalmodell im Schlußsatz der Mahlerschen Vierten zurück, »Sankt Peter im Himmel sieht zu«, wo es dreimal erscheint, zweifach als offener Vordersatz, dann als ge-

NB 3.3

schlossene Periode. (Übrigens erklingt eine Vorform schon im 5. Satz der 3. Symphonie, so in T. 45, intoniert vom Solo-Alt.)

Ein Weiterspinnen der Komposition von Erinnerung oder Tradition ergibt sich, wenn man die Vortragspraktiken Wiener Heurigenmusiker »erinnernd« einbringt (was Mahler vermutlich im Sinn hatte, die Solo-Geige und die Instrumentierung des Satzbeginns verweisen darauf), die drei oder vier Musiker, die mit ihrer Schrammelmusik vom Tisch zu Tisch ziehen, wobei die Anfangsintonation das Ensemble

NB 3.4

versammelt und das Signal zum Beginnen gibt. Dazu braucht man nur eine einzige syntaktische Einheit, keine kompliziert zusammengesetzte Periode. Hier ist ein Beispiel, die Intonation zum Lied »s'Laternderl« aus dem ersten der drei schönen Sammelbände »Wiener Lieder und Tänze«, den Eduard Kremser 1912 publiziert hat. Kunstmusik, die große symphonische Tradition erinnert sich einer ihrer Wurzeln.

## Titel, Deutung, Rezeption

Wilhelm Müller schreibt den Titel mit dem bestimmten Artikel: *Die Winterreise*, und bezeichnet so deren Einmaligkeit. Schuberts *Winterreise* schließt den Artikel aus. Aus der einen besonderen Reise wird »Winterreise« erweitert zur subjektiven Kondition, zur allgemeinen menschlichen Erfahrung. Schuberts veränderter Titel weist auf ein verstörtes Verhältnis von – in der Sprache des deutschen Idealismus – Ich und Welt. Das bestärkt die Neigung, den Titel metaphorisch aufzufassen.

Die Frage, ob bei Wilhelm Müller *Die Winterreise* geschichtliche Repräsentation sei und mit autobiographischen Zügen versetzt, also als kodifizierte Gegenwartsdiagnose aufzufassen ist, wird in der Forschung eher vorsichtig diskutiert. Die Ablehnung eines allegorischen Verstehens von Müllers Zyklus mit dem Hinweis auf die bevorzugte Behandlung durch den Dessauer Regenten, ist voreilig. Die positive Einschätzung der persönlichen Lebenssituation braucht eine kritische Diagnose der allgemeinen politischen Lage nicht auszuschließen, vor allem nicht im zweiten und dritten Jahrzehnt des 19. Jahrhunderts mit den weitgehenden Restriktionen bürgerlicher Freiheiten, die ein Schriftsteller mit politischem Anspruch wie Müller, und dazu bei einem liberalen Verleger wie Brockhaus, vor allem durch die Zensur sehr direkt erfahren mußte. Diese Zensurpraxis erklärt auch die Verschlüsselung jeder zeitkritischen Darstellung. Und es gibt genug theoretische, auf die politisch-aufklärerische Verantwortung des Schriftstellers zielende Aussagen Müllers, die nahelegen, dass auch die Intention der *Winterreise*-Dichtung über eine privatistische Liebesgeschichte hinausreicht. Einen repräsentativen Beleg nur möchte ich geben, nicht einmal den politisch schärfsten, aber einen, der in seiner resignativen Aussage der Position Schuberts sehr nahe kommt. 1820 sendet Müller seinem schwedischen Freund Atterbom den 2. Band seines Buches *Rom, Römer und Römerinnen* mit folgender Widmung:

> »Und somit grüße ich Sie in Ihrem altheiligen Vaterlande, nicht wie das Buch, dessen Schreiber mir fremd geworden, scherzend und spielend; nein, ernst und kurz; denn die große Fastenzeit der europäischen Welt, der Marterwoche entgegensehend und harrend auf Erlösung, verträgt kein gleichgültiges Achselzucken und keine flatterhaften Vermittelungen und Entschuldigungen. Wer in dieser Zeit nicht handeln kann, der kann doch ruhen und trauern«.[19]

»Nicht handeln« zwar – aber wenigstens »ruhen« und »trauern« – das ist fast verzeifelnd resignativ und doch nur einen Schritt entfernt von Schuberts Gedicht »Klage an das Volk«, auf das ich anschließend eingehen werde. Ich habe keinen Zweifel an der Berechtigung einer allegorischen Lesung von Müllers *Die Winterreise*.[20]

### Ein politisches Gedicht

Für mich aber ist wichtiger, ob Franz Schubert seine komponierte *Winterreise* ebenfalls als verschlüsselte Parabel politisch-gesellschaftlicher Zustände im Metternichschen Vormärz verstand, oder vielmehr: ob wir berechtigt sind, sie so zu sehen. Das ist ganz direkt viel schwerer zu entscheiden, vor allem im positiven Sinne. Nun war ja Schubert keineswegs ein unpolitischer Zeitgenosse, und daß die Komposition gerade dieses Zyklus ihn psychisch und physisch besonders herausforderte, ist mehrfach bezeugt[21]. Sein Freundeskreis wurde von Sedlnitzkys Geheimpolizei überwacht; die Affäre um Johann Senn, die 1820 mit der Verhaftung des Freundes endete, wird zu Recht als einer der Gründe für Schuberts resignative Gestimmtheit während seiner letzten Lebensjahre angesehen.[22] Durch und durch politisch aber ist Schuberts Gedicht »Klage an das Volk« vom September 1824, das er an Franz von Schober mit der Bemerkung schickte, es sei geschrieben »in einer dieser trüben Stunden, wo [ich] besonders das Thatenlose unbedeutende Leben, welches unsere Zeit bezeichnet, sehr schmerzlich fühle«[23]. Das vierstrophige Poem ist gewiß dichterisch kein Meisterstück, inhaltlich aber ist es für die Einschätzung Schuberts und seines Kreises von größter Bedeutung. Es lautet:

Klage an das Volk!

O Jugend unsrer Zeit, Du bist dahin!
Die Kraft zahllosen Volks, sie ist vergeudet,
Nicht *einer* von der Meng' sich unterscheidet,
Und nichtsbedeutend all' vorüberzieh'n.

Zu großer Schmerz, der mächtig mich verzehrt,
Und nur als Letztes jener Kraft mir bleibet;
Denn thatlos mich auch diese Zeit zerstäubet,
Die jedem Großes zu vollbringen wehrt.

Im siechen Alter schleicht das Volk einher,
Die Thaten seiner Jugend wähnt es Träume,
Ja spottet thöricht jener gold'nen Reime,
Nichtsachtend ihren kräft'gen Inhalt mehr.

Nur Dir, o heil'ge Kunst, ist's noch gegönnt
Im Bild' die Zeit der Kraft und That zu schildern,
Um weniges den großen Schmerz zu mildern,
Der nimmer mit dem Schicksal sie versöhnt.

Wie immer man Schuberts konkretes politisches Verhalten beurteilt, dies Gedicht ist ein politisches Lamento, ein Trauergesang auf die politisch-gesellschaftliche Situation in

Österreich, auf die geistig lähmenden Folgen der jahrelangen Unterdrückung bürgerlicher Freiheiten durch den Metternichschen Polizeistaat, auf eine Untertanenmentalität, die den »kräft'gen Inhalt« ihrer früheren jugendlichen Ideen als Möglichkeit ihrer Gegenwart nicht mehr wahrzunehmen vermag. Und dies Gedicht ist ohne Abstriche ernst zu nehmen, auch wenn es seine zentralen Vorstellungen im Gewande einer Sprache mitteilt, die – wie Michael Kohlhäufl als erster gezeigt hat[24] – in extenso die typischen zeitgenössischen Vokabeln politischer Kritik benutzt.

Schuberts Gedichttitel mit dem Ausrufezeichen ist eine an seine Zeitgenossen gerichtete Klage. Die typische Denkfigur dieser Verse führt zunächst in die Vergangenheit. »Thaten seiner Jugend« nimmt das Volk nicht mehr wahr oder denunziert sie »thöricht« als »Träume«. Aber, so Schubert, damals war in der Tat der »kräft'ge Inhalt« gesellschaftliche Realität, und so wird als Modell der Genesung die Rückbesinnung auf die große Vergangenheit angeboten, aus der Reflexion auf diese vergangene »Zeit der Kraft und That« soll die neue Zeit hervorgehen. Die Generationsmetaphern des Gedichts lassen erkennen, daß die Ideen der französischen Revolution und die Jahrzehnte um den Befreiungskrieg gegen Napoleon als jener vergangene und vergessene große geschichtliche Moment bürgerlicher Hoffnungen gelten. Dort ist das Vorbild für die politische Haltung von Kunst und Künstler zu finden. Und aus dieser Konstellation bestimmt Schuberts Gedicht die Funktion der Kunst in seiner eigenen Gegenwart, nämlich »im Bilde« die »Zeit der Kraft und That« erinnernd festzuhalten und für die Zukunft zu bewahren. Kunst ist die Statthalterin für bessere, sprich: für freiheitliche Zeiten.[25] (Das ist in der Tat kein Aktionsprogramm, geht aber doch einen wesentlichen Schritt weiter als Müllers »ruhen« und »trauern«!) Dabei ist in der Wendung von der »heil'gen Kunst« der Rekurs auf die »holde

Kunst« Schobers, des Briefempfängers und Autors von »An die Musik« offensichtlich. Zugleich aber geht Schubert, der Komponist, als Verfasser des Gedichts einen Schritt weiter vom Ästhetischen ins Politisch-Gesellschaftliche, als es Schober ein Jahrzehnt früher getan hatte. Beides zusammen, die ästhetische und die politische Perspektive des Berufens der »holden/heil'gen Kunst«, ergibt die Parameter für einen sinnvollen Deutungsversuch der *Winterreise*.

*

Ein kleiner Exkurs gelte dem Begriff der »heilgen Kunst«.[26] Das Adjektiv »heilig« hat bei seiner Emanzipation von konkreten christlich-kichlichen Inhalten eine religiöse Sphäre um sich bewahrt. Die Dichterfreunde und Gottsched-Gegner Immanuel Jacob Pyra und Samuel Gotthold Lange, die ihre *Freundschaftlichen Lieder* 1745 gemeinsam publizierten, meinen eine «davidisch« fundierte Dichtkunst, wenn sie diese Kunst und auch alles, was ihr zugehört, »heilig« nennen. Neben der »heilgen Dichtkunst« und deren »heilger Leyer« (bei Uz dem »heilgen Saitenspiel«; bei Wieland der »heilgen Muse«) steht die »heilge Freundschaft« als ebenso religiös fundierter Wert. Pyra und Lange hatten erheblichen Einfluß auf die dichterische Sprache Klopstocks, der Konsequenzen aus der sprachgeschichtlichen Entwicklung zieht. Im *Messias* steht »heilig« bezogen auf Freundschaft, Freiheit und Menschenwürde. Bei Klopstock und dann bei Wieland steht nicht mehr Gott im Mittelpunkt des Wortgebrauchs von »heilig«, sondern der religiös ergriffene Mensch. (In dieser Auslegung wird »heilig« zu einem Lieblingswort Hölderlins.) Vor allem bei Wieland ist diese Ausrichtung auf den Menschen zu finden. Herder dann geht einen Schritt weiter, wenn er auch eine Dichtung, die kein »heiliges« Sujet hat, »heilig« nennt. Hier wird die Begründung des Charakters der »Heiligkeit«, von einer außerhalb der Dichtkunst angesiedelten Instanz in diese Kunst selbst hineinverlegt. [Dicht-]Kunst ist für Herder heilig als ein unmittelbar Geschöpftes, als Tat des Genies, als Werk der Natur. Der Absolutheitsanspruch der Kunst, wie ihn das 19. Jahrhundert kannte, ist hier nicht mehr fern.

Die Anhänger einer Gottschedschen Poetik und ihre Nachfolger haben diese Entwicklung mit scharfen Kommentaren begleitet. Vor allem Freiherr von Schönaich nannte dies in seinem *Neologischen Wörterbuch* einen Sprachmißbrauch. Interessant ist, daß bei Pyra die Engel als »heilig holde Hüter« bezeichnet werden, das Adjektiv »hold« jetzt also in die Nähe von »heilig« gesetzt wird. »Hold« hat nach Grimms Wörterbuch stets eine Bewegungsrichtung von oben nach unten bezeichnet, also mehr »gnädig, gewogen« meinend (was noch in der »holden Feuchte« der Galathea-Szene des 2. Faust nachklingt) denn »freundlich, lieblich«, wie wir es heute verstehen. Die »holde Kunst« ist somit fast die »heilige«. Für Schober (den Autor des Gedichts »An die Musik« des Jahres 1817) und Schubert (den Autor des Gedichts an das Volk von 1824) sind beide wohl eins. Von einer Kunstreligion mit dem Künstler als Hohempriester kann dennoch nicht die Rede sein; die zu genaue Erfahrung und Kenntnis der handwerklichen Seite der Musik dürfte einen Musiker wie Schubert von solchen Überhöhungen ferngehalten haben. Die Heiligsprechung der Kunst zieht nicht die des Künstlers nach sich. Doch ist die religiöse Aura im Gedicht genau dort eingesetzt, wo das Amt der Politik beschrieben ist; die politische Dimension der Kunst erhält dadurch Nachdruck und Würde.

Eine wichtige Bedeutungsnuance im Sinne von einig, Einigkeit findet sich in Goethes Distichen »Vier Jahreszeichen«: »Was ist heilig? Das ist's was viele Seelen zusammen / Bindet; bänd es auch nur leicht, wie die Binse den Kranz. //

Was ist das Heiligste? Das, was heut und ewig die Geister, / Tiefer und tiefer gefühlt immer nur einiger macht.«[27] Hegel zitiert diese Verse in seiner Ästhetik (S. 598) und bezieht das Heilige auf große gemeinsame Aktionen; so den Turmbau zu Babel: »In den weiten Ebenen des Euphrat errichtet der Mensch ein ungeheures Werk der Archtektur: gemeinsam erbaut er es, und die Gemeinsamkeit der Konstruktion wird zugleich der Zweck und der Inhalt des Werkes selbst«. Wenn die Schubertsche »heilge Kunst« von einer eben solchen »Stiftung eines gesellschaftlichen Verbandes« getragen wird, könnte das genau ihre politische Funktion als Statthalterin der Freiheit treffen.

## Allegorie Winterreise

Angewandt auf *Winterreise* macht das Denkmodell des Schubertschen Gedichts den Liederzyklus verstehbar als eine Allegorie der politisch-gesellschaftlichen Situation des Vormärz, einer Epoche, deren Signatur nicht »That und Kraft« ist, sondern Resignation und Reflexion. Die ziellose Reise des Wanderers in einer undurchdringlichen Landschaft, das heißt: einer inkommensurablen Welt, die beherrscht ist von machtvollen, unpersönlichen, anonymen Institutionen und wo der Tod herrscht – diese Reise repräsentiert die Situation des nach Freiheit und Selbstverwirklichung verlangenden Individuums innerhalb der repressiven Machtausübung des Staates der Metternich-Ära. Weit über die gern herangezogene privat-biographische Lesung hinaus könnte die solcherart gedachte und erfahrene politische Dimension der *Winterreise*-Fabel auch Schuberts extreme psychische und physische Belastung während der Komposition neu verstehbar machen – als plausible These zumindestens, da keine konkreten Hinweise darauf überliefert sind, daß gerade diese schöpferische Anstrengung politische Beweggründe hatte.

Die für Schuberts *Winterreise* zentrale Metapher ist die Kälte. Eine Darstellung der vielfältigen Erscheinungsformen des Motivs »Kälte« als geschichtlicher Repräsentanz könnte dem Bild der *Winterreise* zusätzliche Facetten hinzufügen. Denn Kälte scheint in verschiedenen Phasen des 19. und 20. Jahrhunderts in Deutschland bevorzugt als Metapher für gesellschaftliche Zustände aufzutreten. Eine intensive Phase liegt am Beginn des 19. Jahrhunderts. Sie ist charakterisiert durch Reflexionen auf romantische Weltsichten, und ihre aussagekräftigsten Belege sind die gefrorenen Landschaften von *Winterreise*-Liedern wie »Erstarrung« und »Auf dem Fluß« sowie deren zeitgenössische Komplemente, Caspar David Friedrichs bildnerische Darstellungen von Winterlandschaften[28]. In mehreren Bildern Friedrichs wird das Motiv der winterlichen Kälte überlagert oder ergänzt durch das Motiv des Todes (Gräber, Friedhöfe) – genau die Konstellation, die wir auch in der gleichzeitigen *Winterreise* finden. Es ist in solchen Momenten hilfreich, von Kunsthistorikern wie Werner Hofmann daran erinnert zu werden, daß Friedrichs Bilder, auch wenn sie auf Elemente konkreter Landschaften zurückgreifen, »erfunden« sind, »Komposit-Landschaften« darstellen[29] – das unterstützt die Distanzierung von den biographischen Überdeutungen in bezug auf Literatur und Musik. Auch ist es von Nutzen, sich zu erinnern, daß Schubert gleichzeitig mit den letzten kompositorischen Entscheidungen für die tragische *Winterreise* so untragische Lieder höchsten Niveaus wie »Der Hirt auf dem Felsen« oder »Die Taubenpost« komponierte – die Bedeutung von Fiktion kann in Sachen Kunst nicht hoch genug angesetzt werden. Eine andere geschichtlich bedeutsame Phase der Kältemetaphorik in Kunst und Kunstreflektion lagert sich um den 2. Weltkrieg und reflektiert die Rationalität des

20. Jahrhunderts., in der Musik unter anderem in zwei Komponistenromanen, in Klaus Manns Tschaikowsky-Deutung *Symphonie pathétique* im Zusammenhang mit der 6. Symphonie und als diabolische Zutat zum Engagement des Künstlers der Moderne in Thomas Manns *Doktor Faustus*.[30] Das Motiv der Kälte zusammen mit dem Gedanken von der Zurücknahme der Beethovenschen Neunten – das Bild vom Einfrieren der bürgerlichen Hoffnungen wird zur ästhetisch-geschichtsphilosophischen Idee erweitert.

Für den Schubert-Zyklus tritt jetzt das rezeptionsgeschichtliche Argument hinzu.[31] Unzweifelhaft haben Schuberts Generalisierung des Titels wie auch der Gehalt seiner *Winterreise*-Musik dazu beigetragen, daß gerade dieser Liederzyklus bis ans Ende des 20. Jahrhunderts nicht einfach als sentimentale Liebesgeschichte, sondern als quasi existentiale Chiffre für problematische gesellschaftliche Zustände in Deutschland rezipiert wird. Es bleibt bemerkenswert, daß bis weit ins industrielle Zeitalter hinein vorindustrielle Metaphern, wie sie die Motive aus Schuberts Landschaft darstellen, mit solcher Wirkungsmacht und Überzeugung als Schlüssel für die Probleme der jeweils aktuellen Gegenwart genutzt werden können. Und es ist bezeichnend für Veränderungen im geschichtlichen Bewußtsein, in der Erfahrung von Realität, daß das 19. Jahrhundert seine Probleme vor allem in der *Schönen Müllerin* spiegeln konnte, während das von Kriegen und Migrationen gebeutelte 20. Jahrhundert sich in der Kälte der *Winterreise* wiederfand.[32]

Das geschieht[33], wenn Thomas Mann gut ein Jahrhundert nach Müller und Schubert mit Hilfe der konjunktivischen Lindenbaum-Zeilen »Und seine Zweige rauschten, als riefen sie mir zu« am offenen Ende seines *Zauberberg*-Romans (1924) den Tod als drohende Möglichkeit beruft und so *Winterreise* als Kommentar zur Gefährdung des Individuums (real: des Hans Castorp) im »Weltfest des Todes« (Mann) am Beginn des 20. Jahrhunderts benutzt, aber auch des deutschen Nationalismus im 19. und 20. Jahrhundert.[34] Und später, nach dem 2. Weltkrieg, spiegelt Peter Härtling die Irrfahrten seines Wanderes (*Der Wanderer*, 1988) durch das zerbombte Europa nicht nur im Schicksal anderer vom deutschen Faschismus gehetzter Europäer, sondern deutet die Erfahrung der Fremde auch durch die beiden ersten Zeilen der *Winterreise*, die dem Buch als Motto vorangestellt und seinem Titel eingeschrieben sind.[35] Im Winter 1977 hat Klaus Michael Grüber in dem von den Nationalsozialisten erbauten Berliner Olympiastadion mit dem Schaubühnen-Ensemble eine Performance von Hölderlins Briefroman *Hyperion* als kritische Zeitdiagnose inszeniert. Er gab ihr den Titel *Winterreise* und meinte damit nicht irgendeine winterliche Fahrt, sondern bezog sich auf die innere und äußere Welt von Müllers und Schuberts Zyklus. Der Titel war übrigens zur gleichen Zeit Deckname der staatlichen Fahndungsaktion nach Mitgliedern der »Rote Armee Fraktion« (RAF). In Grübers Inszenierung sollte im Zusammenspiel von faschistischer Architektur, klassischem Text und szenischer Aktion im eisigen Freilichttheater »Kälte« als Prinzip des politischen und sozialen Klimas der damaligen Bundesrepublik Deutschland dargestellt werden. *Winterreise* war deren Metapher (und die aktive Begeisterung Wilhelm Müllers für die Freiheit der Griechen gab die Brücke zu Hölderlin, so wie vermutlich Heines *Deutschland ein Wintermärchen* als Titel-Allusion mitgedacht war). Und natürlich hatte die Lektüre von Thomas Manns *Doktor Faustus* den Sinn für die zwischen Ästhetik und Politik vermittelnde Kältemetapher geschärft.

Es gibt im 20. Jahrhundert auch kompositorische Rezeptionen der *Winterreise*, die man als Versuche kritischer Korrekturen bezeichnen kann. Reiner Bredemeyers Winterreise-Darstellung von 1984 zum Beispiel versucht eine Rehabilitierung Wilhelm Müllers; er legt seiner Neukomposition Müllers Textanordnung aus dem zweiten »Waldhornisten«-Band zugrunde. Die Instrumentation wird von dieser Intention her bestimmt: Bariton, Klavier, Horn. Hans Zender will in seiner »komponierten Interpretation für Tenor und kleines Orchester« (1993) das »Weiterdenken der latenten, aber in ihrer vollen Tragweite noch nicht erschlossenen Möglichkeiten der ›Winterreise‹« in Gang setzen. Zenders Schubert-Auffassung, die den Komponisten einer »heilen Welt der Tradition« zuordnet, scheint mir allerdings problematisch, wenn nicht schlicht falsch. Gerade Schuberts musikalische Lyrik zeigt nicht eine biedermeierlich ›heile‹ Welt, sondern deren Abgründe. Mit Ingeborg Bachmanns collagierten Worten: »Sieben Jahre später / fällt es dir wieder ein, / am Brunnen vor dem Tore, / blick nicht zu tief hinein, / die Augen gehen dir über. // Sieben Jahre später, in einem Totenhaus, / trinken die Henker von gestern / den goldenen Becher aus / Die Augen täten dir sinken.«[36]

Ernst Krenek hat sein *Reisebuch aus den österreichischen Alpen* von 1929 ein Jahr nach dem Schubert-Centenarium komponiert. Schon das *Motiv* genannte Eröffnungslied des Zyklus ruft mit seinen ununterbrochenen Akkordwiederholungen, den schematisch-blockhaften thematischen Einheiten und dem schwebend schreitenden Bewegungstyp das erste Lied der *Winterreise* ins Gedächtnis. Aber hier beginnt keine Reise zu Winters Zeiten, wiewohl kein Zweifel bleibt, daß Kreneks Reisebuch dasjenige Schuberts direkt voraussetzt. Auch Kreneks Alpenwanderer wird (jetzt mit Vierteln statt der Achtel) in den Bann eines Impulses nach vorn gezogen. Allerdings ist es kein romantischer Liebhaber, der sich zu einer den Tod umkreisenden Reise des Leidens und der Hoffnungslosigkeit durch Eis und Schnee getrieben fühlt, ohne daß ein erlösender Ausweg möglich scheint, und er ist auch kein Homo politicus, der auf eine bessere politische Zukunft hofft, singt und in Versen spricht. Vielmehr ist Kreneks Wanderer ein Subjekt, das die Welt mit distanzierender Sachlichkeit erfährt. Den Vertreter der Zwischenkriegszeit »treibt« nicht innere Not »hinaus«, wie seinen vormärzlichen Vorgänger, sondern er »reist aus«, um seine »Heimat zu entdecken« – eine fast szientifische Begründung für diese Erkundung. Und die kühle Distanz des Reisenden zum Gegenstand seiner Befragung schafft jene Leichtigkeit der Ironie, die es dem Protagonisten ermöglicht, Momente der Trivialität in Text wie Musik eingehen zu lassen. Und gerade das 8. Lied mit der Liste der Weine Österreichs, dessen Ton die leichte Muse des *Jonny spielt auf* voraussetzt, ist »Dem Andenken Franz Schuberts« gewidmet. Unzweifelhaft ist der Zyklus Kreneks im ständigen Reflex auf Schuberts *Winterreise,* in einzelnen Momenten auch auf *Die schöne Müllerin* komponiert worden. (Und Lied 14 zitiert denn auch den »Lindenbaum« mit seinem E-Dur.) Doch sind nach dem Durchgang durch die erste Phase der Industrialisierung die bürgerlichen Subjekte einander nicht mehr dieselben.[37] Wo Schuberts lyrisches Subjekt Ungeschütztheit und totale Isolierung erfährt, agiert Kreneks neusachliches Ich mit der Gelassenheit des welterfahrenen Beobachters. So sehr er in jenen Jahren um 1928 seine zweite Phase eines Schubert-Bewunderers erfuhr, so ließ Krenek sich als Komponist dennoch auf keine Schubert-Kopien ein und suchte andererseits auch nicht, Schubert modern aufzuputzen. Vielmehr wollte er Schubert »durch die historisch gewachsenen Schichten seiner trivialisierenden Rezeptionsgeschichte hindurch«[38] historisch hören und verstehen.

*

Wo aber in Schuberts *Winterreise* ist die Statthalterschaft der Kunst, von der Schuberts Gedicht spricht, musikalisch dargestellt? Ich mache einen Vorschlag, der aus einer Interpretation des letzten Liedes »Der Leiermann«[39] hervorgeht.

## Am Ende: die »holde Kunst« als Statthalterin der Freiheit

»Der Leiermann«, das ist die Begegnung zweier Outcasts.[40] Oder, da es auch hier als Zeugen nur die Stimme des Wanderers gibt: Ist es eine fiktive, eine nur imaginierte Begegnung, wie schon beim eingebildeten Rauschen des Lindenbaums?

Müllers fünfstrophiges Gedicht nutzt dreihebige Trochäen, im Wechsel von gefüllter und ungefüllter Senkung und mit Reimen nur für die je zweiten und vierten Zeilen. Reime und ungefüllte Senkung bewirken eine Zäsur nach jedem 2. Vers. Schuberts Devise für das Lied dürfte die Einheit der formalen Konstruktion auf den beiden syntaktischen Ebenen des Tonsatzes gewesen sein. Müllers fünfstrophige Anlage des Gedichts legte eine Gruppierung nach dem Ziffern-Schema 2+2+1 nahe, das Schubert nun sowohl für die Ebene der Verse wie auch für die der Strophen anwendet (vgl. S. 100).

Auf der unteren syntaktischen Ebene schließt Schubert zunächst je zwei Zeilen zu je einem Doppelvers zusammen. Um auch hier die Formel 2+2+1 zu erreichen, wird der vierte Doppelvers wiederholt. Analog sind auf der höheren syntaktischen Ebene die Strophen geordnet. Strophe 1 und 2 mit Doppelzeilen-Annex bilden eine Großstrophe (ganz ähnlich verfährt Schubert beim »Lindenbaum«), ebenso Strophen 3 und 4 mit Annex; nach beiden Großstrophen erklingt je ein viertaktiges Zwischenspiel. Auf die beiden Großstrophen folgt die übriggebliebene Einzelstrophe 5, poetisch mit veränderter Sprachform (Anrede statt Darstellung), musika-

Zeilen  | Doppelverse  || Strophen  | Großstrophen

Drüben hinterm Dorfe
Steht ein Leiermann,
Und mit starren Fingern
Dreht er was er kann.

Barfuß auf dem Eise
Schwankt er hin und her;
Und sein kleiner Teller
Bleibt ihm immer leer.

[Und sein kleiner Teller
Bleibt ihm immer leer.]

»Darstellung«

Keiner mag ihn hören,
Keiner sieht ihn an;
Und die Hunde knurren
Um den alten Mann.

Und er läßt es gehen
Alles wie es will,
Dreht und seine Leier
Steht ihm nimmer still.

[Dreht und seine Leier
Steht ihm nimmer still.]

Wunderlicher Alter
Soll ich mit Dir gehn?
Willst zu meinen Liedern
Deine Leier drehn?

»Anrede«

lisch mit abweichendem respektive variiertem melodischem Inhalt. Sind die melodischen Einheiten der Singstimme eher Formeln denn Charaktere, erscheinen ihre Wiederholungen eher als mechanisch, so gilt das um so mehr für die Floskeln, aus denen die Klavierbegleitung zusammengesetzt ist. Die melodischen Einheiten, grundsätzlich Doppelverse, also Zweitakter, werden wie Versatzstücke miteinander kombiniert. Sie sind so elementar, daß sie nicht im einzelnen beschrieben werden müssen (zum Beispiel die Bordunquinte der linken Hand, die alle 61 Takte des Liedes grundiert, oder in der rechten Hand die beim Versetzen minimal variierte Umspielungsfigur aus 4 16teln und 4 Achteln). Alle Maßnahmen zielen in die eine Richtung: gewollte Monotonie, Reduktion als Prinzip.

Die Kunstfertigkeit in der Erzeugung gewollter Monotonie sollte nicht unterschätzt werden. Vor allem aber gibt es Konsequenzen für die Festigkeit des musikalischen Satzes. Die Textdeklamation der beiden musikalischen Doppelstrophen beruht auf gleichmäßigen Achteln mit gelegentlichen, wohlüberlegt plazierten Punktierungen[41]; auch hier wird Expressivität betont vermieden. Durch die extreme Reduzierung der Faktur, vor allem in den begleitenden Takten des Klaviers, wird diese Textdeklamation vom kantablen Singen gelöst und zum fast improvisatorischen Parlieren freigesetzt. Schon aufgrund der Plazierung der Zentralworte in den einzelnen Versen ergeben sich Nuancierungen des Grundmetrums, die von leichten Modifikationen der gestuften Viertel-Akzente bis an die Grenze einer eingreifenden Veränderung des Akzentstufen-Taktes reichen. Dabei bleibt das Grundmetrum im begleitenden Instrumentalpart erhalten. So entstehen Spannungen zwischen den beiden Exponenten des Liedes, zwischen Singstimme und Klavier, Sänger und Spieler, die von einer kleinen, irritierenden Störung bis zur hörbar herausgestellten Diskrepanz reichen.

NB 3.6

Zunächst T. 9–11, oben die Normalversion Schuberts, drei
Zweiertakte, mit der latenten Tendenz, zu zwei Dreiertakten
»umzukippen«. Damit kann der Sänger spielen. Und auf einen solchen Augenblick zielt die formale Architektur des
Ganzen, wie sie soeben beschrieben wurde. Scheinbar ab-

gebrochen oder unterbrochen am Ende der musikalischen Großstrophen, kommt sie am Schluß des Liedes an ihren archimedischen Ort.

Vor diesem Schluß ändert der Sänger seinen Ton, seinen Sprachmodus, das leiernde Deklamieren, und zwar in zwei Stufen. Die erste Stufe erscheint mit der abgesetzten 5. Strophe. Den Modus der Aussage in den beiden Doppelstrophen kann man nach Sprachcharakter und Inhalt als »Darstellung« bezeichnen. Der Charakter der 5. Stophe »Wunderlicher Alter« dagegen ist deutlich belebt und bringt das überraschende Ansprechen des Leiermanns wie auch in der letzten Doppelzeile die Selbst-Identifikation des Protagonisten. In der Sprachform weicht die leiernde Monotonie einer zielgerichteten Anrede an den Leiermann: »Wunderlicher Alter ...«. Die Zielgerichtetheit wird durch das hier im Lied erstmals erscheinende, einfache melodische Quartintervall aufwärts hergestellt, eine simple kompositorische Maßnahme, die Schubert auch sonst zu großer Wirkung bringt (zum Beispiel in »Ihr Bild« aus dem Heine-Teil des *Schwanengesangs*). In der letzten Doppelzeile dann enthüllt sich der Wanderer-Protagonist zunächst als Künstler, als Sänger-Autor. Der rezitativisch-anredende Tonfall weicht emphatischem Singen: »Willst zu meinen Liedern deine Leier drehn?« Und der Spieler reagiert mit dem einzigen Forte des Liedes und einer Espressivo-Dynamik, in die der Sänger mit seinem parallelen Crescendo einstimmt und seinen Schlußton bis zum dynamischen Höhepunkt des Klaviers mitgehen läßt.[42] Das ist ein großer musikalischer Augenblick, der vom Sänger Einsicht ins Komponierte verlangt.

Identifiziert man für einen Augenblick den Klavierpart mit dem Leiermann, dann ist diese Bitte des Wanderers erstens und rein künstlerisch eine kompositorische Umsetzung der Erwartung des Lieder-Dichters der Goethezeit, der Lieder-Komponist werde seinen Wortversen durch die

Musik »den Lebensodem einhauchen«, auf den diese Poesie *per definitionem* angewiesen ist. So schrieb es Wilhelm Müller 1815 auch in sein Tagebuch:

> »Ich kann weder spielen noch singen. Wenn ich die Weisen von mir geben könnte, so würden meine Lieder besser gefallen, als jetzt. Aber getrost, es kann sich ja eine gleich gestimmte Seele finden, die die Weise aus den Worten heraushorcht und sie mir zurückgibt«[43].

Also: »Willst zu meinen Liedern Deine Leier drehn?« In dieser ersten Annäherung meint das Lied sich selber und seine eigene Hervorbringung sowie den Sänger-Komponisten als Protagonisten.

Zweitens und als politisch-gesellschaftliche Perspektive gestaltet dieser Schluß die resignative Reaktion auf die Krise des Subjekts, von der der Zyklus handelt, die Wendung des bürgerlichen Intellektuellen von der inkommensurablen und bedrohlichen Realität weg und hin zur Kunst. Am Ende steht nicht mehr die lyrische Klage über die Todeslandschaft, sondern das Musizieren, die Frage nach der Kunst. Hugo von Hofmannsthal hat 1905 für eine spätere österreichische Generation diese Erfahrung als Ästhetisierung des Lebens beschrieben: »Wir sollen von einer Welt Abschied nehmen, ehe sie zusammenbricht. Viele wissen es schon und ein unnennbares Gefühl macht Dichter aus vielen. Mit seltsamen Herzen gehen sie umher, von allem schon gelöst und doch im Innersten gebunden.«[44]

Drittens aber könnte angenommen werden, daß fast einhundert Jahre früher, zu Lebzeiten Schuberts, das zeitgeschichtliche, auf gesellschaftliche Veränderung setzende Potential noch kräftiger ausgebildet und mehr auf die Zukunft hin orientiert war, als Hofmannsthal es für seine Spätzeit des »langen 19. Jahrhunderts« ausdrücken konnte. Der Wanderer beruft die »heil'ge Kunst«, die dieses Potential als ästhetische Praxis bewahrt. Hier ziehe ich Schuberts bereits zitiertes Gedicht »Klage an das Volk!« als Interpretationshilfe heran. »Nur Dir, o heil'ge Kunst, ist's noch gegönnt / Im Bild' die Zeit der Kraft und That zu schildern«. Ganz im Sinne dieser Schlußstrophe des Gedichts endet Schuberts *Winterreise* im poetisch-musikalischen Bild einer Statthalterschaft der Kunst, jener »holden Kunst«, die bereits in Schuberts Preislied auf die Musik von 1817, mit Franz von Schobers Text, berufen wird, hier aber, gespiegelt in Schuberts eigenen Worten, politischer erscheint als in Schobers Gedicht. Politischer gewiß, doch muß ich gleich hinzufügen, im Liedschluß aber zugleich auch skeptischer.

Denn nur gebrochen endet Schuberts *Winterreise* als Apotheose des Musizierens und der Kunst im Dienste bürgerlichen Freiheitsbewußtseins. Über die absurde Hoffnungslosigkeit eines Duos zweier Outcasts hinaus ist Ironie das Mittel dieser poetischen Brechung, eine Form gewordene Ironie. Metrisch nämlich sind Sänger und Spieler am Ende ganz auseinander. Die metrische Ambiguität des Liedes zum Schluß hin verstärkend, plaziert der Sänger eine Folge von 2/4-, 1/4 – und 2/4-Takten über die konstanten 3/4 des Spielers und endet gegenüber dessen einliniger metrischer Ordnung irregulär, mit einer ausdrucksvollen rhythmischen Dissonanz. Dieses koordinierte Auseinander ist kompositorisch genauestens kalkuliert.

Man kann das auch erzählen. Zum erstenmal redet der Wanderer eine andere anwesende Person direkt an: »Wunderlicher Alter!« Das ist – fast unbemerkt, ganz am Ende des Zyklus – ein überaus bedeutsamer Augenblick. Während das Klavier das alte Lied, den ostinaten Klangwechsel des Zwischenspiels einfach fortsetzt, übernimmt jetzt der Sänger die Initiative. Noch im Parlandotonfall, aber gestraffter, energischer durch die aktive Quarte aufwärts, fast mit einem kleinen Fanfarenmotiv, redet er den Musiker an.

Vom a' als oberem Grenzton schwingt er sich in seiner zweiten Phrase ohne Umschweife zum c" auf, usurpiert so die aufwärts leitende Rolle des Klaviers aus den beiden ersten Strophen, doch zeitlich gerafft und zielstrebiger. Bevor allerdings der Sänger nun das e" folgen läßt, erscheint diese Stufe mit der Umspielungsfigur im Klavier (T. 55), so daß die zum ersten Mal vom Sänger intonierte Umspielung des e" jetzt wie ein Zitat aus dem Klavierpart auftritt. Und doch sind trotz der Strukturgleichheit beide Momente im Ausdruckscharakter diametral verschieden. Man kann sagen, daß der Sänger das Klavier zur Überspringung der mittleren Lage um c" und zur sofortigen Umspielungsfigur um e" nötigt, um dann mit großem Pathos die Differenz auszuspielen. Dabei geht der Sänger zum erstenmal über das e" hinaus zum f", seinem höchsten Ton in diesem Lied, weitet die Figur durch expressive Oktavsprünge auf- wie abwärts sowie durch rhythmische Augmentation und singt sich mit emphatischer Geste »die Seele aus dem Leibe«, wie das Sprichwort so sagt. Die strukturelle Analogie fordert den Spieler zur musikalischen Identifikation mit diesem Ausbruch auf. Das wird mit der dynamischen Anweisung *forte* und anschließendem *crescendo* verwirklicht – der Sänger zieht das Instrument in seine Expressivität hinein, um diesem dann souverän die figurative Anspielung des dynamischen Höhepunkts (T. 58) zu überlassen. Als singuläres *forte* klingt die im a" kulminierende höchste Klavierfigur dann wie eine auftrumpfende Übersinggeste, wiewohl sie doch im ordinären Gleichmaß der Takte 27 und 49 bereits vorher vorhanden war. Der narrative Zusammenhang tangiert nicht nur die musikalische Erscheinung und ihre Einbindung in das Ganze, sondern stiftet erst deren Bedeutung. Allerdings ist bemerkenswert, daß der begleitende Instrumentalist selbst dann, wenn er in den emotionalen Höhepunkt für einen ausgezeichneten Augenblick hineingezogen wird und zum mitreißenden Ausbruch des Sängers wenigstens in der rechten Hand eine veränderte Form des Ostinato spielt (T. 56–57), daß der Pianist sofort zu seinen stereotypen melodischen Formeln zurückkehrt. Dem dynamischen Ausgreifen kann er sich allerdings nicht entziehen. Die Emphase des aus den Fugen der Taktmetrik geratenden Wanderer-Sängers produziert jene anormalen 1/4-Takte, die der normale Leiermann nicht aufgreifen kann und will. Es ist der ästhetisch Vorwärtsdenkende, der auch die politische Avantgarde ausmacht.

So steht in der Tat die Kunst am Ende des Liedes und des Zyklus, bereit zur Überwinterung als Statthalterin freiheitlicher Hoffnungen, aber metrisch uneinig, ja widerstrebend, und das heißt: ohne der sichere Garant von Schobers »bessre[r] Welt« sein zu können, geschweige denn von Schuberts Vision der Wiederkunft einer »Zeit der Kraft und That«.

Diese politische Interpretation des *Winterreise*-Schlusses geht nur einen scheinbar kleinen Schritt über seine Auffassung als Vereinbarung künstlerischer Praxis hinaus. Und doch ergibt die politische Auffassung eine Veränderung ums Ganze. Nicht nur erscheint der Musiker Schubert in einem anderen Licht, das Werk selbst, der »Zyklus schauerlicher Lieder«, zeigt eine andere, eine politisch-geschichtliche Dimension, und die kleine Gattung Lied öffnet sich jenen großen, welthaltigen Themen, die das 19. Jahrhundert so tief bewegten.

# Zeitgenossen.
## Johannes Brahms und die Maler
## Feuerbach, Böcklin, Klinger und Menzel

Für Martin Warnke
zum 12. Oktober 1997

Am Beginn stehe eine knappe Interpretation des Gemäldes *Paolo und Francesca*, das Anselm Feuerbach im Jahre 1864 malte[1], ein Jahr bevor Brahms und Feuerbach einander bei Clara Schumann persönlich kennenlernten. Von allen malenden Kollegen seiner Zeit hat Brahms unzweifelhaft Anselm Feuerbach am höchsten geschätzt – erfüllt vom Bewußtsein einer künstlerischen Zeitgenossenschaft und eines ästhetischen Gleichklangs, das auch nach Feuerbachs frühem Tod unvermindert andauerte. »Du weißt«, schrieb Brahms im Juli 1871 an Julius Allgeyer, den Reprographen und späteren Biographen Feuerbachs, »du weißt, wie hoch mir Feuerbach steht. Neue Bilder, Skizzen von ihm zu sehen kann mich sehr verlocken.«[2] 1872 bat er Hermann Levi: »Sage Allgeyer, daß er mir die größte Freude gemacht hat mit den Feuerbachs [das heißt: fotografischen Reproduktionen Feuerbachscher Bilder]; ich habe sie gerade nötig, denn alleweil tote Musiker spielen mag ich nicht, und hernach ist er der Beste und Einzige«.[3]

Und wenige Jahre vor seinem Tod gratulierte Brahms dem Freunde Allgeyer zu dessen Feuerbach-Monographie von 1894: »Ich muß Dir aussprechen, mit welcher Freude und Bewunderung ich Dein Buch gelesen habe; wie ich es im jedem Betracht des hohen Namens würdig finde, den es

trägt, und wie es mir so ganz erfüllt von seinem stillen, schönen, ernsten Geist erscheint – als wärs ein Stück von mir.«[4]
Eine Wertschätzung, ja Bewunderung fast, bis ans Lebens-
ende, wobei die Adjektive vom »stillen, schönen, ernsten
Geist« einen ersten Hinweis auf den Horizont wie auf die
Beschränkung des Brahmsschen Urteils geben können und
die zustimmende Charakterisierung des malenden Kunst-
genossen (den der zuletzt zitierte Brief mit der Soldaten-
lied-Floskel am Ende als toten »Kameraden« begreift) eine
Brahmssche Selbstdarstellung einschließt.

Was an Feuerbachs Werk beeindruckte den Musiker
Brahms, wo fand er diesen Gleichklang seiner ästhetischen
Prinzipien mit dem Kunstwollen des Malers, mit Gestaltung
und Programmatik seiner Bilder, ihren Sujets, Aussagen, formalen Strategien? Was begründete Feuerbachs künstlerische
und geschichtliche Aktualität für Brahms?

*Paolo und Francesca* zeigt, in einer Naturstaffage, die beiden Protagonisten des bekannten literarischen Sujets in einer
Schlüsselszene.[5] Die Darstellung ist ohne Außenperspektive auf den Betrachter, scheint hermetisch. Präsentiert wird
ein Vorgang, der sich nur im Bilde selbst abspielt – ein seelisches Geschehen, eine subjektiv verinnerlichte Welt, kon-
templativ, mit einem Hauch von Melancholie. Mehr: Die
Personen scheinen in Gedanken versunken, konzentriert auf
etwas, das im Bilde selbst nicht sichtbar ist. Die kompositorische Maßnahme des tiefen Bildwinkels, der Sicht von
unten, läßt die beiden Protagonisten vergrößert erscheinen
und läßt die umgebende Natur zurücktreten, nebensächlich werden. Es resultiert eine Innerlichkeit, die jedes Alltägliche und Öffentliche betont ausschließt, eine bildnerisch
selbständige, geschlossene Kunstwelt, schön und dem Leben, der Wirklichkeit entrückt, in sich vollendet. Gewollt ist
ein Paradies der Kunst als reine Kunst. Verstärkt wird diese Selbstisolierung von Kunst durch den innerkünstlerisch

rezeptiven Bezug des Feuerbachschen Motivs auf sein offenkundiges Vorbild, die *Geißblattlaube* von Peter Paul Rubens[6]. Die Isolierung der beiden Figuren von ihrer Umgebung, von der Öffentlichkeit durch den Naturrahmen ist die Bildidee, die Feuerbach von Rubens übernimmt. Bei Rubens aber treten beide Protagonisten in direkten, fast betont-auffordernden Blickkontakt mit dem Betrachter. Feuerbach eigen dagegen ist die verinnerlichende Selbstabschließung der Figuren, ihre Bezogenheit nur aufeinander, die Herstellung einer auf sich selbst konzentrierten Kunstwelt ohne Außenperspektive. Dies Miteinander von Aneignung und Umdeutung gibt der Feuerbachschen Rezeption ihre geschichtlich-programmatische Perspektive. Das historische Zitat als Selbstreflexion der Kunst intensiviert die artifizielle Abgehobenheit des Werks, wie es andererseits als Vergewisserung der Tradition ein klassizistisches Element ins Spiel bringt.

Ähnlich Feuerbachs dritte Deutung der Iphigenie von 1875 *(Am Meer)*.[7] Dieselbe in sich geschlossene Bildwelt, vom Betrachter abgewandt; dieselbe Bildperspektive von unten, die der Figur eine räumliche Dominanz gibt über die nur am Bildrand als Ausschnitt gezeigte Landschaft. Dazu in Sujet und Darstellung jetzt die Wendung zur griechischen Antike, hier deutlich durch Winckelmann und Goethe vermittelt (»das Land der Griechen mit der Seele suchend«)[8], und durch Gluck, wie wir wissen; dazu ferner die geschichtlich-gegenwärtige Brechung des Sujets durch die römische Frauengestalt. Erstrebt werden Erhabenheit, höchste Einfachheit, klassische Vollendung. Und doch wieder: Ein Hauch von Melancholie und Gebrochenheit liegt über der Figur.

Noch einmal: Was faszinierte Brahms an dieser Bildkunst, ihren Sujets, ihrer Formenwelt und milden Farbigkeit? Zeigt seine Affinität in der Tat eine analoge oder identische Weltsicht und Kunstanschauung? Und was kann der Interpret heute von solchen Vergleichen jenseits des Biographischen für das Verständnis von Brahmsens Werk gewinnen? Als die Veranstalter dieses Kongresses mich zu einem öffentlichen Vortrag einluden, war ihr Themenvorschlag »Brahms und die Dichtung«. Und das ist doch tatsächlich der viel näher liegende Vergleich. Sachlich wie methodisch scheint die Affinität von Musik und Dichtung so viel größer und historisch bedeutsamer zu sein als die von Musik und bildender Kunst, daß mein heutiges Thema eher merkwürdig, wenn nicht gesucht erscheinen mag. Doch gerade dies: die so offenliegende symbiotische Nähe von Musik und Dichtung – poetologisch, kompositorisch, geschichtlich – läßt den anderen, zumeist vernachlässigten Vergleich um so interessanter, herausfordernder erscheinen – und dies insbesondere bei Brahms. Gewiß: Brahms hat sich zeitlebens immens für Literatur und Dichtung interessiert und seine jugendlichen Abschriften von Dichtungen (die er bekanntlich »Johannes Kreislers Schatzkästlein« nannte), dann seine umfangreiche Bibliothek und der Anteil von Vokalmusik in seinem Schaffen, mit dem Klavierlied als der Kerngattung aller Lebensabschnitte, zeugen gerade davon. Aber da war auch eine analoge, wenn nicht gar eine größere Affinität Brahmsens zur bildenden Kunst, und zwar auf verschiedenen Ebenen. Brahms war offenkundig mit einem Auge für »Bilder« geboren. Ein Freund berichtet:

»Rasch schritt Brahms durch die Galerien; wo er den Schritt hemmte, da konnte man sicher sein, daß ein echtes Kunstwerk hing oder etwas besonders Originelles zu besichtigen sei. Dann winkte er wohl den Begleiter herbei und machte ihn auf irgendeine intime Feinheit des Bildes aufmerksam; manchmal aber auch blieb er vor einem Gemälde lieber allein, weil die Offenbarung reiner, hoher

Schönheit ihn leicht zu Tränen rührte; so zum Beispiel in der Galerie zu Parma jene Verlobung der heiligen Katharina [...] von Parmeggiano [...]. Bis in die Stirn erglühte Brahms vor Ergriffenheit, als er vor diesem Gemälde stand ...«

So erzählt der Schweizer Schriftsteller Josef Viktor Widmann[9], Begleiter von Brahms auf mehreren Italienreisen, von der außerordentlichen Wirkung, die vor allem Gemälde der italienischen Renaissance auf Brahms hatten. Offenbar besaß Brahms einen Augensinn für das Spezifische von Werken der bildenden Kunst – er machte Widmann auf »intime Feinheiten« von Bildern aufmerksam –, offenkundig aber hatte er auch ein sehr emotionales Verhältnis zur Welt der Bilder, erlebte deren Wirkung sehr direkt, bis zum Ausbruch von Tränen. Diese sehr persönliche Betroffenheit, die amateurhaft-künstlerische Nähe zur bildenden Kunst erfuhr Konkretisierungen, reichte in den Brahmsischen Alltag. Drei Aspekte: die Ausstattung der Wiener Wohnung mit Kunstwerken, Brahms als Sammler und seine Freundschaft mit zeitgenössischen Malern, sollen hier kurz gestreift werden. Allerdings geht es mir dann im Hauptteil meines Vortrags nicht um persönliche Kontakte und Vorlieben Brahmsens, nicht um Biographisches, nicht um seine »Lieblingsmaler« als solche und sein privates Verhältnis zu ihnen, sondern um die kompositorisch-strukturellen, poetologischen, ideengeschichtlichen und ideologischen Momente, die Brahmsens Musik mit Bildern, Bildkonzepten und ästhetischen Prinzipien bestimmter Maler des 19. Jahrhunderts teilt.[10]

\*

Aber lassen Sie mich ganz direkt und unprätentiös beginnen: mit einem Blick in Brahms' Wiener Apartment. Seit 1872 bewohnte Brahms diese zunächst Zwei-, dann Drei-Zimmer-Wohnung im 3. Stock eines Alt-Wiener Mietshauses in der Karlsgasse 4. Fotos von Maria Fellinger haben den Zustand der letzten Jahre bewahrt, also etwa von 1895–1897.[11] Verglichen mit der »Grandeur« der luxuriösen Oberklassen-Apartments der Wiener gründerzeitlichen Ringstraßenhäuser, mit den geschmacklos kostbaren Stilmöbeln und den aufwendig gerahmten Ölgemälden[12] (sämtlich Originale natürlich); verglichen auch mit dem veröffentlichten Theaterpomp der Atelierwohnung des Malers Hans Makart, die der Wiener Gesellschaft zur Schau gestellt wurde[13] – verglichen damit ist Brahmsens betont alltäglich-privates Zuhause, wie Ingeborg Kähler und Christoph Caesar[14] richtig festgestellt haben, eher ein gemütlich-spießiges bürgerliches Interieur, ein Ambiente, das so gar nicht zur gängigen Verabsolutierung der Künstlerexistenz im späten 19. Jahrhundert paßt.

Dieser bürgerlichen Mittelklassen-»Normalität« entspricht auch die Dekoration mit Werken der bildenden Kunst. Die Wand des Musikzimmers hinter dem Klavier ist repräsentativ:[15] Da gibt es hoch im Rücken des Klavierspielers die Büste Beethovens; in der Wichgrafschen Zeichnung von ca. 1877 mit dem lesend arbeitenden (noch bartlosen) Komponisten erscheint diese Konstellation wie eine Illustration der Traditionslast, die Brahms bekanntlich fühlte (seine Bemerkung zu Hermann Levi, zu datieren in die frühen siebziger Jahre): »Ich werde nie eine Symphonie komponieren! Du hast keinen Begriff davon, wie es unsereinem zu Mute ist, wenn er immer so einen Riesen hinter sich marschieren hört« (Kalbeck I/1, S. 165). In der Tat ist diese Situation des Spätgeborenen im Musikzimmer wie inszeniert, die Büste des »Riesen« hängt hinter dem Komponierenden, die

»anxiety of influence« wird als tägliche Erfahrung simuliert, beim Namen gerufen und dadurch wohl auch gebannt. Unter dem Beethoven hängt die spät erworbene Landschaftsradierung *Mittag* von Max Klinger, links davon, bezeichnend im preisenden Lorbeerkranz, ein Bismarck-Relief, über dem Sofa ist der Steinlasche Stich von Raffaels *Sixtinischer Madonna* plaziert, wieder links davon ein Kupferstich nach dem Gemälde *Cherubini und die lyrische Muse* von Jean Auguste Dominique Ingres, wobei die den Komponisten Cherubini mit dem Lorbeerkranz in der ausgestreckten Hand heiligende Muse von Brahms durch eine Vorhangzeichnung verdeckt wurde.[16]

Das alles ist typisch für Brahms' Wohnung und für seine Wertsetzungen insgesamt. Zunächst sind da Komponistenporträts, Abbilder jener Vorbilder, die den Traditionszusammenhang darstellen, in dem Brahms sich selber sah; vertreten sind in der Wohnung außerdem Bach, Händel, Haydn, ein weiterer Beethoven, Mendelssohn, Clara und Robert Schumann, letzterer zusätzlich auch als Einzelfoto; als Dichter kommt Shakespeare hinzu. Dann gibt es die Repräsentation von Politik, sie ist eindeutig preußisch-reichsdeutsch, der verehrte Bismarck erscheint, wie nur noch Beethoven und Schumann, zweimal in der Wohnung; auch Friedrich II. und Zieten sind durch einen Stich von Chodowiecki vertreten. Ein Stich nach van der Helfts Gemälde zum Münsteraner Friedensschluß von 1648 mag auch hierher gehören, möglicherweise einen protestantisch-katholischen Ausgleich als Brahmssches Motiv repräsentierend. Dann sind da Maler der italienischen Renaissance, und zwar mit »gängigen« Sujets, da ist nichts Kennerisch-Besonderes. Die Reproduktion der Dresdner Madonna von Raffael, wie auch der Stich nach Lionardos *Mona Lisa* an der gegenüberliegenden Wand, dürften in deutschen Bürgerstuben (zumindest in katholischen) ein verbreitetes Dekorum gewesen sein;

hinzu kommt ein Stich nach Guido Renis *Apollo im Sonnenwagen*. Und schließlich gibt es die malenden Kollegen der eigenen Gegenwart, mit einem Akzent auf den »Deutsch-Römern«: ein Foto der *Apokalyptischen Reiter*, die Peter von Cornelius für den geplanten Campo Santo des Berliner Doms entwarf, ferner Klingers *Landschaft*. Ilse Conrats Plastik *Trinkender Zigeuner* kommt als Gelegenheitsgeschenk hinzu.

Gegenüber den Dekorationen der Ringstraßenapartments fällt in Brahmsens Bürgerstube auf, daß er nur Reproduktionen von Bildern hängt, Stiche oder Fotos – keine Originale, vor allem: keine Gemälde. Das muß als betonte Bescheidung, aber auch als Ausdruck seiner Mittelklassenherkunft gesehen werden.[17] Denn Brahms war seit den 8oer Jahren durchaus wohlhabend genug, sich das eine oder andere Gemälde zu kaufen, selbst wenn seine Sammlung von Musikautographen erhebliche Summen kostete. Das einzige Ölgemälde, das er in späten Jahren besaß, Feuerbachs frühe Ölskizze *Diana dem Bade entsteigend*[18], hat er nicht aufgehängt, auch nicht Feuerbachs Bleistiftskizzen von Engelsköpfen[19] und wohl verständlich ebenfalls nicht Menzels scherzhafte Gelegenheitsskizze des Meininger Klarinettisten Mühlfeld[20]. Statt dessen sammelte respektive hängte er Drucke, illustrierte Bücher, Fotoreproduktionen von unterschiedlichem Format, Genre und verschiedener Funktion.

Die Graphiksammlung von Brahms umfaßte Kupferstiche und Radierungen von Callot, Chodowiecki, Hacker, Piranesi, Menzel, Ludwig Richter, Wilhelm Busch, Anselm Feuerbach, Klinger, Böcklin, um nur einige Namen zu nennen. Von Callot und Chodowiecki allein waren es mehr als 200 Nummern, wobei – wie der Katalog Kiel (S. 27) richtig bemerkt – die Vorliebe für Callot eine Schumann/Hoffmann-Reminiszenz aus romantischem Geist ist, während für den Akzent auf Chodowiecki die bürgerliche Komponente seiner Ästhetik entscheidend gewesen sein dürfte. Interessant ist die Menge an kleinstformatigen Fotografien (6 × 9 cm), die Brahms vorwiegend von »Louis Doering, Carlsruhe« bezog, fast scheint es ein Abonnement gewesen zu sein.[21] Es sind vor allem Fotoreproduktionen nach Kupferstichen von Gemälden: Raffael, Correggio, Michelangelo, Tizian, Lionardo, Giulio Romano, Guercino, van Dyck, Velasquez, Rubens, Murillo, Luca della Robbia und andere; aber auch Wilhelm von Kaulbach, Schwind *(Wartburg)*, Kupelwieser und andere Maler des 19. Jahrhunderts. Dazu kommt eine große Zahl antiker Statuen. Die Kleinheit und Unsinnlichkeit dieser Vorläufer unserer Kunstpostkarten und auch gelegentliche Ortsangaben von Brahms auf der Rückseite bestimmen diese Fotos als Erinnerungshilfen. Aber es gibt auch eine Vielzahl von Künstler- und Politikerbildern, auch preußische Generäle, Fürsten, Orte von (preußischen) Schlachten (Düppeler Schanzen), Helgoland … Ein sehr gemischter Geschmack.

Erneut: Bildende Kunst ist hier ausschließlich italienisch-deutsch. Nichts von der großen französischen Malerei, der führenden des 19. Jahrhunderts: kein Delacroix, kein Courbet, kein Manet, die Impressionisten nicht einmal gestreift. Der antifranzösische Impuls des politischen Denkens von Brahms manifestiert sich offenbar auch in der Kunst. (Die frühe Ausnahme Callot scheint durch Schumann und E. T. A. Hoffmann sanktioniert.) Von den deutschen Zeitgenossen Feuerbach, Böcklin und Klinger dagegen hat Brahms alles an Reproduktionen gesammelt, dessen er habhaft werden konnte; Julius Allgeyer und später vor allem der Verleger Fritz Simrock halfen dabei. Ausdrücklich ist der Wiener Zeitgenosse Makart ausgeschlossen. Brahmsens Verdikt von 1874 läßt keinen Zweifel: »Makart ist – und kommt wohl nicht so weit, daß er verdiente, mit Wagner zusammen genannt zu werden.«[22]

Feuerbach – Böcklin – Klinger, das sind denn auch die drei Namen, die immer wieder genannt und abgehandelt werden, wenn es um Brahmsens Verhältnis zur Bildenden Kunst geht. Brahms' Brief an Simrock vom 17. Dezember 1894 gibt die Autorisation:

> »Durch Ihren köstlichen Böcklin kommen nun zugleich die drei herrlichsten Künstler bei mir zusammen, und es ist doch keine dumme Zeit, in der man sich Feuerbachs, Böcklins und Klingers freuen kann.« (Briefwechsel XII, S. 259)

Auch Leon Botstein beschränkt sich in seiner interpretatorisch bedeutenden Studie »Brahms and 19th-Century Painting« von 1990 auf diese Trias. Doch wenn schon von einer auktorialen Vollmacht ausgegangen wird, sollte der Brief Brahms' vom selben 17. Dezember 1894 an Viktor Widman zitiert werden:

> »… eine lange innige Freundschaft mit einem Mann wie Feuerbach, eine ernste, hohe Kenntnis und Verehrung seiner Werke [...] dazu das eben erscheinende Böcklin-Werk und Klingers Phantasie – da begreifen Sie wohl, dass ich nicht gleich daran denke, mir alles zu kaufen! Jene drei füllen schon Herz und Haus, und es ist doch keine schlimme Zeit, in der man sich solcher drei freuen kann [...] – und da mir Menzel grade einfällt, merke ich, wie üppig wir leben und wie flüchtig rechnen.« (Briefwechsel VIII, S. 138)

Vier Namen also, aus der Sicht von Brahms: Feuerbach, Böcklin, Klinger und Menzel.

Feuerbach vor allem. Er hat in diesem Brieftext deutlich eine Sonderstellung. Brahms hat ihn bekanntlich persönlich sehr gut gekannt. Jedoch ließen die kurzen gemeinsamen Wiener Jahre weder ein ungestörtes privates Verhältnis noch einen künstlerischen Austausch aufkommen; das »innig« im Brief an Widman ist ein später Euphemismus. Brahms' Urteil über den Maler Feuerbach war aber nie grundsätzlich von Zweifeln gefährdet. Allerdings: Die neo-barocke Komposition der *Amazonenschlacht*[23] hat Brahms unwirsch als unverständlich abgelehnt. Es waren die klassizistischen Bilder nach dem *Hafis* von 1852[24], die ihn beeindruckten. Zu Feuerbachs Gedenken ist 1880/81 die *Nänie* op. 82, nach Schillers Gedicht, entstanden. Und es mag durchaus sein, daß Feuerbachs Antikenprojekte Brahms zu der Serie von Chor-Orchester-Werken angeregt haben, die er in den siebziger und achtziger Jahren schrieb: *Schicksalslied*, *Nänie*, *Parzenlied*, aus dem selben Geist auch die *Altrhapsodie*.[25] Böcklin dagegen hat Brahms persönlich nur flüchtig gekannt. In beiden Fällen, bei Feuerbach wie bei Böcklin, war es der Komponist, der sich der Kunst der Maler näherte. Mit Klinger war es umgekehrt. Klinger war ein Brahms-Enthusiast, und es war der weitaus jüngere Maler, der den Komponisten ansprach, um nicht zu sagen sich ihm aufdrängte. Dementsprechend waren Reaktionen und künstlerisches Urteil bei Brahms uneinheitlich: enthusiastisch bisweilen, auch freudig sich geehrt fühlend als Gegenstand der Brahms-Phantasien, aber auch kritisch-ablehnend, wenn es um Bildinhalte und -gestaltungen ging. So schreibt Brahms im März 1886 an Klinger durchaus kritisch:

> »Also aufrichtig: ich kann mich noch nicht so über die Blätter freuen als ich es nach den Skizzen erwartete. [...] Ich kann mich unmöglich irren, gleich das erste Blatt habe ich doch unter jenen Skizzen gesehen und war es zu ›Feldeinsamkeit‹ gedacht? Habe ich Recht – wie sehr wünschte ich, es wäre gelegentlich zu jenem Heft erschienen, statt hier, wo es, gar zu rätselhaft und unverständlich, vielleicht wirkungslos bleibt.«[26]

Im Brief von 1893 dagegen heißt es zunächst einfühlend positiv:

> »Es ist Ihnen vielleicht nicht eingefallen, was ich bei der Betrachtung Ihrer Bilder empfinden muß. Ich sehe die Musik, die schönen Worte dazu – und nun tragen mich ganz unvermerkt Ihre herrlichen Zeichnungen weiter; sie ansehend ist es, als ob die Musik in's Unendliche weiter töne und Alles aussprächte, was ich gern hätte sagen mögen, deutlicher als die Musik es vermag und dennoch ebenso geheimnissreich und ahndungsvoll«.

Aber dann folgt in typisch Brahmsscher Indirektheit die kritische Reserve:

> »Manchmal möchte ich Sie beneiden, daß Sie mit dem Stift deutlicher sein können, manchmal mich freuen, daß ich es nicht zu sein brauche, schließlich aber muß ich denken, alle Kunst ist dieselbe und spricht die gleiche Sprache.« (Brahms an Klinger, 29. 12. 1893, ebenda, S. 7)

Brahms geht aber nie so weit wie Theodor Engelmann, dessen Brief vom 3. Januar 1895 an den Komponistenfreund ganz unverhohlen negativ urteilt:

> »Für Ihren Klinger stehe ich auch noch mehr unter der Zahl der Verwunderten als der Erbauten. Der Reichtum der Phantasie ist freilich unerhört! Ihre Lieder sind mir ohne diese Bilder lieber.« (Briefwechsel XIII, S. 159)

Demgegenüber bleibt Brahms' Kritik an Klinger mehr indirekt, eine gewisse Ambivalenz zwischen Zustimmung und Reserve ist aber in fast allen Dokumenten erkennbar. Selbst ein so enthusiastisch erscheinendes Lob wie das in Brahms' Brief an Clara Schumann vom 4. Januar 1894 erweist sich beim genauen Lesen als relativ:

»Mir ist eine ganz ungemein große Freude geworden durch eine ›Brahms-Fantasie‹ des Malers Max Klinger [...]. Das sind nämlich 41 Zeichnungen und Radierungen, denen Lieder von mir und schließlich das Schicksalslied zugrunde liegen. Aber es sind nicht Illustrationen im gewöhnlichen Sinn, sondern ganz herrliche, wundervolle Fantasien über meine Texte. Ohneweiteres (ohne einige Erklärung) würdest Du aber gewiß öfter den Sinn und den Zusammenhang mit dem Text vermissen. Wie gern sähe ich sie mit Dir durch und zeigte Dir, wie tief er auffasst, wie weit und hoch ihn dann sein Geist und seine Phantasie trägt.« (Schumann-Brahms Briefe II, S. 538)

Brahms bezieht die Bilder Klingers auf die Texte seiner Kompositionen und nicht auf die Musik selbst; er sieht also die Bilderrätsel in Parallele zur Musik, als verschlüsselte Auslegungen der Worte, nicht der Töne. Das ständige Schwanken dieser Urteile zwischen Zustimmung und Kritik zeigt die andauernde Ambivalenz von Brahmsens Verhältnis zu Klingers Kunst.

Den Berliner Adolph Menzel, den letzten des gegenüber Widman herausgehobenen Quartetts, hat Brahms erst spät kennengelernt, wohl im Jahr 1886 und wohl im Zusammenhang von beider Mitgliedschaft in der Berliner Akademie der Künste. Komponist und Maler haben sich gegenseitig hoch geschätzt und zudem eine typische Altjunggesellenfreundschaft kultiviert. Doch ist die oft gestellte Frage, über was beide denn wohl bei der langen Nachfeier zu zweit von Menzels 80. Geburtstag in dessen Berliner Atelier gesprochen oder debattiert haben, hier und für meine Argumentation ganz zweitrangig. Denn wenn ich mich jetzt auf die vier Maler und ihre künstlerische Bedeutung für Brahms konzentriere, geht es, wie bereits oben betont, nicht um biographische Argumentationen. Über die Initialzündung der

Auswahl dieser vier Namen hinaus geht es auch nicht um Brahmsens eigene spezifische Wertungen seiner Kollegen vom anderen Fach. Vielmehr interessieren ähnliche oder identische künstlerische und ideologische Positionen.

Feuerbach und Böcklin, die beiden Erstgenannten, erinnern an den »Düsseldorfer« Ausgangspunkt für Brahmsens Erfahrungen und Wertungen im Bereich der bildenden Kunst (die zusammenfielen mit dem Beginn seiner kompositorischen Selbstfindung durch die Begegnung mit Schumann). Beide gehörten zur Gruppe der sogenannten »Deutsch-Römer« – Maler, die ihre Bildideen aus einem durch italienische Landschaft und Menschentypen stimulierten Rückgang auf die Antike gewinnen und denen es zugleich um die Wiederentdeckung und Realisierung großer absoluter Malerei ging – einer »grand peinture« aus dem Geist der Tradition. Aber es war nicht der reine Nazarener Peter Cornelius, den Brahms favorisierte (wiewohl dessen Berliner apokalyptischer Karton in seiner Wohnung hing), es war auch nicht Hans von Marées und sein zeitlos intendiertes Menschenbild einer arkadischen Existenz, sondern Feuerbach, jener Maler also, bei dem eine fundamental klassizistische Formgesinnung von genuiner Expressivität erfüllt sein soll. »Gewalt der Form und leidenschaftlicher Ausdruck der Seele«, das sei das »Höchste«, hat Feuerbach als sein künstlerisches Ziel formuliert (vgl. Kalbeck II/1, S. 181). Und neben Feuerbach steht für Brahms Böcklin mit seiner Evokation von urwüchsiger Natur und antikem Mythos.

Dieser Rückgang auf die große Tradition der Antike, auf die griechische Mythologie statt der germanischen und statt der Geschichte dürfte ein wesentliches Moment in Brahmsens Vorliebe für Feuerbach wie Böcklin gewesen sein. Mit Schopenhauer teilte Brahms bekanntlich die Abneigung gegen den Germanismus und gegen die »nordische Mythe«.

Und die Sicht auf die Antike durch Italien (die Kunst der italienischen Renaissance und die italienische Landschaft seiner Gegenwart) war auch für Brahmsens Horizont eine prägende Erfahrung. Wie bei Feuerbach, Böcklin und Jacob Burckhardt war sie grundiert von Zivilisationskritik. Antikenbeschwörung, Renaissancekult, Italiensehnsucht und Romschwärmerei waren Mittel zur Distanzierung von den sozialen, politischen und kulturellen Verhältnissen in Deutschland und der Schweiz wie in Österreich. Über Raffaels *Heilige Cäcilie* schrieb Feuerbach: »Das Bild an Form und Seelenausdruck ist unsagbar schön. Hier empfindet man, daß heutzutage in dieser Reise-, Eisenbahn-, Pickelhauben – und zerlumpten Kaisermantelzeit keine Kunst mehr sein kann.«[27] Und Böcklin bekannte gegenüber Burckhardt, daß er »Deutschland, deutsches Gemüt, deutsche Bildung, Kunst, Poesie, etc., allmählich so kennen gelernt« habe, daß er »gleich morgen mit dem ersten Schnellzug nach dem uncivilisierten Süden fahren möchte«[28], wobei die Flucht aus der Zivilisation in die urtümliche Natur bezeichnenderweise mit der avanciertesten Zivilisationstechnologie seiner Zeit, der Eisenbahn, erfolgen sollte. Auch für Brahms war es der naturale Raum während des Sommeraufenthalts in den Alpen, im Schwarzwald oder auf Rügen – waren es Stadtflucht also und als befreiender Ausbruch empfundene Naturidylle, die künstlerisches Schaffen, Komponieren erst ermöglichten. Aber im Licht von Böcklins Bemerkung erinnern wir auch, daß Brahms zu jener ersten Generation von reisenden (Winter-)Virtuosen gehörte, die von der Eisenbahn und dem sich rapide vergrößernden Schnellzugnetz beruflich profitierten. Daß Böcklin umstandslos an den Schnellzug dachte, wenn er der Zivilisation entrinnen wollte, scheint ein Indiz dafür zu sein, wie stark und weit bereits technologische Prinzipien der industriellen Revolution das Denken der Künstler, und damit auch das künstlerische

Denken selbst, bestimmten. Die Sehnsucht nach zivilisationsferner Archaik wird mit Hilfe moderner Technologie befriedigt – so bekennt sie das Scheitern ihres Projekts bereits ein.[29] Ein spätes Kulturbewußtsein reflektiert seine eigene Krise. Die mythische Welt, Natur können nicht mehr ungebrochen erfahren und gestaltet werden, Melancholie und Trauer resultieren – auch das ist eine analoge Brahmssche Erfahrung.

Feuerbachs und Böcklins Rekurs auf die Antike als das – Goetheisch gesprochen – »alte Wahre« aber war auch deswegen für Brahms so immens attraktiv, weil dieses Rückbeziehen die Gegenwartskunst auf ihre »dauerhaften« (das Brahmssche Wort![30]) Ursprünge zurückführte, weil auch der Komponist von der Überzeitlichkeit der zentralen künstlerischen Prinzipien überzeugt war, weil er dies zur Prämisse seines eigenen Schaffens, zu seinem »Generalbaß« machte. Allerdings: Feuerbach und Böcklin sind bei allen fundamentalen Gemeinsamkeiten als Künstler außerordentlich verschieden. Eine Differenzierung des Urteils und des Vergleichs ist angezeigt.

Wenn Werner Hofmann resumiert, daß bei Marees »vita contemplativa« und »vita activa« im Gleichgewicht seien (Hofmann 1984, S. 39), so kann man vergleichend sagen, daß bei Feuerbach eindeutig die »vita contemplativa« dominiert, während für Böcklin offenbar aller Akzent auf der »vita activa« liegt. Feuerbachs berühmte *Medea* (die zweite Version von 1870[31]) zeigt das deutlich. Die Hauptakteure, Medea und die Amme, verharren im Nachdenken, im vorab trauernden Nachdenken, möchte man hinzufügen. Nur die Nebenfiguren, die Ruderer, sind aktiv. Während Delacroix den dramatischen Moment der Kindestötung als Bildsujet seiner Medea-Darstellung wählt, insistiert Feuerbach auf der Darstellung einer fast zeitenthoben scheinenden Reflexivität, wobei das Unausweichliche des imaginierten Todes durch das Requisit des Tierknochens symbolisch angedeutet ist. Das ist, wie Werner Hofmann richtig bemerkt, eine »Zurücknahme in die Unbeweglichkeit der Meditation, wie ein Abschiednehmen, ein ›niemals mehr‹« (Hofmann 1984, S. 39; vgl. auch Theissing, S. 84). Derselbe reflexive Einstand der Zeit bestimmt auch die drei Iphigenien Feuerbachs. In der ersten Version von 1862[32] erhöhen die ruhige Strenge der Form, der hieratische Bau der Figur und die dem Betrachter zugewiesene Tiefenperspektive von unten die Gestalt zu monumentaler Erhabenheit. Rainer Maria Rilke sprach von »Feuerbachs erhabener Antike, die wie hinter schwarzen Schleiern trauert um eine Antike, die nicht mehr ist« (zitiert nach Theissing, S. 83). Gegenüber der dekorativen Theatralik der Historienbilder Hans Makarts, dem *Einzug Karls V. in Antwerpen* von 1875 zum Beispiel[33], erscheint Feuerbachs Form- und Farbenarsenal außerordentlich reduziert, konservativ-klassizistisch. Das betrifft vor allem das Kolorit. Das Beispiel der dritten *Medea* von 1871 *(Medea mit dem Dolche)*[34], bei Grau als tonalem Grundwert durchwegs gedämpfte, bleiche Farben; dem Verzicht auf Bildaktivität entspricht der Verzicht auf koloristische Sensualität. Um es gleich hinzuzufügen: Das ist so unbrahmsisch nicht. Im Gegenteil: Auch der Orchesterkomponist Brahms war kein Kolorist. Man braucht sich nur vorzustellen, wie etwa Karl Maria von Weber oder Richard Wagner den Eintritt der Klarinette im Überleitungsteil des Finales der 2. Symphonie (T. 60ff.) jubelnd koloriert, leuchtend gemalt hätten, um Brahmsens Zurückhaltung an dieser Stelle mitzuhören. Und selbst ein so außerordentlich geplantes und außerordentlich realisiertes Ereignis wie der antithetische Hornruf in der langsamen Einleitung zum Finale der 1. Symphonie, formal und klanglich eine wirkliche Epiphanie, mit dem hierfür aufgesparten Posaunenchor und den singulären Streichertremoli – selbst diese herausragende Passage hat durch die dynamische Zurückstufung der Posaunen und Streicher ein Moment von Unerfülltheit, von Verzicht. Bei Brahms dürfen in der Tat die Bäume nie in den Himmel wachsen. Und wenn Brahms an Feuerbach, wie zitiert, den »stillen, schönen, ernsten Geist« lobend hervorhebt, dann zielt er auf jene klassizistische Gesinnung eines »mittleren Tons der Empfindung«[35], die auch für Teile seines eigenen Schaffens charakteristisch ist.

Mit dem klassizistischen, erhaben-stillen Feuerbach aber verbindet Brahmsens Poetik sich noch in einer weiteren Hinsicht. Beider Kunst ist unornamental, wenn nicht gar antiornamental. Feuerbachs betont edle Linien sind ohne Schnörkel, zielen auf Essenz. Sein Bild *Poesie*[36] hat er selbst als »streng und schmucklos« gepriesen. Und unzählige musikalische Analysen haben demonstriert, daß in Brahms' Partituren virtuell jeder Ton gleich nah oder weit zum Mittelpunkt steht und daß, wo Ornamentales auftritt, es reflexiv vermittelt, auf Geschichte bezogen ist. Auch die melancholisch-elegische Gestimmtheit der Feuerbachschen Figuren, die Trauer um den unaufhebbaren Verlust der imaginierten Gehalte, von der Rilke so eindringlich sprach, hat Brahmsens Welt- und Menschensicht entsprochen. Da ich andernorts ausführlich über Melancholie bei Brahms und ihren geschichtlichen Ort gehandelt habe, sei hier die Bescheidung mit dem klingenden Beispiel des Intermezzo für Klavier op. 119, Nr. 1 gestattet.

Nun ist es wichtig, bei allen so gern aufgefundenen Gemeinsamkeiten zwischen Maler und Musiker, die tiefgreifenden Differenzen nicht zu unterschlagen. Ich sehe sie in zwei fundamentalen Bereichen. Da ist zunächst das klassizistische Postulat der gleichgewichtigen Interdependenz von Formstrenge und Expressivität. Es war, wie zitiert, Feuerbachs Credo, und er hat gemeint, daß seine »besten Bilder den Seelenton haben und darum bleiben« werden[37]. Es

scheint aber, und darin ist sich die heutige kunstwissen-
schaftliche Kritik einig, daß die gewollte Balance von Form
und Expression bei Feuerbach kompositionell nicht wirklich erreicht wird, daß die Ideologie formaler Absicherung,
das »Allzufertige«[38], auch die Lebensferne seiner Sujets und
die Blässe seiner Palette zu einer formelhaften Erstarrung
führen, die an Bildverlust grenzen kann[39]. Demgegenüber
würde der nachvollziehend interpretierende Musiker auf
eine in der Tat eindringliche Beseelung des Tons, auf die
Ausdruckshaftigkeit der gebauten Linien bei Brahms hinweisen, kurz: auf die durchgehende Gleichrangigkeit der
Parameter Form und Ausdruck. Ein knappes Hineinhören
in den Anfang des 1. Satzes des Klaviertrios H-Dur op. 8,
eine das ganze Komponistenleben umspannende frühe Komposition in später Bearbeitung, sollte das demonstrieren
können.

Ganz entscheidend aber ist, daß die Kunstauffassun-
gen von Brahms und Feuerbach im Kern nicht identisch
sind. Hier gilt es früher gegebene Zitatvergleiche zu vertie-
fen. Feuerbachs Selbstverständnis begreift Kunst als »ewig«
gegenüber der vergehenden Banalität des Lebens, sieht sie
dieser banalen Welt enthoben und zielt dabei auf eine Er-
höhung von Kunst, Kunstwerk und Künstler zu metaphysischen Dimensionen. Den ersten Schritt, die Annahme, daß
große Kunst zeitenthoben sei, würde Brahms mitvollziehen, den zweiten, die quasireligiöse Verabsolutierung von
Kunst, dagegen nicht. Im Zentrum von Brahms' Kunstanschauung steht bekanntlich der Begriff der »Dauerhaf-
tigkeit« mit seinen Komponenten der kompositorischen
Solidität und der Traditionsbezogenheit, also einer hand-
werklich-ethischen und einer geschichtlich-qualitativen Kategorie, ein, wie andernorts ausgeführt, »skeptischer Er-
satz für den künstlerischen Absolutheitsanspruch des späten
19. Jahrhunderts«[40]. Hanslicks Idee einer »absoluten Mu-

sik« hat Brahms mit Nichtbeachtung gestraft. An Clara
Schumann schreibt er am 25. Juni 1858 die bedeutende Mahnung:

> »Die Kunst ist eine Republik. Das solltest Du mehr zu
> Deinem Spruch machen. Du bist viel zu aristokratisch.
> Ich kann Dir das nicht lang ausführen, aber mündlich ein-
> mal. [...] Weise nicht einem Künstler einen höheren Rang
> an, und verlange nicht von Kleinern, sie sollten ihn als
> Höhern, als Konsul ansehen. Durch sein Können wird
> er ein geliebter und geachteter Bürger der besagten Re-
> publik, aber kein Konsul oder Imperator«. (Schumann-
> Brahms Briefe I, S. 222)

Aus gleicher Bescheidung hat Brahms bei dem oben genannten Cherubini-Porträt von Ingres, dessen Reproduktion in seinem Musikzimmer hing, die Muse, die den Komponisten mit einem Kranz krönt, durch eine Art Vorhang
verdeckt: Der wahre Künstler begnügt sich als Bürger mit
inneren Werten, er läßt die äußerliche Heiligsprechung nicht
zu. Hat Feuerbachs Ästhetik deutlich aristokratisch-feudale
Züge, so ist Brahmsens Kunstbegriff bürgerlich-republika-
nisch.

Die geführte Ausdruckskraft seiner Musik, deren Intensität Brahms von Feuerbach unterschied, kann ihn in umge-
kehrter Richtung auch von Böcklin abheben, dem anderen
Deutsch-Römer, den Brahms so sehr schätzte. Gewiß dürften die dunklen Wirkungen von Böcklins berühmter *Toteninsel* (Version von 1883)[41], dieser Ikone des Weltschmerzes
des späten bürgerlichen Jahrhunderts, Brahms, und den späten Brahms vor allem, tief angesprochen haben. Die Disposition zur Melancholie und deren Inszenierung im Kunstwerk war bekanntlich mächtig in Brahms. Und die einsame
Insel als Identifikationsmotiv für den dem modernen Leben
Entfremdeten (Zelger 1991, S. 54), den großen Einsamen,

dürfte eine Bildformel sein, die auch für die Weltsicht des späten Brahms von Gewicht war, die er auf seine eigene Existenz als Künstler beziehen konnte. Ob aber das von Gottfried Keller so genannte »zypressendunkle« Pathos des Untergangs und damit die weihevolle Heroisierung des Künstlers Brahmsens Selbstverständnis entsprach, ist mehr als zweifelhaft – zumindestens das. Ganz gewiß aber kennt Brahmsens Musik nicht die an Trivialität grenzende »primitive Magie«, die forcierte Härte, ja Schrillheit präexpressionistischer Sujets und Gestaltungen wie den Centaurenkampf[42], jenen von Böcklin mythisch-naturhaft dargestellten Darwinschen »Kampf ums Dasein« aller gegen alle, das »allgemeine Auffressen der Schwächeren durch die Stärkeren« (Böcklin, zitiert nach Ranke 1977, S. 80). Auch scheinen mir die Brahmsschen musikalischen Naturmetaphern (die Horn-Epiphanie gegen Ende der 1. Symphonie, der Naturklang am Beginn der zweiten) weit mehr – und damit prinzipiell – domestiziert, kulturell und geschichtlich reflektiert zu sein denn Böcklins vorweltliche Archaik, wie sie in den Seebildern und deren derb-sinnlichen Mythologemen zum Vorschein kommt, zum Beispiel im *Spiel der Wellen* von 1883[43].

Eine ideengeschichtlich signifikante Parallele zwischen Böcklins Bildthemen und dem Gehalt der Brahmschen Symphonik aber sehe ich in der Akzentuierung des Verhältnisses von Geschichte und Natur, dem großen Selbstdeutungsthema des späten 19. Jahrhunderts in Deutschland. Winfried Ranke hat gezeigt, daß eines der zentralen Themen Böcklins, die Überwucherung und Auslöschung von Architektur, also der von Menschenhand gestalteten Zivilisation durch Natur, also eine übergeschichtlich-zeitlose, dem Menschen nicht verfügbare Macht ist. Die dritte Version von *Villa am Meer*, 1864/65 gemalt[44], belegt dieses Motiv: eine hoch gelegene Siedlung, die aus dem steil abfallenden Felsen wie naturhaft

herauswächst und von Zypressen und Buschwerk völlig zu-
gedeckt wird. Und die Böcklinschen Ruinendarstellungen
zeigen den Prozeß des Zurückfallens von Zivilisation an
Natur. In *Idylle* von 1875[45] steht ein tierischer Pan zwischen
den Säulenresten einer überwucherten Tempelruine. Antike Architektur, die geschichtliche Epoche des griechischen
Altertums ist vergangen, zerfallen, aber Pan, das heißt: Mythos und Natur, die übergeschichtlichen Mächte also, leben
fort. Natur ist stärker als Geschichte, ist deren zivilisato-
rischem Anspruch überlegen. Diese gesellschaftskritische
Dimension der Böcklinschen Bildthemen möchte ich in Zusammenhang bringen mit der Zurücknahme von Beethovens optimistischer Sicht der Geschichte, des historischen
Fortschritts, bei Brahms und mit dessen Verweis auf Natur
und Religion als überlegenen Prinzipien, wie sie Alphornruf
und Choral als Kulmination des Formprozesses der 1. Symphonie belegen. Jacob Burckhardts *Weltgeschichtliche Be-
trachtungen*, in denen das Prinzip Geschichte als der Bruch
des Zusammenhanges des Menschen mit Natur definiert
wird – ein Bruch, der aus dem Sich-selbst-bewußt-Werden
des modernen Menschen resultiere, und Friedrich Nietzsches dritte *Unzeitgemäße Betrachtung* »Vom Nutzen und
Nachteil der Historie für das Leben« mit ihren Invektiven
gegen die »historische Krankheit«, gegen das von ihm dia-
gnostizierte Übermaß an Geschichte als Chiffre des späten
19. Jahrhunderts, geben die ideengeschichtliche Begleitmu-
sik zu den thematischen Konturen des Malers und des Komponisten[46]. Das ist bedeutende Zeitgenossenschaft: eine zeit-
kritische Diagnose, ein skeptischer Kommentar in Linien
und Farben wie in Tönen und Klängen.

Der Gegensatz von »Kultur« versus »Natur« als Folie für
die Identitätskrise des modernen Künstlers scheint auch das
zentrale Thema von Max Klingers Brahms-Phantasie[47] zu
sein. Das Blatt *Accorde* zeigt eine zweigeteilte Bildwelt.

Rechts auf einem hohen Holzgerüst steht ein Flügel, ein Pianist spielt, eine Frau hinter ihm blättert die Noten um. Ein aufgezogener Vorhang trennt linke und rechte Bildhälfte (könnte sie trennen), es ist aber keineswegs zweifelsfrei, welche Bildhälfte Bühne sein soll. Links erscheint eine gewaltige Naturszenerie: wildaufgewühltes Meer, ein Segelschiff, das einem Hafen zustrebt, dahinter eine Riesenbergwelt. Die Hafenbucht ist eine deutliche Reminiszenz an Böcklins Toteninsel. Das Bildganze »lese« ich von links nach rechts. Das ›Lebensschiff‹ kämpft mit den Naturgewalten. Vom Meer (Natur) zu künstlerischer Produktion (Kultur) vermittelt die von Tritonen gehaltene Harfe, Wasserfrauen spielen sie. Natur wird zu instrumentalem Klang, zu artifizieller Musik. Gleichzeitig hat ein Prozeß der Vermenschlichung eingesetzt, von den Tritonen über die Wasserfrauen zielt er auf die Frau hinter dem Pianisten, die Muse, deren rechte Hand verbindend zur Harfe hin ausgestreckt ist und deren linke Hand auf die Noten weist, auf die aus dem Naturklang gewonnene Komposition also, die der spielende Musiker endlich zur Darstellung bringt. Klingers offenkundiger Symbolismus gestaltet so die These, daß wahre Kunst artifiziell gewordene Natur sei, Naturkomposition im aktiven Wortsinn.

So sehr diese Rückversicherung von Kultur beim Prinzip Natur generell in das ideologische Konzept Brahmsens paßt, so wenig entspricht Klingers symbolistische Ideendarstellung den Gestaltungsprinzipien des Komponisten. Leon Botstein (S. 168) hat zu Recht betont, daß der jüngere Klinger bereits ein Vertreter der Moderne war – der symbolistischen Moderne, möchte ich spezifizieren. Klingers dynamischer Organizismus imaginierte eine künstlerische Welt, die Brahmsens altmeisterlich realistische Musik nicht mehr erreichen konnte, so wie Böcklins Präfiguration des Expressionismus außerhalb ihrer Möglichkeiten blieb. Bezeichend scheint auch, daß Brahms kein Blatt der Brahms-Phantasie in seine Wohnung gehängt hat, sondern Klingers fast untypisch direkt die Realität abbildende Landschaftsradierung *Am Mittag.*

Bleibt für mich so das Verhältnis von Brahms und Klinger vor allem künstlerisch problematisch, so möchte ich enden mit einem Plädoyer für den Berliner Adolph Menzel als den großen, im Gleichklang denkenden und gestaltenden Altersgenossen des späten Brahms.

1845 malte der junge Menzel *Das Balkonzimmer*, ein intimes, gleichsam kammermusikalisches Ölbild, nur 58 × 47 cm groß.[48] Es stellt ein bürgerliches Interieur dar ohne Menschen, genauer: die Ecke eines Wohnzimmers, zwei Wände, hinten diagonal zusammenlaufend, eine bunte Stuckdecke, glatter Fußboden, dazu einige Möbelstücke, wie zufällig im Raum stehend, zwei Stühle, ein Sofa, dies nur angedeutet, die Ecke eines Teppichs und ein hoher, holzgefaßter Spiegel, zwischen zwei Wandleuchtern stehend. Auf der Spiegelkonsole liegt ein Stück Tuch. Warme dunkelbraune Farbtöne von Boden und Möbeln sind gegen einen weiß-grauen Hintergrund gesetzt. Dort, hinten, in der Bildecke, ist das Ereignis des Bildes. Es geht von der geöffneten doppelflügeligen Balkontür aus, die mit einer dünnen weißen Tüllgardine verhängt ist. Der bildnerische Sinn, die Bildidee scheint im atmosphärischen Zusammenspiel von Licht und Bewegung zu liegen. Ein ›leiser‹ Windzug drängt die feine Gardine leicht ins Zimmer hinein, bauscht sie gerade eben. Und durch den in sich bewegten weißen Gardinenschleier dringt Sonnenlicht ins Zimmer, gedämpft nur und doch hell und glänzend, gegen die Fluchtlinien der Wände diagonal im glatten Fußboden gespiegelt. Spiegelungen auch sonst: Der linke Stuhl und das Sofa erscheinen im Wandspiegel, der zudem ein offenbar außerhalb des gemalten Zimmerausschnitts hängendes Bild mit Goldrahmen einfängt, dessen

Sujet unkenntlich bleibt (oder fehlt das Bild im Zimmer selbst?). Und natürlich: die Korrespondenz der beiden Stühle ist ebenfalls eine ›Spiegelung‹, eine gegenständlich-reale. (Man bemerkt allerdings, daß die Plazierung der Stühle, Rücken an Rücken verquer vor den Spiegel gesetzt, kaum einen praktischen Sinn haben kann.)

In der Menzel-Literatur, der populären wie der kunstwissenschaftlichen, wird das *Balkonzimmer* als ein kleines Wunder beschrieben, werden Vokabeln wie »Grazie«, »Charme«, »Atmosphäre«, »Herrlichkeit« benutzt, wird dem Bild gar eine »Vorwegnahme des Impressionismus« attestiert. Für mein Auge und mein Bildverständnis jedoch hat diese offenbar so vollkommene Idylle einige Merkwürdigkeiten. Da ist zunächst die unfertig gestrichene Rückwand des Zimmers mit ihrem weißen Farbauftrag, der nicht zur Grundfarbe der Wand paßt und der ein Rechteck frei zu lassen scheint. Entweder ist das ein Teil des realen Zimmers, das Menzel so abbildet, oder diese Wand war dazu bestimmt, die rechte Seite des im Spiegel zu sehenden Bildes im Bilde aufzunehmen, das könnte heißen, Menzel habe sein Werk unvollendet belassen. Dazu kommt als zweite Irritation das Sofa: Im Spiegel ist es vollständig ausgeführt mit farbigen Streifen und Seitenlehne, im Zimmer selbst steht nichts als ein grober brauner Farbumriß. Mir scheint, daß die simple und naheliegende Erklärung, Menzel habe dieses signierte Bild, gerade dieses, nicht vollständig fertiggestellt, hier nicht ausreicht. Vielmehr gehört die Idee des Fragmentarischen zum Bild selbst, zielt darauf, die Idylle, das reine Miteinander von Licht und Bewegung leise in Frage zu stellen – mit ebenso subtilen Mitteln, wie sie zur Darstellung dieser »Atmosphäre« selbst genutzt werden. Das Unfertige, Skizzenhafte erscheint als feine Irritation, als hintergründige »Störung« der harmonischen Welt. Das ist eine Interpretationsperspektive, die auch für das Verständnis von Brahmsens Musik Bedeutung hat, und ein Interesse gerade an solchen Momenten hat meine andernorts gegebene Darstellung der 2. Symphonie geleitet.[49]

Nun gibt es zwischen Menzel und Brahms, wie bereits angesprochen, auch eine direkte biographische Verbindung. Bereits Kalbeck (IV/1, S. 261 f. und IV/2, S. 422–424; vgl. auch Jensen, Katalog Kiel, S. 59 f.) hat einige wichtige Berührungspunkte hervorgehoben. Menzel wie Brahms stammten aus einfachen bürgerlichen Familien, beide blieben Junggesellen, beide pflegten eine eher grob-direkte Ausdrucksweise im Umgang mit anderen, beide liebten Speis und Trank, Menzel hatte sein Berliner Stammlokal bei »Frederik«, Brahms frequentierte in Wien den »Roten Igel«. Aber beide führten ein striktes Arbeitsleben, praktizierten ein bürgerlich-protestantisches Arbeitsethos, erfuhren ihr Künstlertum als »Mühe und Arbeit«. Beide betonten die handwerklich-technische Seite, das Dauerhaft-Solide, das Gearbeitete ihrer Kunst. George Grosz hat, mit einer Spenglerschen Nuance, Menzel als den »letzten großen Könner« bezeichnet; musikhistorische Darstellungen der »Meisterschaft« Brahmsens akzentuieren ähnlich. Und es gibt durchaus Anzeichen dafür, daß Brahms selber seine historische Position genau so, als ein Ende, gesehen hat – seine Disposition zur Melancholie ist gerade auch darauf zurückzuführen. Menzels Streben nach Authentizität und Brahms' Bemühen um eine »dauerhafte Musik« folgen demselben handwerklichen Wahrheitsbegriff. In Kalbecks Worten: »Ein Ergebnis von Kennen und Können, setzte ihre Kunst die genauest Wissenschaft des Gegenstandes voraus, an dem sie ihre idealisierende Macht erwies« (IV, 1, S. 262). Beide trafen sich zudem politisch in ihrer Preußen-Verehrung, ihrer Wertschätzung Bismarcks, wenngleich Kalbecks naiver Nationalismus diese Komponente überbewertete (vgl. Kalbeck IV/2, S. 424.). Brahms' offenbarer Patriotismus hatte für seine Musik, als Element oder Sujet der Werke, bei weitem nicht dieselbe Bedeutung wie Preußens Geschichte bei und für Menzel (und nimmt schon gar nicht denselben Raum ein). Doch gibt es das Triumphlied, und es gibt die Fest- und Gedenksprüche als politisch-ideologische Manifestationen (wenn auch im Gewande biblischer Texte[50]. Und insofern die thematische Konzentration auf preußische Geschichte, auf Geschichte überhaupt, für Menzel einen Versuch darstellte, dem »Chaos der Welt, deren Harmonie für ihn zerbrochen war [...] im Historienbild wieder einen Sinn zu geben«[51], insofern sie Ordnung stiften sollte durch die Besinnung auf Tradition, wird eine grundsätzliche Parallele zu Brahmsschen Tätigkeitsmotiven erkennbar. Mehr noch: Menzels Verzicht auf das großformatige Ölbild und die Konzentration auf den Zeichenstift in seinen späten Jahren können als Analogie gesehen werden zum lyrischen Spätwerk bei Brahms, zu den Klavierstücken, den Kammermusikwerken mit Klarinette (deren Meininger Protagonisten Richard Mühlfeld Menzel 1891 zeichnete, als Muse mit klassischem Seitenprofil), den Ernsten Gesängen, und der Absage an die große ›welthaltige‹ symphonische Form. Die von der jüngsten Kunstwissenschaft stark herausgestellte »Ambivalenz« des alten Menzel gegenüber dem realistischen Abbilden, sein »personal dilemma« angesichts des »specific social and cultural milieu of Wilhelminian Germany and the growing complexity of the modern industrialized world«[52], wobei für den malend interpretierenden »Beobachter« die aufkommende Fotografie eine wichtige Rolle spielte – eine solche »Ambivalenz« ist auch im Denken und Schaffen des gleichzeitigen Johannes Brahms zu entdecken, wenngleich, das muß erneut gesagt werden, der ›absolute‹ Musiker künstlerisch weitaus indirekter betroffen ist und daher sein Werk, und das instrumentale vor allem, diese Betroffenheit auch indirekter, ›abstrakter‹ reflektiert. Des jungen Menzels Einsicht in seine geschichtliche Stellung als ›später‹ Künstler könnte sehr wohl auch von Brahms formuliert sein. Menzel schreibt im Jahre 1836 an Carl Heinrich Arnold über ein zeitgenössisches Bild: »Die Composition anlangend so scheint sie mir ganz das Gepräge der jetzigen Kunst im Allgemeinen zu tragen, unsere großen Vorfahren malten, bei aller Tiefe des Gedankens, mit dem Gemüthe und der Begeisterung, wir malen mit der Hand und der Reflexion, wie wir eben auch dichten.«[53]

Solche Überlegungen lassen, über die Motive einer biographisch-künstlerischen Nähe zwischen Menzel und Brahms hinaus, mögliche ›compositionelle‹ Ähnlichkeiten zwischen dem bilderischen und dem musikalischen Kunstwerk in den Vordergrund treten. Das Element der »Störung« zum Beispiel, das bei Menzels bewußt fragmentarischer Balkonzimmer-Idylle in sehr subtiler Weise ins Auge tritt, ist eine Bildkomponente, die ihr Äquivalent in der Musik bei Brahms haben könnte. (Und die Theodor Fontane, wie andernorts im Vergleich zu Brahms ausgeführt[54], in Romanen wie dem *Stechlin* Gestalt werden läßt.) Sie erscheint auch in anderen Werken Menzels, Werner Hofmann (1982, S. 43) hat wohl zuerst darauf aufmerksam gemacht. Allerdings lassen sein an der Moderne geschultes Vorverständnis (das Auge des Betrachters, die Beschreibungskategorien) und die gezielte Auswahl der interpretierten Bilder (bei Nichtbeachtung anderer) Hofmanns Generalisierungen leicht fragwürdig erscheinen. Doch genügt es für unseren Zusammenhang, daß ein bedeutendes Corpus bedeutender Bilder Menzels hier betroffen ist. Sie repräsentieren jenen Menzel, den Theodor Fontane dem preußischen Chronisten entgegengesetzt hat als den »anderen« Menzel, »der in den sich selbst gestellten künstlerischen Aufgaben, in der Erfindung immer neuer Techniken und zugleich in der Lösung immer neuer Probleme sein Ideal fand«[55]. Einige repräsentative Beispiele gemalter ›Störungen‹ seien genannt. Der eine Pol ist quasi anekdotisch: Sujet und Titel des frühen Ölbilds *Die Störung* von 1843[56] stehen dafür; ähnlich narrativ dann, nur weitaus dramatischer *Bon Soir, Messieurs!*, Friedrichs II. überraschende Ankunft in Schloß Lissa, gemalt 1858/59[57], eine ebenfalls »unvollendete« Ölskizze. Am anderen Ende des Menzelschen Spektrums finden wir die formale Umsetzung des Motivs, die ›Störung‹ als bildnerische Form. Neben dem subtilen *Balkonzimmer* nenne ich hier als drastisches Beispiel die *Berlin-Potsdamer Eisenbahn* von 1847[58], wo die diagonale Zerschneidung des Bildraums durch die Zugtrasse den historischen Konflikt von Natur und Industrie-Welt in doppelter Weise reflektiert: kritisch als ein Moment der Zerstörung archaischer Landschaft (unbebautes Land, urtümlicher Baumwuchs) und alter Lebensformen (Bauernhof, Sandstraße), zugleich aber lustvoll als dynamisches Fortschrittspathos der vorwärts dampfenden Lokomotive. Die Silhouette der Großstadt Potsdam gibt die geschichtliche Dimension, ist die Folie, aus der die ›Störung‹ hervorgeht, formal wie ideologisch.

Ein weiteres Bildprinzip Menzels sei in Nähe zu Brahms genannt. Es fällt auf, daß die meisten seiner Bilder aus einer Sicht von oben konzipiert sind. Günter Busch hat Menzels bevorzugte Perspektive als das »Verfahren einer imaginierten Vogelschau« bezeichnet und richtig gefolgert: »Die Vordergründe auf Menzels Bildern zeigen eine auffällige Neigung, gegen den unteren Bildrand hin und in die unteren Bildecken hinein zu ›stürzen‹.«[59] In kleinformatigen Ölbildern wie *Blick auf den Anhalter Bahnhof im Mondschein* (1846), *Palais-Garten des Prinzen Albrecht* (1846/76), *Friedrichsgracht bei Mondschein* (um 1860), *Straßenecke bei Mondschein* (1863–1883)[60], aber auch bei dem großen Historienbild *Friedrich und die Seinen in der Schlacht bei Hochkirch* (1856)[61] gewinnen diese Perspektive und die

›Sturzrichtung‹ des Bildes nach unten eine besondere Aussagekraft. Das Ziel der internen Bildbewegung nämlich geht mit einer farblichen Eindunkelung einher, das Bild ist ausgerichtet auf einen dunklen, manchmal extrem dunklen, fast unkenntlichen, unbestimmbaren Fixpunkt. (Auch die *Berlin-Potsdamer Eisenbahn* ist aus einer solchen Aufsicht dargestellt, hier verstärkt die perspektivische Bewegung nach vorn unten den Eindruck der kraftvollen Fahrt der Lokomotive.) Beim *Anhalter Bahnhof* ist dieser dunkle Fixpunkt ein Bauplatz, ein Wirrwarr von Brettern und anderer unidentifizierbarer Materialien, gesehen aus dem oberen Stockwerk eines bürgerlichen Mietshauses, dessen feste Mauern das Bild an den Seiten begrenzen. Der Blick aber wird ins Bodenlose gezogen, in einen dunklen Abgrund. Die Entgegensetzung von scheinbar gesichertem Beobachtungspunkt drinnen und unbestimmbarer, ungesicherter Lebenswelt draußen gibt eine Erfahrung wieder, die für Menzel offenbar fundamental war. Und wenn unsere Interpretation des *Balkonzimmers* nicht ganz abwegig ist, reicht diese verstörende Erfahrung bereits in das bürgerliche Interieur selbst hinein. Für Brahms war das eine durchaus geläufige Diagnose. Durch die realen Sujets seiner Bilder verweist dabei der Maler auf die industrielle Revolution als geschichtliche Bedingung seiner Erfahrungen. Wenn der Musiker Brahms in dem bedeutenden Brief an Vincenz Lachner vom August 1878 die Verwendung ›dunkler‹ Posaunen und Pauken in seiner 2. Symphonie mit der kryptischen Metapher erklärt, daß »schwarze Fittiche beständig über uns rauschen«, beruft er sich auf dieselbe historische Lage.[62] Maler und Musiker, Repräsentanten der gleichen Generation, sehen am Ende des 19. Jahrhunderts, einer Epoche, die sie als eine späte Zeit empfinden, fundamentale Bedingungen ihres Lebensverständnisses und ihrer Kunst in Frage gestellt. In den Kunstwerken erscheinen diese Erfahrungen in ästhetischer Transformation als »Eindunkelungen« oder »Störungen«, auch als »strukturelle Verschiebungen«.

Nahm die außerordentliche und dauernde Wertschätzung Feuerbachs ihren Ausgangspunkt vom frühen und auch mittleren Brahms, also von einer mehr klassizistischen Kunstanschauung, so war für den späten Brahms neben dem partiellen Gleichklang mit Böcklins Werk diese bewußt erfahrene zeitliche Nähe zu Menzel der herausragende Bezug auf die Malerei.[63] Als Metapher für die gemeinsame Sicht auf Kunst und Welt kann der Blick aus dem festgefügten, traditionell abgesicherten, auf handwerklich solide Mauern gegründeten Bereich der Kunst hinab ins Bodenlose, Ungewisse der Gegenwart, auf das Gefährdetsein des Lebens und der Welt gesehen werden. Daraus resultieren beim Maler wie Musiker Skepsis – jedoch keinesfalls Pessimismus, es ergeben sich Trauer und Melancholie – doch nicht Tragik, und es gibt die zweifelnde Befragung der Zukunft (der Kunst, der bürgerlichen Sozietät) – aber nicht Verzweiflung.

An dieser Stelle könnte ein Medienwechsel vorgenommen und ein weiterer Berliner ins Spiel gebracht werden, ein Literat, den der Komponist zwar nur flüchtig persönlich kannte, dessen kritischer Realismus aber zu Menzel (offensichtlich) wie zu Brahms (verborgen) in beziehungvoller Zeitgenossenschaft steht. Ich meine Theodor Fontane. Aber das wäre, Fontanes alter Rittschaftsrat Briest würde diesen Einspruch sofort erheben, nun wirklich für hier und heute ein zu »weites Feld«.

# Epoche Jugendstil?

Was bedeutet es, welche Gründe und welche Folgen hat es, wenn wir Jugendstil *post festum* als musikhistoriographische Kategorie einführen, parallel zu oder an Stelle von Impressionismus, Fin de siècle, die Moderne, Decadence, Neoromantik? Einer der unausgesprochenen Gründe für eine solche Maßnahme ist die Rückwärtsbindung der etablierten Benennungen. Mit der einen Ausnahme der »Moderne« haben diese Begriffe eine Perspektive zur Vergangenheit, berufen Tradition. Die emphatische Betonung des »Jungen« dagegen (man denke an parallele Bildungen wie »Jung Wien«) mag attraktiver erscheinen, das Interesse an der Epoche neu stimulieren und eine geschichtliche Aufwertung zur Folge haben. Doch scheint diese phänomenologische Argumentation eher oberflächlich. Walter Benjamin hat 1931 aus eigener geschichtlicher Betroffenheit und trotz des »jugendlich« fortschrittlich scheinenden Namens geurteilt, der Jugendstil sei »in der Tat ein großer und unbewußter Rückbildungsversuch. In seiner Formsprache kommt der Wille, dem, was bevorsteht, auszuweichen, und die Ahnung, die sich vor ihm bäumt, zum Ausdruck.«[1] Und wenn es richtig ist, daß der Jugendstil – sosehr er sich selbst als ästhetische Opposition und Anbruch einer neuen Zeit begreifen mochte – der Stil war, »in dem das alte Bürgertum das Vorgefühl der eigenen Schwäche tarnte« (Benjamin), müssen wir mehr als bei anderen historischen Gegenständen die Befragung dieser Zeit mit einer selbstkritischen Befragung unseres Interesses an ihr verbinden.

Skepsis sollte zudem vorherrschen, weil die Wissenschaft

von der Musik, gelinde gesagt, keine guten Erfahrungen mit der Übernahme von Epochenbegriffen aus anderen Diszi-plinen gemacht hat. Alle musikwissenschaftlichen Epochen-begriffe sind geborgt. In diesem Moment, jetzt und hier, ge-nügt es, die Schwierigkeiten ins Gedächtnis zu rufen, die der erzwungene oder selbstverschuldete Gebrauch von Termini wie Renaissance, Barock, Impressionismus oder Minima-lismus bereitet hat. Mit Renaissance oder Barock, vielleicht noch mit Romantik, also mit den großformatigen Begrif-fen, haben wir zu leben gelernt. Es sind brauchbare Hül-sen für Übereinkünfte ohne zu große definitorische Schär-fe; stichhaltige kompositionstechnische Begründungen sind kaum zu geben.

Es gibt zum Beispiel gute Gründe dafür, bei der Musik Debussys das Etikett des Impressionisnus als problematisch anzusehen und eine Verbindung zum Art nouveau für weit-aus signifikanter zu halten. Trotzdem würde ich zögern, Art nouveau als musikalischen Epochenbegriff vorzuschlagen. Nicht weil der Musikmarkt dafür keine Chancen ließe (wie-viel leichter läßt sich ein adjektivfähiges Wort durchsetzen!), sondern weil ich Zweifel hätte, daß der kunsthistorische Be-griff die musikalischen Phänomene nicht zufriedenstellend fassen würde. Das betrifft historische Konfigurationen oder strukturelle Merkmale ebenso wie Wertvorstellungen. Ohne Zweifel bezeichnet in der um 1900 zeitgenössischen Malerei Impressionismus eine Kunst von weit höherem Rang als Art nouveau. Debussy vergleichend umbenennen würde daher als künstlerische Abwertung erscheinen. Dominik Jost hat recht, wenn er für den Bereich der Literatur analog formu-liert:[2]

»Wer den Terminus literarischer Jugendstil verwendet, gibt damit zu verstehen, daß die Dichtung mit der gleichzeiti-gen bildenden Kunst im Zusammenhang gesehen wird; er hält also kunstgeschichtliche Begriffe [...] für übertragbar. Vom ›literarischen Jugenstil‹ zu reden ist nur legitim, wenn eine innere Entsprechung der kulturellen Äußerungen eines Zeitabschnitts als gegeben vorausgesetzt wird [...]«.

Andererseits verkenne ich nicht, daß die Musikwissenschaft von den Kunst- und Kulturhistorikern bis hin zu den kunstinteressierten Laien gedrängt wird, endlich Antworten auf die Fragen nach einem Jugendstil in der Musik zu geben. Für mein methodisches Verständnis, hier gehe ich über Josts »innere Entsprechung« hinaus, muß dies interdisziplinäre Projekt von der Kunstgeschichte her angegangen und durch ein Bündel von Werkanalysen, ästhetisch-programmatischen Kontextstudien, sowie sozial- und institutionengeschichtliche Untersuchungen fundiert werden. Das alles kann ich gerade nur berühren.

*

Heimat von Sache und Begriff sind die bildenden Künste in deutschsprachigen Landen, mit spezifischer Akzentuierung bestimmter Gattungen bzw. Anwendungsbereiche; dort sind künstlerische und kunstpraktische Programmatik, Formensprache, artifizielle, publizistische und gewerblich-industrielle Wirksamkeit, kunst- und sozialgeschichtliche Stellung und in Ansätzen auch die Rezeption definiert. Und von dort müssen zunächst die Beschreibungskategorien eines musikalischen Jugendstils analog abgeleitet werden – sofern das gelingt. Zwei Punkte sind als Vorüberlegungen wichtig: die Frage der zeitlichen Begrenzung und das Gattungsproblem. Soweit ich sehe, tendiert die neuere kunstgeschichtliche Forschung zu einem engeren Jugendstilbegriff, in seinem Kern zeitlich eingegrenzt auf etwa 15 Jahre, die letzte

Dekade des 19. und die ersten 5 Jahre des 20. Jahrhunderts, mit Ausfransungen und mit nationalen Verschiebungen.[3] Damit einher geht eine skeptische Einschätzung des Gesamtphänomens. Nicht mehr wird enthusiastisch Jugendstil als der »Anbruch der Moderne« verstanden, wie noch in den fünfziger Jahren durch den für die Jugendstilerforschung, aber auch seine erneute Breitenwirkung so wichtigen Kreis um den Freiburger Kunsthistoriker Kurt Bauch. Solche Reserviertheit heute bedeutet nicht, das innovatorische Potential des Jugendstils zu verkennen (die formale Linienkunst in Peter Behrens' Farbholzschnitt *Der Kuß* als Vorläufer der Konstruktion der Berliner AEG Turbinenhalle), sie ermöglicht jedoch erst dessen nüchterne historische Einschätzung. Auf die Musik angewandt: Der musikgeschichtlichen Populärliteratur, welche die frühe Atonalität (z. B. Schönbergs op. 19) umstandslos für den Jugendstil reklamiert, ist zu mißtrauen. Selbst wenn die Musik in ihrer Entwicklung verspätet wäre, müßte ein musikalischer Jugendstil primär »um 1900« zu lokalisieren sein, und: das »Junge« eines möglichen musikalischen Jugendstils wäre nicht selbstverständlich identisch mit dem »Neuen« der Neuen Musik. Schwierigkeiten für die Etablierung eines musikalischen Jugendstilbegriffs erwachsen aus der Partialität des kunsthistorischen. Dieser entstammt dem Kunstgewerbe und »Die Frage einer Jugendstilmalerei«[4] ist entgegen den extensiven Bemühungen Hofstätters und trotz der kleinen Konzession Schmalenbachs neuerlich eher negativ entschieden: »Es läßt sich unumwunden sagen, daß der Jugendstil eine weitgehend dekorative Kunst ist, die sich hauptsächlich im Kunstgewerbe ausgedrückt hat. Will man seine Bedeutung nicht schmälern, ist man gezwungen, seine besten Leistungen dort zu suchen.« (Sterner 146)

Die Gattungsfrage in dieser Zuspitzung auf »angewandte« Kunst ist für eine musikalische Analogie besonders intrikat. Auf jeden Fall nötigt sie zu einer sorgfältigen Prüfung von Präferenzen bestimmter musikalischer Gattungen bzw. des Ausfalls ganzer Bereiche, und zwar möglicherweise solcher, die für die Musikgeschichte des 19. Jahrhunderts zentral waren – analog dem Tafelbild in der bildenden Kunst. Um die wichtigsten ästhetischen und formalen Kategorien des Jugendstilbegriffs der bildenden Künste in Erinnerung zu rufen, folgen schlagwortartige Kommentare zu sieben ausgewählten Werken, zu Standardwerken des bildnerischen Jugendstils, die auch in Abbildungen leicht zugänglich sind.

*

1. Hermann Obrist, Alpenveilchen (1895)
Abbildung: Katalog Darmstadt[5] II, S. 67

Die Linie. Die lang geschwungene, »sensitive«[6] Kurve, asymmetrisch und doch deutlich geformt, von scheinbar endloser Bewegung, mit (vor allem links oben) elegant gespreizter Geste, mit Ausfransungen, die in diese Bewegung eingebettet sind. Diese rhythmische Linie selbst wird zur Hauptsache, das dargestellte Objekt, die Blume, tritt dahinter zurück. Bezeichnend, daß der Titel des Werks später in *Peitschenhieb* geändert wurde: Die Überformung des Gegenständlichen gab einer fortgeschrittenen Sehweise die Möglichkeit abstrakter Deutung (vielleicht war das auch bereits ein Punkt von Wirkungslenkung). Bedeutsam schließlich: Es handelt sich um einen Wandbehang (Stickerei), also ein Werk der angewandten Kunst. Die gegenüber der Malerei geringere Tiefenwirkung, die vom textilen Material her gegebene Tendenz zur Zweidimensionalität, korrespondiert mit dem Zug zum Ornamentalen als ästhetischer Idee. Dadurch allerdings, daß der flächenhafte Wandteppich sich als

Dekoration in die durchgestaltete Wand ohne Widerstand einfügt, ergibt sich eine stärker ausgeprägte Funktionalität. (Ein Tafelbild hätte größere werkhafte Eigenständigkeit behauptet.)

2. Peter Behrens, Der Kuß (1898), Farbholzschnitt
Abbildung Katalog Darmstadt IV, S. 28

Das Prinzip des Ornaments. »… dieser Trieb, alles einzurahmen, keine Buhseite, keinen Titel, kein Plakat mehr offenzulassen, schwarz auf weiß, sondern alles mit solchen sehnenden, wogenden Lianen zu umschlingen, mit dem Ornament zu umarmen«.[7] Hier: ein zurückweichendes, blasses Zentrum (der Gegenstand), eine überwältigende, vielfach bewegte farbige Ornamentik, in genauestens kalkulierter asymmetrisch/symmetrischer Anordnung der Linien und Bänder (vgl. vor allem die Partien oberhalb und seitlich der Gesichter) sowie der komplementär eingesetzten Farbstufen. Kaum noch wird die gegenständliche Herkunft (Haare) des Ornaments wahrgenommen: Das Ornament ist nicht mehr Schmuck, Illustration des zentralen Gegenstandes, sondern wird selbst zur Hauptsache. Und der Gegenstand: zwei Gesichter, unentscheidbar, welches weiblich, welches männlich – oder sind es vielleicht zwei Frauen, oder zwei Männer, sind es überhaupt zwei Personen, oder ist es die Sehnsucht des Narcissus allein? Unentscheidbar auch, ob die Lippen sich berühren, der Kuß vollzogen wird. Die Mitte, das reale Thema verschwindet, es wird selbst »ornamental«. (Die zeitgenössische Parallele zu Bildidee und Ornamentalität von Gustav Klimts Der Kuß ist evident.)

3. Henry van de Velde, Bucheinband
(Ausführung P. Claessens, 1895)
Abbildung: Helmut Seling (Hrsg.), Jugendstil,
Heidelberg 1959, Abb. 182

Die Überformung der Realität. Das Ornament als kostbar-
schönes Gebilde steht über dem Gebrauchswert des realen
Gegenstandes, wenngleich es dessen Form hervorhebt. Ein
Buch zum Betrachten seiner Außenseite. Die funktionelle
Kunst verdrängt ästhetisierend die Funktion.


4. Otto Eckmann, Fünf Schwäne (1897)
Abbildung: Katalog Darmstadt II, S. 74

Die sanfte, widerstandslos gleitende Bewegung; die re-
servierte, edle Gebärde – »Bewegungen der Seele« (Stefan
George). Dieses berühmte Paradigma des deutschen Jugendstils vereint all seine stilistischen Ingredienzien in einem
Wandteppich, einer kunstgewerblichen Arbeit, geeignet
zum Schmuck des Heimes, zur ästhetischen Einkleidung
des privaten Lebens. Wieder die ruhig bewegte Kurve von
scheinbar endlosem Fließen, wieder die Tendenz zur Flächenhaftigkeit bei Vermeidunq einer ausqeprägten Tiefenwirkung durch a-perspektivische Verfahren (der Vordergrund erscheint nicht verkürzt), erneut die ornamentale
Bestimmung dieser Bildfläche samt ihrer Gegenstände (vgl.
die Wasserspiegelung der Bäume und Schwäne), dazu die
blassen, kaum expressiven Farben, eine hoheitsvoll-erge-
bene Gestik, nichts bricht aktiv hervor, und alles korrespondiert mit der hohen Künstlichkeit der verwendeten Natur-
formen, der Stilisierung der inneren Bewegtheit des Ganzen
(vom Symbolwert des Schwanes ganz abgesehen).
Insgesamt wird deutlich, daß die ornamentalen Formen

nicht die bis ins 19. Jahrhundert tradierten der Kunstgeschichte sind. Der Griff zu den »Kunstformen der Natur«
(so der bezeichnende Titel des im Zusammenhang der Jugendstilbewegung wichtigen Buches von Ernst Haeckel)
folgt einem antihistorischen Impetus. Das »Junge« des neuen
Stils meint den Willen zur Freiheit vom Historismus. Aber
gleichzeitig geht es nicht um realistische Abbildung der
floralen und tierischen Formen aus der Natur, vielmehr sind
diese benutzt für ein Konzept der Stilisierung aller Lebens-
bereiche.

5. Peter Behrens, Tischlampe (1902)
Abbildung: Katalog Darmstadt IV, S. 18

6. Anonymus [Hans Christiansen],
Schnürstiefel (1902)
Abbildung Katalog Darmstadt IV, S. 52

Kunst und Leben. Die Zuwendung der Jugendstilkünstler
zur Gestaltung der alltäglichen Umwelt ist keineswegs mar-
ginal. Die Darmstädter Künstlerkolonie z.B. setzte sowohl
programmatisch wie praktisch deutliche Zeichen einer re-
formerischen sozialen Bewegung. Die Art der Gestaltung
einer Tischlampe jedoch (mit der stilisierten Skulptur der
Tänzerin Loie Fuller) oder die eines Schnürstiefels zeigt
brennpunktartig die Problematik der sozial-reformatori-
schen Jugendstilidee: Es war ein Konzept der Lebensreform
durch die schöne Form. »Kein Quadratzentimeter soll Form
und Farbe erhalten, die nicht von künstlerischem Geist
durchdrungen sind. Kein Gebiet menschlichen Denkens soll
in diesem Rahmen unberücksichtigt bleiben.«[8] Und Peter
Behrens formulierte 1901: »Alles, was zum Leben gehört,

soll Schönheit empfangen, so wird uns die Schönheit wieder zum Inbegriff der höchsten Macht, zu ihrem Dienst entsteht ein neuer Kult. Wir wollen lachend leben in unserer hellen Zeit, wir haben unsere Träume vergessen, wir sind erweckt, erwacht …«[9]. Die Emphase eines neuen Wirkenwollens in Kunst und Realität ebenso wie die Verkennung der gesellschaftlich-politischen Wirklichkeit am Beginn des 20. Jahrhunderts vor dem 1. Weltkrieg (ganz anders der spätere Expressionismus!) – beides ist hier ablesbar. Der »neue Kult« ist die alte Kunstreligion.

7. Ferdinand Hodler, Der Tag (1900);
und Henry van de Velde,
Schreibtisch für Meier-Graefe (1899)
Abbildung in Seling, a. a. O., Nr. 3, nach S. 16

»Einbannung des Menschen in die Kunst«.[10] Die vielzitierte Zusammenstellung der großen Jugendstilausstellung Zürich 1952, mit Stuhl und Teppich als einander ergänzenden Exponaten. Zum Gemälde Hodlers nur noch so viel: Anordnung und Gebärdensprache der Figuren, Flächigkeit und Fehlen eines ausgeprägt begrenzenden Rahmens lassen es wie eine Ornamentierung der Wand erscheinen; die dreifache Linie von Figuren-Halbrund, fernem Horizont und Wolkenband erscheinen der Formbewegung des Schreibtisches kongruent. Dieser steht im Zentrum, ein alltäglicher Arbeitsplatz als Werk der Kunst, mit allen bereits genannten Jugendstilelementen. Deutlich ist, wie das geschwungene Möbel den Sitzenden einschließt (vor allem wenn der Stuhl hinzukommt). Das ist unter doppeltem Aspekt signifikant. Einmal funktional: Die Schubladen sind in Richtung auf den Schreiber angeordnet und leicht herausziehbar, die schöne Form ist auch eine Zweckform; zum andern ideologisch: Der Schreibende scheint geborgen, Kunst umfängt ihn, einen inneren Bezirk schützend vor der Außenwelt – jenes »artifizielle Gefängnis« des Rückzugs in die private Existenz, von dem die kritische Interpretation der Jugendstilhaltung spricht. Eine Abwehrhaltung gegen die bedrängende politisch-gesellschaftliche Realität (die Gründerzeit mit ihren imperialen Zügen, den Industrialisierungsfolgen etc.) – das Konzept der einhüllenden, bergenden Schönheit als ästhetischer Opposition. Ein Konzept, dem trotz bedeutender und berührender einzelner Kunstleistungen das gesellschaftspolitische Scheitern eingeschrieben war.[11]

Ein Symbol dieses Konzepts der Lebensbewältigung durch Schönheit ist die ab 1901 von Joseph Maria Olbrich als exemplarisch errichtete Darmstädter Künstlerkolonie auf der Mathildenhöhe, einem kleinen Hügel nahe der südhessischen Stadt am Odenwald. Um ein Ausstellungsgebäude mit weithin sichtbarem Turm und ein zentrales Atelierhaus sind die Privathäuser der Künstler gruppiert, programmatische Bürgervillen des Jugendstilgedankens. In dieser Hügelarchitektur vor den Toren der Stadt stellt sich die Jugendstilidee unverkennbar als letzte Aufgipfelung der Geistesgeschichte des 19. Jahrhunderts[12], seines Kunst- und Subjektivitätskultes dar: die Apotheose der Kunst als höchster menschlicher Lebensäußerung und die Apotheose des Künstlers als des Führers zu dem projektierten neuen Leben in Schönheit und friedlich-harmonischer Vollendung; die Errichtung künstlerisch vollkommen durchgebildeter privater Häuser als ornamentale Zentren einer universalen menschlichen Existenz, das »Heim« als »ornamentierte Hülse«, wie Dolf Sternberger (S. 20ff.) bereits 1934 in seiner ingeniösen Interpretation resümierte:

»Die Idee des Jugendstils war es, die Menschen, ja die Epoche im ganzen als Individuum mit lauter Spiegelungen ihres eigenen Innern zu umgeben, sie in diesen Formenreigen einzuhüllen. Narcissus starb, weil er sich an sein eigenes Spiegelbild verloren hatte«.

*

Müßten wir nicht, wenn wir alle genannten Fakten des bildnerischen Jugendstils zusammendenken und wenn wir der Vorstellung einer Strukturanalogie der Künste nicht zu skeptisch gegenüberstehen, müßten wir nicht jetzt in der Lage sein, die Idee einer Jugendstilmusik zu konstruieren (ohne damit vorwegnehmen zu wollen, daß es sie gegeben habe) – den Idealtypus einer Jugendstilkomposition? Dies wären die Merkmale:

Eine Komposition, entstanden um 1900; von Linien geformt, die sich in sensitiven Zügen ausbreiten, asymmetrisch geordnet, die zusammenkommen, sich arabeskenhaft ineinander verschlingen, in sich kreisen, so daß Zeit und Welt vergessen scheinen; ein Stück von ruhiger innerer Bewegtheit, feinsten dynamischen Abstufungen; ohne plötzliche Ausbrüche, ohne große dramatisch kontrastierende Veränderung der Faktur; durch und durch ornamental; ein Stück voll erlesener Klänge, mit schönen, aber eher blassen Farben, mit zurückhaltenden, auch zeremonialfeierlichen Gebärden; Musik, zu hören und zu spielen vornehmlich in intim-privatem Rahmen, im Musikzimmer des Hauses Behrens auf der Mathildenhöhe etwa, wo der schöne Flügel im Jugendstildesign in einer altarartigen Nische zwischen zwei Kandelabern seinen sehr genau gewählten Platz hat, unter dem großen symbolhaften Bild, das den Traum eines jungen Mannes darstellt; Musik also, welche die

Gestimmtheit eines solchen durchgestalteten Raumes mit ihren Klängen erfüllt wie der Schmuck der Wände; Musik, die selbst zum Teil, zum Ornament eines privaten »Festes des Lebens und der Kunst« wird, in diesem Sinn funktional, eine angewandte ornamentale Kunst. Genau das: eine wirkliche Jugendstilmusik.

Aber wo gibt es diese Komposition um 1900? Und fragen wir weiter: Was im musikalischen Bereich sind jene sensitiven, asymmetrisch durchgestalteten Linien von scheinbar endloser Bewegung? Was entspricht diesem bildnerischen Werk im kompositionstechnischen Sinn? Sind es Melodiebögen von unperiodischer Struktur, ohne zäsurbetonende Kadenzen? Sind es kontrapunktisch aufeinander bezogenen Stimmen? Sind es dynamische Verläufe? Oder geht man weiter zurück zu Wagners ästhetischer Idee einer »unendlichen Melodie«? Was im musikalischen Bereich könnte durch und durch ornamental genannt werden? Finden Begriff und Sache des bildnerischen Ornaments ein Analogon in jenen Spielfiguren, die wir als musikalische Ornamente bezeichnen: Triller, Vorschläge, virtuos spielerische Fioraturen? Was in der Musik könnte dem Strukturverfahren des ›Überformens der Bildgedanken‹ durch Ornamentik entsprechen? Eine sich in Spielfiguren auflösende thematische Arbeit? Was könnte Zweidimensionalität, Flächenhaftigkeit in der Musik sein? Eine nicht gestufte (nicht tiefenstrukturierte) Klangtechnik (a-funktionale Harmonik)? Die sogenannte Klangfläche? Wie stellt sich in der Zeitkunst Musik der scheinbare Stillstand von Zeit, die Zeitlosigkeit dar? Was in der Musik kann in Beziehung gesetzt werden zur dargestellten Abwehrhaltung gegenüber der Realität im bildnerischen Jugendstil, zur Idee des privaten Heims als ornamentierter Hülse«? Ist dies klingend repräsentiert durch einen bestimmten Tonfall, besondere Gesten, ausgelöst vielleicht durch dynamische Verläufe? Was in der Musik um 1900 ist antihistoristisch? Die Absenz von Polyphonie, von alten Formen, von Prinzipien der thematischen Arbeit?

Fragen über Fragen schon im Feld der kompositorischen Mittel. Und dahinter allerdings steht der generelle methodische Zweifel: Ist es vielleicht gar nicht möglich, bildende Kunst und Musik in so detaillierten Strukturprinzipien zu vergleichen? Meint Linie in der Malerei und in der Musik strukturell dasselbe? Oder ergeben sich signifikante Analogien erst auf einer höheren Abstraktionsebene?

Einige Annahmen kann man, so denke ich, aufgrund dieser Vorüberlegungen immerhin machen. Musikalischer Jugendstil wird sich, sofern es ihn gibt, primär in bestimmten Genres verwirklichen. Er wird sich kaum in den großen symphonischen Gattungen finden, nicht in der weltumfassenden Symphonik, kaum im historisierenden Musikdrama, sondern vor allem in den kleineren, dem Lied, dem lyrischen Klavierstück, überhaupt der Kammermusik intimen Charakters, im Bereich dessen also, was man generell als musikalische Lyrik bezeichnen könnte. Nicht zu vergessen die Gattung des Melodramas, dessen Form die Idee des Rezitationsabends reflektiert und mit seiner alternierenden Präsentation von Musik und Dichtung so wichtig war für das Fin de siècle.

Von einer anderen Seite her ergeben sich neue fundamentale Fragen. Was kann denn im musikalischen Bereich eine mögliche Analogie zum Kunstgewerbe als dem primären Ort des bildnerischen Jugendstils sein? Was und wo ist in einer wie oben charakterisierten Musik um 1900 der mögliche Alltagswert, der Bezug von Kunst auf das praktische Leben in jenem Sinn, in dem der Jugendstilkünstler an Möbeln, Gläsern, Schuhen, Teppichen, kurz: an Gebrauchsgegenständen arbeitete? Fällt hier nicht eine ganze Dimension, und zwar die zentrale, für einen interdisziplinären Ansatz aus?

*

Wie bei der bildenden Kunst schließen Kommentare zu ausgewählten musikalischen Werken an, zu solchen Kompositionen, die einen musikalischen Jugendstil als Epoche begründen könnten oder die man doch wenigstens als jugendstilhaft bezeichnen könnte.

1. Arnold Schönberg, »Erwartung« op. 2, 1 für Gesang und Klavier, (1899) Text: Richard Dehmel.

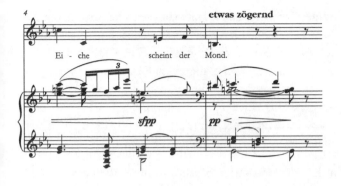

**etwas zögernd**

Ei - che     scheint der     Mond.

*sfpp*     *pp* <

NB 5.1

Am Gedicht Dehmels kann gezeigt werden, wie die Literaturwissenschaft Jugendstilelemente in der Lyrik begreift[13] Auffallend ist zunächst die Vorherrschaft der reichen Adjektive über die Substantive und die (vor allem in den ersten drei Strophen) inaktiven Verben. Es sind zudem Adjektive, die das Visuelle betonen, den Gegenstand erlesen und kostbar erscheinen lassen, ihn zugleich jedoch weniger individuell charakterisieren als vielmehr bildhaft-koloristisch typisieren (die »rote« Villa, die »bleichen« Steine, die »bleiche« Frauenhand). Ornamentale Überformung der Realität, ein »artistischer Organismus« (Klotz). Bezeichnend ist auch, daß der Mond nur aus seiner Spiegelung in der ästhetischen Szenerie (dem »meer-grünen« Teich) aufscheint: Natur wird als künstliches Arrangement erfahren. (Die ebenfalls mögliche symbolistische Intepretation der Bilderwelt dieses Gedichts würde in eine andere Richtung führen.)

Schönberg hat in einem Brief an Dehmel vom 31. 12. 1912 die innovatorische Bedeutung solcher Verse für sein musikalisches Denken nachdrücklich betont:[14]

»Ihre Gedichte haben auf meine musikalische Entwicklung entscheidenden Einfluß ausgeübt. Durch sie wurde ich zum erstenmal genötigt, einen neuen Ton in der Lyrik zu suchen. [...] Leute, die meine Musik kennen, werden Ihnen das bestätigen können, daß in meinen ersten Versuchen, Ihre Lieder zu komponieren, mehr von dem steckt, was sich in Zukunft in mir entwickelt hat, als in manchen viel späteren Kompositionen«.

Ein Kurzkommentar[15] beschrieb 1974 »Erwartung« aus Opus 2 als ein Lied,

»das die blaßschillernde Bilderwelt des Dehmelschen Gedichts in zarte farbige Klänge übersetzt und seinen jugendstilhaft-poetischen Reiz aus der eingangs im baßlosen Diskant exponierten Leitklangfolge gewinnt: über dem festgehaltenen Grundton entsteht aus einem Dur-Akkord durch vier gleitende chromatische Nebentoneinstellungen ein Quartenklang, der in den dann figurierten Dur-Akkord zurücksinkt. Solche Zusammenhänge von dichterischen Bildern und musikalischer Innovation dürfte Schoenberg in dem ... Brief an Dehmel gemeint haben, als er seine Vorliebe für dessen Lyrik begründet«.

Diese Beschreibung ist zu erweitern. Die zentrale Klangbewegung in hoher Lage erscheint als musikalisches Bild, harmonisch wie farblich die dargestellten sprachlichen Bilder in Musik transformierend. Die den Es-Dur-Klang auszierende Wiederholungsfigur ist ornamentaler Schmuck, sie macht durchaus den ornamental-symbolistischen Kern des Gedichts musikalisch sinnfällig. Derselben Formgesinnung ist die Gestik verpflichtet; die Zielpunkte dynamisch aufschwingender Phrasen und Entwicklungszüge werden sehr charakteristisch stets plötzlich zurückgenommen (T. 5 zu »Mond«, T. 10 zu »Hand«, selbst nach der expansivsten Steigerung T. 21 zu »Grund«, schließlich auch T. 30 zu »Frauenhand«), keine einzelne, interne Steigerung kulminiert wirklich. Klangwelt, Farben, Ornamentik und Gestik also erscheinen von der Bilderwelt des Gedichts evoziert, bilden eine Konfiguration von Elementen, die aus dem Geist des Jugendstils heraus formuliert sind. Die Gesamtbewegung des Liedes jedoch fügt diese Elemente in eine finalbetonte Form. Das Ende verharrt nicht in der zeichenhaft offenen Geste des Gedichts, in einer Haltung von Erwartung, sondern komponiert die Erfüllung, in der mehrfach bekräftigenden figuralen Wiederholung des Tonika-Akkords, der herabgleitet in die tiefen Regionen des Klaviers (die bereits im Zwischenspiel von T. 21–23, an inhaltlich wichtiger Stelle, auftraten) und zuletzt ohne die Quartumfassung erklingt. Schönberg vertont das Gedichtganze nicht ästhetisierend hyperbolisch, sondern programmatisch inhaltlich. Die magisch zwingende Tat des Mannes im Mittelteil (der Opal-Kuß) führt ihn im Lied ans Ziel. (Ich denke diese Gestaltung zusammen mit einer analogen Szene in *Die Glückliche Hand* op. 18, »So schafft man Schmuck …«, deren inhaltliche Differenz zu diesem Lied im Sinn einer Jugendstilkritik hier nur angetippt werden kann. Fazit: trotz des Umsetzens der Bilderwelt im einzelnen, die man als »jugendstilhaft« bezeichnen kann, kein Opus des Jugendstils. Anklänge und Nähe, nicht Exempel.

Wohl aber läßt sich Schönbergs Brief an Dehmel in die geschichtliche Entwicklung vor allem der Harmonik zwischen dem Dehmel-Lied und den Klavierstücken op. 11 einreihen. In seiner bedeutenden Abhandlung über die romantische Harmonik und ihre Krise in Wagners Tristan stellt Ernst Kurth für die Spätphase der romantischen Harmonik eine Veränderung in der Bedeutung alterierter Akkorde und deren Verbindungen fest. Kurth beschreibt diese Veränderung als den Schritt von einer mehr harmonischen Funktion zu

einem mehr koloristischen Ereignis. Das trifft genau auf die
»ornamentale Zelle« von Op. 2, 1 zu[16]. Der Schönberg der
Harmonielehre von 1911 nannte solche Klänge »eher wie
etwas Dynamisches, als wie etwas Harmonisches«, vielleicht
noch »Ausflüge in eine zukünftige Harmonie«. Der nächste
Schritt nach op. 2, 1 erfolgt mit der 1. Kammersymphonie
op. 9 vom Jahr 1906. Dort kehrt in dem Initium ein reiner
Quartenakkord auf dem Wege mehrerer Alterationen über
einen Dominantsept-Akkord (mit doppelt alterierter Quinte) in seine lokale Nebentonart F-Dur zurück. Das ist gewissermaßen ein Schritt weiter als am Beginn des Liedes »Erwartung«. Beziehungen zwischen reinem und »alteriertem«
Quartklang sowie verschiedenen »normalen« Dreiklängen
bestimmen die harmonische Struktur des 1907 komponierten Liedes »Ich darf nicht dankend« op. 14, 1. Und schließlich erscheint der (in Schönbergs Terminologie) alterierte
Quartklang in T. 12 von Schönbergs Klavierstück op. 11,
Nr. 1 an historisch beladenem Ort. Die Klangwelt, die um
1900 als von Dehmels poetischen Bildern inspiriert erschien,
und zwar als eine mehr dekorative musikalische Metapher,
ist in das Zentrum der Schönbergschen Wiener Atonalität
gerückt. Der neu gewichtete Klang ist ihr Leuchtzeichen.

2. Alexander Zemlinsky, »Stimme des Abends«, aus *Fantasien über Gedichte Richard Dehmels* op. 9 (um 1900).

etwas bewegt

NB 5.2

Wie Schönbergs Gedichtvorlage zum Lied »Erwartung« stammt auch dieser Dehmel-Text aus der Sammlung *Weib und Welt*. Für Zemlinskys Klavierstück wird als Entstehungsdatum »um 1900« angenommen. Schönbergs Lied ist 1899 komponiert; es eröffnet das Liederheft op. 2, das Zemlinsky gewidmet ist. Beide Kompositionen stehen in Es-Dur, beide umkreisen eingangs und im Schlußteil den Es-Dur-

Akkord mittels chromatischer Nebentöne und einer fast identischen Zweiunddreißigstel-Figuration in hoher Lage, abwärts kreisend und mit Nonen bzw. Großsekund-Vorhalt. Die Anspielung ist für mich offensichtlich, ohne daß gegenwärtig mit Sicherheit entschieden werden könnte, wer sich als Hommage auf wen bezieht. Meine Vermutung wäre: Schönberg auf Zemlinsky; die – für Zemlinsky allerdings ungesicherten – Daten sprechen derzeit für die umgekehrte Reihenfolge. Signifikant sind die Unterschiede der kompositorischen Physiognomien. Schönberg bezieht alles Geschehen auf die deutlich herausgestellte Klangzelle als zugleich inhaltlich bestimmtes Moment. Die Differenz von Hauptsache und ornamentaler Nebensache ist evident, die Tiefendimension der gestuften Klangzentrenfolge ebenso. Zemlinsky komponiert eine durchgehend weiche Klangbewegung, Es-Dur-Akkord und Nebentoneinstellungen sind ineinander verwoben. Das fis zum ersten Achtel wirkt zunächst als Mollterz, erst die Bewegung erweist den Vorhaltcharakter; auf dem zweiten Viertel erscheint die unveränderte Oberstimmenfloskel dann über der Dominantterz b-d, den Ton d aber erweist wiederum der Fortgang als Vorhalt. Der musikalische Inhalt der Eröffnungspartie dieses lyrischen Klavierstücks ist durch und durch ornamental, ist schmückende Auflösung eines Klanges, widerstandslos gleitend, ohne gezielt fortzuschreiten, auch ohne Ausbildung fest konturierter Gestalten. Den Mittelteil, der den Zeilen 4–6 des einstrophigen Gedichts entspricht (Steigen des Nebels), komponiert Zemlinsky leicht abgesetzt als stilisiertes Schreiten mit einem eingeblendeten zeichenhaft fernen Signalmotiv. Der Schluß horcht zurück in das Ornamentband des Anfangs, in das Schweigen des Gedichts.

Ein Werk des Jugendstils? Auf jeden Fall weit eher als das parallele Schönberg-Lied. Und wenn überhaupt im Frühwerk dieses Wiener Kreises, so meine ich, dann ist (neben dem frühen Webern) hier die Angemessenheit einer solchen Zuschreibung diskussionswürdig. Allerdings treten sofort Probleme der Generalisierung auf. Die anderen drei Stücke des Zemlinskyschen Opus 9 wären bei weitem nicht so eindeutig klassifizierbar, das erste ist selbst hier bereits relativ singulär. Und: Die Fantasien sind im Grunde doch ein Nebenwerk, können keineswegs für Zemlinskys Komponieren dieser Jahre allein einstehen.

Der Hinweis auf die beiden folgenden Kompositionen will die Notwendigkeit unterstreichen, vergessenes Quellenmaterial zu erschließen. Gerade die Jugendstilfrage in der Musik nötigt, vom Wege der Großmeisterforschung abzugehen.

3. Ernst Ludwig, Großherzog von Hessen und bei Rhein, »Heimweh«, aus *Draußen. Sechs Stimmungen für Klavier*, gedruckt: Mainz 1915.

*) Die Akkorde in der linken Hand, wenn möglich, nicht gebrochen

NB 5.3

Großherzog Ernst Ludwig war der fürstliche Initiator und Mäzen der Darmstädter Künstlerkolonie und ihrer Ausstellungen. Im Rahmen der Großen Ausstellung von 1901 spielte die Pianistin Frieda Kwast-Hodapp Klavierkompositionen Ernst Ludwigs. Das Interesse des Großherzogs für die Musik Max Regers ist aus Briefen Regers bekannt. Es scheint, als könne »Heimweh« davon zeugen. In dieser um aparte Klangwirkungen außerordentlich bemühten Komposition sind – vor allem im harmonischen und gestischen Bereich – viele der oben genannten Indizien der Idee einer Jugendstilmusik versammelt. Neben den erlesenen Klängen jedoch stehen dann unvermittelt leere Quinten, simple Akkorde (so vor allem im Grave-Mittelteil), neben den Versuchen zu metrischer Irregularität und rhythmischer Differenzierung erscheinen formelhafte Verläufe und Klischees. Ein eklektisches Stück, ein Katalog nachempfundener Wirkungen, was mit dem hier offenkundigen Problem der Zweitrangigkeit, des Dilettantismus zusammenhängt. Hier bestehen für die Einzelkünste unterschiedliche Bedingungen. Was in der bildenden Kunst bei vorhandenen technischen Fertigkeiten und einer gewissen Geschmackskultur als kunstgewerblicher Jugendstil zu annehmbaren Resultaten führen konnte, mußte in der Musik unter dem Anspruch ästhetischer Autonomie scheitern.

Fazit: Das Problem der Stilhöhe und der kompositorischen Qualität stellt sich im Hinblick auf einen möglichen Jugendstil in der Musik verschärft, wenn der Bereich der angewandten Kunst faktisch ausfällt. Daß sich Jugendstil als musikgeschichtlicher Epochenbegriff etablieren läßt, wird dadurch im Zusammenhang mit dem bereits zu Nr. 2 Gesagten unwahrscheinlich.

4. Conrad Ansorge, »Meine weißen Ara«, aus *Fünf Gesänge nach Dichtungen von Stefan George* op. 14, Berlin 1900.

NB 5.4

Ein Beispiel für die Bedeutung der Lyrik Georges im Kontext des Jugendstilthemas, und zwar außerhalb und vor den einschlägigen Werken aus dem Wiener Kreis um Schönberg. Die Affinität des Gedichttexts zu stilistischen Symptomen des Jugendstils braucht nicht nachgewiesen zu werden. Er beschreibt mit den Mitteln des literarischen Jugendstils jene Sinnfigur des »artifiziellen Gefängnisses«, die oben S. 147ff. dargestellt wurde. Entnommen ist es der gleichen Sammlung *Das Buch der hängenden Gärten*, deren Mittelteil dann Schönberg vertonte. Im Gegensatz zur expressiven Verdichtung Georgescher Verse beim späteren Schönberg ist hier eine Musik komponiert, die das Stilisierungsprinzip der Lyrik Georges unterstützt. Kompositionstechnisch wird dies durch behutsame Nuancierungen eines Tonsatzmodells erreicht, das sich insgesamt der in kleinen Schritten geführten, durch deutliche Zäsuren gegliederten Singstimme unterordnet. (Die Zäsuren markieren durchaus die »harte Fügung« des Georgeschen Verses, die Norbert von Hellingrath an Hölderlin charakterisiert hat.) Bewegungsrichtung, Phrasierung, im Takt variable Pausensetzung und gedümpfte Dynamik ergeben eine verhaltene Gestik, die das Lied prägt. Gleich der Beginn im Klavier schlägt diesen zurückgenommenen Ton an: eine gemessene Bewegung auf den Zählzeiten des 5/4-Taktes, sich zunehmend verdichtend und vor dem Einsatz der Singstimme in Achtel übergehend. Die beiden ersten Akkorde öffnen sich durch die abtaktige Aufwärtsrichtung der Oberstimme sowie durch Phrasierungen und die folgende Viertelpause mit einer leichten, die Zäsur überbrückenden Gebärde nach oben. Ihr antwortet die zum tieferen Zielton es herabsinkende Folge von drei Akkorden, jetzt mit einer Pause in der Taktmitte und dadurch mit schließendem Charakter. Der Beginn des 1. Taktes auf einem Sextakkord und das Erreichen eines es-moll-Akkordes in Grundstellung mit Takt 3 verstärken diesen Bewegungszug. Doch im Baß folgt eine auf drei Viertelnoten geraffte Imitation der fallenden Oberstimme, die nun keineswegs eine Bekräftigung des Tons es bringt, sondern variierend die Terzfolge zum ces weiterführt. Gleichzeitig schwingt die Oberstimmenphrase über den 3. Takt leicht zum as steigend hinaus. Beide Operationen bewirken, daß die 1. Zählzeit von Takt 4 mit erneut sich öffnender Geste erreicht wird. Wieder setzt dort die Baßimitation an, jetzt eine Terz tiefer und auf zwei Viertelnoten verkürzt. Der Bewegungszug bricht ab, ohne sich zu schließen. Der metrische Akzent des folgenden 5. Taktes bleibt leer. So etabliert sich durch Punktierung des Hochtons; durch einen erneut zum es abwärts zielenden Melodieverlauf und durch das Einsetzen der Anfangsklänge auf der 3. Zählzeit eine Phrase mit leichter metrischer Verschiebung. Die 5. Zählzeit von Takt 6 entspricht im Klavier der ersten von Takt 1, sie erscheint auch als Endpunkt der Folge von Achtelnoten, die eine scheinbare Beschleunigung der Bewegung bewirken. Die hinzutretende Singstimme jedoch führt über diesen Punkt hinaus und akzentuiert dominierend den normalen Taktverlauf, so daß ein Auffassungswandel des Eröffnungsmodells resultiert: Die Aufwärtsgeste der beiden ersten Akkorde erscheint jetzt auftaktig. Und durch eine Pausenverdopplung in Takt 7 (gegenüber Takt 1) wird die metrische Ordnung wieder völlig eindeutig. Dieses behutsame Spiel mit den metrischen Bedeutungen setzt sich fort. Und der Schluß des Liedes wird dann primär dadurch erreicht, daß der nach dem 4. Takt ausbleibende Akzent innerhalb des Modells schließend erscheint.

Kein Ausbruch stört dieses Gebärdenspiel. Alles ist darauf gerichtet, Lyrik durch erhöhtes Sprechen in gemessener Bewegung zu präsentieren. Stilkunst. Aber auch musikalischer Jugendstil? Auf jeden Fall sind die »Gesänge« Ansorge hier eher zu diskutieren als die George-Lieder Schönbergs und Weberns, jene Miniaturen aus expressionistischem Geist. Trotzdem wirft die Dominanz der Dichtung in dem vorgestellten Lied das Problem auf, ob musikalisch Jugendstilhaftes hier aus einer originären künstlerischen Position heraus gestaltet ist oder ob ein Phänomen der Anpassung vorliegt. Würde Ansorge naturalistische Texte naturalitisch vortonen?

Fazit: Eine nachempfindende Umsetzung von literarischer Jugendstillyrik in musikalische Konfigurationen muß noch nicht auf musikalischen Jugendstil schließen lassen. Trotzdem lohnt ein Komponist wie Ansorge eine eingehendere Behandlung. Daß es im Hinblick auf möglichen Jugendstil in der Musik eine weitaus breitere Palette als das Großmeisterpotential gibt, haben selbst diese kurzen Beispiele zeigen können.

## Kabarettsong

Kompositionstechnische Untersuchungen sind für unser Thema unerläßlich; ohne Rekonstruktion der historischen Fakten allerdings bleiben sie unfundiert. Eine der zentralen Fragen betrifft die Funktion von Musik in der Jugendstilbewegung. Am Beispiel der Darmstädter Künstlerkolonie versuche ich, einige Anstöße zur Gewinnung eines detaillierteren Geschichtsbildes zu geben. Welche Rolle spielte Musik und welche Musik spielte eine Rolle im Rahmen der Darmstädter Ausstellung? Ein Dokument deutscher Kunst von 1901?

1. Musik und bürgerliches Heim. Ich gehe aus von dem bereits erwähnten Musikzimner des Hauses Behrens, das als Wohnhaus des Künstlers nach dessen eigenen, jedes Einzelelement festlegenden Entwürfen für die Ausstellung gebaut wurde. Der Grundriß zeigt als Musiksalon[17] einen fast quadratischen Raum mit einer großen Nische. Wenn für die mannigfachen Erker des Hauses zum Teil auch Lage- und Zweckgründe geltend gemacht werden können (so von Behrens selbst[18]), hat diese Nische doch eine weitreichende Bedeutung, eine Begründung von innen her. Dies machen die überlieferten Beschreibungen und die Fotos des Zustandes von 1901 deutlich.[19]

Der Musiksaal ist der »feierlichste Festraum« des Hauses. Hoebner beschreibt ihn so: Durch eine marmorgerahmte kostbare Schiebetüre, verkleidet von »in goldener Bronze getriebenen Zierblechen« mit Strahlenornamenten, betritt man den Raum, dessen »Stimmung feierlich, ernst gehalten ist«. Der Blick fällt auf die gegenüberliegende zentrale Nische mit dem Gemälde *Ein Traum*[20], »Marmorpfeiler umschließen das Gemälde und steigen zu der den ganzen … Raum umziehenden Hohlkehle empor.« Die Seitenwände sind von blauem Glas bedeckt, gleichfarbige Vorhänge können das Tageslicht des einzigen Fensters in der linken Wand ausschließen. Ein »moderner Metopenfries« mit »bunten musischen Ornamenten« umzieht die ebenfalls marmorgerahmte Holztür in der rechten Seitenwand; rechts und links von ihr »stehen feierlich stilisierte Gestalten, ägyptischen

Königinnen gleich, die je einen großen Kristall in ihren Händen erheben, von dem lange Strahlen ausgehen«. Strahlenornamente bestimmen auch die vergoldete Decke und den mit »kostbaren Hölzern« ausgelegten Fußboden, sie überziehen das gesamte Mobiliar des Saales, einschließlich des reich mit Intarsien verzierten Flügels, des Notenpults, der Leuchter, der Stühle.[21]

In dieser erlesenen, dem Alltagsleben enthobenen Umgebung ist der Ort der Musik. Wichtig ist die Aura, mit welcher der Raum die Tonkunst ausstattet. Er errichtet eine Sakralsphäre. Raumbeherrschend ist die marmorne Nische mit dem großen Tafelbild. Die Strahlenornamente des Fußbodens laufen auf einen Fluchtpunkt in der Nischenmitte vor dem Bild zu. Die unter der Decke ein- und auswärts gerundeten Marmorpfeiler definieren diese Nische deutlich als apsidialen Raumkörper. Das Gemälde erscheint als Altarbild. Die an den Apsisseiten plazierten Kandelaber verstärken disen Eindruck. Genau im Zentrum der Apsis aber steht das Musikinstrument, der Flügel, am geheiligten Ort. Und noch der große Notenständer wirkt wie ein Lektionspult. Das genauestens kalkulierte Ambiente läßt Musizieren zur kultischen Handlung werden.

In dieser Interpretation fügen sich Motiv und Komposition des Bildes ein, dessen ikonographische Nähe zu den Hesperidenfiguren des Hans von Marées oder zu Dichtung und Malerei von Hans Böcklin ebenso offenkundig erscheint wie die weiter zurückreichende zur Primavera Botticellis. Ein Jüngling liegt am Fuß des Bildes, seinen Grund waagerecht ausfüllend, schlafend zwischen Bäumen, mit einer Violine als Attribut: der Künstler (bezeichnend als Musiker ausgewiesen). Ihm erscheint die Vision einer durch Schleier kaum verhüllten, entrückt aufwärts blickenden jugendlichen Frauengestalt, welche die Bildmitte in der Vertikalen ausfüllt, vor dem offenen Meereshintergrund (dem sie entstieg). Die Naturszenerie des Waldes ist hochstilisiert; die Baumstämme, welche die Zentralfigur seitlich einfassen, scheinen zu Säulen erstarrt, die Blätter oben wirken durch Anordnung und Kontext wie das Gesprenge eines gotischen Altars. Assoziationen zu Mariendarstellungen drängen sich auf. Der Traum des Künstlers erfaßt im Augenblick schöpferischer Entrückung die Kunst als heilige Erscheinung. Diese Allegorese definiert die Funktion der Musik in diesem Raum: Das auf dem Flügel dargebrachte musikalische Opfer gilt der Apotheose des Künstlers und der Kunst. (Wieder die Denkfigur des Narziß.)

Daß diese Interpretation der Innenarchitektur nicht übersteigert ist, zeigen zwei weitere Entwürfe von Peter Behrens. Der Musiksaal, den Behrens für seine Raumgruppe auf der Dritten deutschen Kunstgewerbeausstellung in Dresden vom Sommer 1906 konzipierte und baute (Hoeber, S. 47), ist im Grundriß mit der zentralen Apsis, die das Musikinstrument aufnimmt, unverändert, wenngleich die Dimensionen sich enorm vergrößert haben. Der Raum mit dem ornamentgeschmückten Tonnengewölbe wird durch je zwei Pfeiler in Höhe der Apsisenden in ein Hauptschiff und zwei schmale Seitenschiffe gegliedert; er nähert sich dem Charakter eines Kirchenraumes. Dieser wird vollends offenbar am Tonhaus von Behrens in der Flora zu Köln vom gleichen Jahr 1906[22]. Das »Tonhaus« ist eine Hallenkirche mit Seitenemporen, Querschiff, bedeutend ausgeprägter Apsis (mit Mosaik auf Goldgrund in der Konche) sowie markanten Triumphbögen vor dem Querschiff und der Apsis. Der wiederum im Zentrum stehende Flügel wirkt bereits wie ein profanierendes Moment.

Die auratische Überhöhung des Musikzimmers im bürgerlichen Jugendstilhaus mag primär nur für Peter Behrens gelten (in Olbrichs oft mehr spielerischem Habitus habe ich sie nicht gefunden). Sie läßt jedoch gleichwohl Rückschlüsse auf die Musikauffassung im Jugendstil insgesamt zu, vor allen, wenn man sie programmatischen Aussagen zu bildnerischen Formvorstellungen an die Seite stellt. Zum einen erweist sich auch hier die Jugendstilästhetik als ein Gipfel der Idee der Kunstreligion, die das 19. Jahrhundert steigernd prägte und im Absolutheitspostulat für die Musik kulminierte. Zum andern korrespondiert dieser Vorrangstellung der paradigmatische Charakter, den die Musik auch im kompositorisch-handwerklichen Bereich für die Jugendstilkünstler besaß. Peter Behrens selbst hat dies betont[23]: »Kunst ... ist die Erfüllung psychischer, d. h. ins Geistige übersetzter Zwecke, wie sie sich als solche in der Musik am klarsten offenbaren. Das Musikalische, das Einfach-Rhythmische ist das wesentliche Moment künstlerischer Gestaltung.« Noch offensichtlicher aus dem Ästhetizismus des Jugendstils heraus formulierte August Endell sein künstlerisches Credo. Die vielzitierten Sätze mit der Abwehr eines Primats des Inhalts zugunsten einer an »Musik« orientierten bildnerischen Form lassen sowohl die musikhistorischen Voraussetzungen dieses Konzepts wie die Möglichkeiten der Entwicklung zur abstrakten Kunst deutlich werden:[24] »Wir haben nur sehr wenige Werke reiner Formkunst, das heißt formale Gebilde, die nichts sind und nichts bedeuten, die direkt ohne jede indirekte Vermittlung auf uns wirken, wie die Töne der Musik ... Formale Gebilde sind das Ziel aller dekorativen Kunst, nicht aber stilisierte Pflanzen und Tiere«. Hofmannsthals facettenreiche Formel gibt die umfassendste Diagnose des künstlerischen Bewußtseins um die Jahrhundertwende: »Zeitgeist: das Musikhafte«.[25]

2. Die Musik zur Eröffnungsfeier. Die Darmstädter Ausstellung wurde am 13. Mai 1901 mit einem von Georg Fuchs für diesen Zweck geschriebenen Festspiel *Das Zeichen* eröff-

net. Die Inszenierung besorgte Peter Behrens, der auch die Kostüme und Requisiten entwarf und dessen programmatischer Schrift *Feste des Lebens und der Kunst* die Idee der »festlichen Dichtung« von Fuchs tief verpflichtet ist[26]. Die Musik komponierte der Darmstädter Hofkapellmeister Willem de Haan.

Die »feierliche Handlung« spielt im Freien, das Publikum versammelt sich um die große Freitreppe, die zum Ernst-Ludwig-Haus, dem Zentrum der Ausstellung hinaufführt. Ein Chor und Einzelpersonen beklagen das Los der gegenwärtigen Menschheit, rufen nach einer Erneuerung des Lebens in Glück und Schönheit. Aus dem Portal des Künstlerhauses schreitet der »Verkünder« zu der Menge herab. Zu Fanfarenstößen enthüllt er einen Diamanten als »Sinnbild des neuen Lebens«. Dieses »Zeichen« trägt er »auf erhobenen Händen hinein in das Hause, gefolgt von dem Chore, welchem sich dann der Großherzog und die übrigen Festteilnehmer in langsamer, schweigender Prozession anschließen«. Die Einbeziehung des Atelierhauses in diesen symbolischen Vorgang ist ein wichtiges Indiz: Der Künstler erscheint als der Erlöser der Menschheit; er soll sie aus den Tiefen eines richtungslosen und dumpfen Lebens in die Höhe einer durch die Kunst geläuterten neuen Zeit führen. Aber auch: Er führt sie aus dem Freien, Offenen in die Atelierwelt des Jugendstils.

Die Musik von Willem de Haan will Weihe und Größe ausdrücken.[27] Sie tut es – unter den Bedingungen einer Freiluftaufführung – mit drei Blechbläserorchestern und einem »Harmonie-Orchester«, die sich am Schluß triumphal vereinen, mit Fanfarenmotivik, simpelstem C-Dur, einigen eingestreuten Septakkorden und harmonischen Rückungen: die uninspirierte Routinearbeit eines Kapellmeisters, Allerweltsgetön, deutlich aus zweiter Hand. Hier nach Jugendstil zu fragen, wäre ganz und gar unangemessen.

3. Das Musikprogramm der Ausstellung[28] war erstaunlich reichhaltig und setzte spezifische Akzente. Diese Akzente ergaben sich aus der programmatischen Forderung, »auch die Bedürfnisse, die aus frohen Festen und der Freude des Lebens entstehen, künstlerisch zu beeinflussen«[29]. Ein Überblick läßt sich nach den Aufführungsorten geben.

Das »*Spielhaus*« war ein provisorischer Bau, von Olbrich nur für die Dauer der Austellung errichtet, mit Platz für 800 Personen.[30] Die Innenarchitektur war präzise auf »Ideen zu einer festlichen Schau-Bühne« hin konzipiert, die in den sogenannten »Darmstädter Spielen« realisiert werden sollten. In diesem Kontext entwickelte Olbrich auch Vorstellungen zur musikalischen Aufführungspraxis.[31] »Auch die Aufführung von Liedern erfährt eine Änderung ... Der Sänger steht vor dunklem Grund und wird von oben beleuchtet. Der Zuschauer wird durch Nebensächlichkeiten der Decoration nicht mehr zerstreut und genießt voll den Rhythmus der gesprochenen Dichtung, den Reiz der gesungenen oder gespielten Weisen. Es soll der vollkommenste Einklang von Form, Farbe, Stimme und Sinn hier erzielt werden, ein geschmackvolles gegenseitiges Unterstützen aller Schönheiten eine Vollendung anstreben«. Das Konzept dieser »Spiele« wendet die Idee des Gesamtkunstwerks ins Jugendstilhaft-Intime. In Darmstadt scheiterte es sehr schnell infolge gänzlicher Teilnahmslosigkeit des Publikums. Das Haus aber blieb das Ambiente für musikalische Aufführungen, Orchesterkonzerte, Kammermusik und Liederabende, Rezitationsabende mit Musikeinlagen, aber auch Kabarettgastspiele, Auftritte von Volksmusikensemblen und Chören. Einige Hinweise auf die Programme: Orchesterwerke von Richard Strauss (von ihm selbst dirigiert, was als bedeutendes Ereignis rubriziert wurde); Werke des mit Darmstadt verbundenen Komponisten, Sängers und Schriftstellers Erich Otto Nodnagel (Symphonische Dichtungen,

Orchesterlieder: Neurotika und Impressionen, Klavierlieder nach Dehmel); ein Abend mit Kammermusik des in Darmstadt wirkenden Arnold Mendelssohn (Federzeichnungen für Klavier, vom Komponisten selbst gespielt; Lieder); Klavierstücke des Großherzogs Ernst Ludwig – insgesamt eher ein Darmstädter Lokalprogramm denn ein »Dokument deutscher Kunst«, mit der einen Ausnahme Strauss. Einen interessanten Aspekt aber bedeutete die Einbeziehung des Unterhaltungsbereiches, zunächst vor allem die des Kabaretts. Zwei der bedeutendsten Brettl-Bühnen wurden nach Darmstadt eingeladen: Wolzogens Überbrettl (mit Musik von Oscar Straus, Bogumil Zepler und Victor Holländer) und Wedekinds Scharfrichter (mit Kompositionen von Carl Löwe, Hannes Ruch und Wedekind selbst, dessen Rekrutenlieder nach Meinung der Darstädter Tagespresse »sich durch eine tadelnswerte Rücksichtslosigkeit gegen das Schicklichkeitsgebot auszeichneten). Wedekinds »Kunst für das Varieté« war schon 1900 von Otto Julius Bierbaum in der Vorrede zu seiner Publikation *Deutsche Chansons* (Brettl-Lieder)[32] mit den »Darmstädter Spielen« konzeptionell in Verbindung gebracht worden. Bei Bierbaum heißt es in diesem Zusammenhang:

»Indessen muß ich gestehen, daß auch wir recht ernste Absichten haben, in dem wir unsere Kunst in den Dienst des ›Tingeltangels‹ stellen. Wir haben nun einmal die fixe Idee, es müßte jetzt das ganze Leben mit Kunst durchsetzt werden. Maler bauen heute Stühle, und ihr Ehrgeiz ist, daß das Stühle seien, die man nicht bloß in Museen bewundern kann, sondern mit denen sich die vier Buchstaben ohne Einbuße an ihrem Wohlbefinden wirklich in Berührung setzen können. So wollen auch wir Gedichte schreiben, die nicht bloß im stillen Kämmerlein gelesen, sondern vor einer erheiterungslustigen Menge gesungen werden mögen. Angewandte Lyrik – da haben Sie unser Schlagwort.«

Und hier ist auch ein Punkt, wo ein bestimmter Bereich der Musik, die musikalische Chansonkunst, als »angewandte Lyrik« mit der Jugendstilwendung zum Kunstgewerbe in einen Zusammenhang gebracht werden kann. Die Darmstädter Formel »Kunst und Leben« findet hier ihre Anwendung auf die Musik. Noch deutlicher wird das beim folgenden Punkt.

An der Längsseite des Platanenhains der Mathildenhöhe baute Olbrich für die Zeit der Ausstellung einen *Orchesterpavillon*, einen Holzbau für 40 Musiker. Dies ist der Ort, an dem (»bei gutem Wetter«) das eigens für die Ausstellung verpflichtete sogenannte »Neue philharmonische Orchester Wien« unter der Leitung seines Dirigenten Karl Stix konzertierte[33]: Promenadenkonzerte, Wunschkonzerte bei Kaffee und Kuchen. Und hier spielten ebenfalls die Militärkapellen der Großherzoglichen Infanterie- und Artillerie-Regimenter. Manchmal vereinigten sich sogar mehrere Kapellen zu sogenannten Doppel- oder »Monstrekonzerten«. Ebenfalls im Platanenhain gastierte das neapolitanische Ensemble »Masaniello« mit Tänzen, Gesängen und Volksliedern. Eine Durchsicht der Tagespresse zeigt, daß hier durchschnittlich an drei Tagen in der Woche Konzerte stattfanden, manchmal sogar zwei pro Tag. Hier einige charakteristische Beispiele für Programme.

28. 8. Konzert des Orchesters Stix mit dem Chor des Sängervereins Offenbach: Carmen-Fantasie von Bizet / Ouvertüre zu Allessandro Stradella von Flotow / Frauenwürde-Walzer von Joseph Strauß / Künstlerkolonie-Marsch von Stix.

2. 9. Monstrekonzert der vereinigten Kapellen der Großherzoglichen Infanterie-Regimenter Nr. 115 und 116, u. a.
mit dem »Zarowschen Schlachtengemälde«.

14. 9 Wunschkonzert des Orchesters Stix: Ouvertüre zu
Tannhäuser von Wagner / Trauermarsch aus der Götter-
dämmerung von Wagner / Danse macabre von Saint-
Saëns – Valse mysterieux und Künstlerkoloniemarsch
von Stix / Fantasie aus Hänsel und Gretel von Humperdinck / und Walzer aus Die Fledermaus von Johann
Strauß.

Diese Programme dokumentieren zugleich das Schwerge-
wicht der musikalischen Aufführungen der zweiten Ausstel-
lungshälfte mit ihrer Dominanz des Unterhaltungswertes.
Nach Auskunft der Tageszeitungen war das Hauptereignis
mit der größten Publikumswirkung das mehrfach wiederholte »Schlachten-Tongemälde« von Sarow, für das schon
in den Vorankündigungen mit dem Satz geworben wurde:
»Kanonendonner und Gewehrfeuer wird hierbei durch
Feuerwerkskörper zum Ausdruck gebracht.«
Fazit: Innerhalb des theoretisch alle Künste umfassenden Gesamtkonzepts gab es bei den »Darmstädter Sieben«
offenbar klare Vorstellungen über die Einbeziehung derjenigen literarischen Moderne, die den eigenen Bestrebungen
nahestand. Hierfür können die Namen Dehmel, Liliencron,
Schlaf, Benzmann, Busse, Falke, Bierbaum und Wedekind
stehen. Es war die dezidierte Absicht der Veranstalter, »mit
dem Besten der modernen Lyrik nach den Auswüchsen des
krassen Realismus« bekannt zu machen. Als unterhaltende
»angewandte Lyrik« wurde das Kabarett dem eigenen Wirken im Felde des Kunstgewerbes an die Seite gestellt. Im
Bereich der Musik ist Analoges kaum zu finden. Auch wenn
man den Eindruck hat, daß den Verantwortlichen die
»künstlerische Beeinflussung« ihres Musikprogrammes mit

zunehmender Ausstellungsdauer immer mehr aus den Händen glitt, so war dieses doch auch am Beginn primär an lokalen Möglichkeiten orientiert. Ob das Darmstädter Provinzialismus war oder Konzeptionslosigkeit, ist schwer zu entscheiden. Die Darmstädter Kritik jedenfalls vermerkte im Nachblick negativ:[34]

»Die Ausstellungsleitung hätte sich … ohne Zweifel ein Verdienst erwerben können, wenn sie sich entschlossen hätte, hervorragenden musikalischen Talenten in diesem Hause Gelegenheit zu geben, mit ihrem Schaffen vor eine breitere Öffentlichkeit zu treten. Gerade auf musikalischem Gebiet ist es heute dank des überwuchernden Cliquen-Unwesens fast unmöglich gemacht, mit neuen Ideen in den Konzert- und Opernhäusern der großen Städte durchzudringen. Und darüber besteht kein Zweifel: das Haus der ›Darmstädter Spiele‹ hätte … doch noch einer hohen Aufgabe dienstbar gemacht werden können, wenn man es verstanden hätte, in dieser Richtung die entscheidenden Persönlichkeiten zu Wort kommen zu lassen.«

Der Konzentration in der bildenden Kunst und der Literatur auf die Moderne, auf die »Jugend« der Jahrhundertwende, steht die Präsenz des gesamten 19. Jahrhunderts im Musikprogramm gegenüber. Man könnte versuchen, dies mit der oben dargestellten Musikauffassung von Behrens und Endell in Verbindung zu bringen. Auf jeden Fall hatten die Darmstädter Jugendstilkünstler selbst keine ausgeprägte Vorstellung von einer ihre Ideen repräsentierenden Musik.

Gleichwohl bleibt als wichtig festzuhalten, dass sie durch die Einbeziehung der Promenadenkonzerte und der Unterhaltungsmusik ihr Konzept einer Durchdringung des Lebens, des Alltags mit Kunst zu verwirklichen trachteten – wenn auch ohne Originalität und vielfach mit dem Repertoire einer Kur- oder Wirtshausgartenkapelle. Zwischen

Endells Verabsolutierung der Formkunst Musik, dem kultischen Musiksalon von Behrens auf der einen Seite und dem
krassen Realismus des Schlachtengemäldes von Sarow auf
der andern liegen Welten. Die Diskrepanz von Theorie und
Praxis ist nirgendwo so offenbar wie im Bereich der Musik.
Auch das gehört zu den Schwierigkeiten mit dem Begriff eines Jugendstils in der Musik.

Ein knappes Fazit: Es gibt Elemente eines Jugendstils
in der Musik. In »stillen, lyrischen« Stücken, in »leichten«
Genres. Aber – wenn sich der Trend bestätigt – es gibt keinen Komponisten, dessen Œuvre man ganz dem Jugendstil
zuweisen könnte. Musik partizipiert an der Stilkunst, prägt
aber keine selbständige Epoche aus. Eine bestimmte for-
malistische Ästhetik der Musik wird sogar Modell für die
Formvorstellungen des Jugendstils. Daher sollte man zwar
von Jugendstilelementen sprechen, nicht aber von einem
musikalischen Jugendstil. Warum dann überhaupt diese Untersuchungen? Einmal folgte die Musikwissenschaft dem
Vorgang der etablierten Kunstgeschichte, die eine auf wenige
Jahre beschränkte, sehr erfolgreiche Kampagne für den Ge-
schmacks- und Verkaufserfolg des Jugendstils inszenierte.
Dazu bestand ein Nachholbedarf. Viele der Jugenstilkünst-
ler gehörten zu den Verfemten des Naziregimes. Doch gab
es auch ein ideologisches Interesse. Die widerstandslos da-
hingleitende sanfte Kurve ist auch ideologische Metapher.
Die hohe Zeit der Jugendstilrezeption sind die 1950er Jahre
der politischen Rückbildung. Die Wissenschaft folgte einer
Politik und einem gesellschaftlichen Konsensus, die das Ein-
stimmende propagierten. Erst mit den Aufbruchsgesten der
Studentenbewegung der 60er Jahre war die Faszination von
sanfter Ruhe, Sicherheit und schönem Ornament dahin.

# Schönberg und George.
## Interpretation eines Liedes

An der Grenzscheide zur Wiener Atonalität stehen vornehmlich Lieder bzw. Vokalwerke: Schönbergs Opera 14, 15 und 10 (3. und 4. Satz); Weberns Opera 3, 4 und 2; Bergs Opus 2 und Opus 4. Das ist offensichtlich kein Zufall: Die zentrale Bedeutung eines Textes für die Lösung der Formprobleme in der freien Atonalität ist von Schönberg und Webern immer wieder betont worden. Der vordergründigen Deutung dieses Phänomens jedoch, die – pointiert gesagt – Texte zu Garanten der bloßen Länge einer Komposition degradiert, dürfte zu mißtrauen sein. Um so wichtiger ist die Beachtung der Tatsache, daß es sich bei den genannten Vokalwerken Schönbergs und Weberns – mit der einen Ausnahme von Schönbergs Opus 14, 2 – ausschließlich um George-Vertonungen handelt. Webern mag hier unberücksichtigt bleiben. Den künstlerischen Beziehungen Schönbergs zu George (so muß formuliert werden; denn daß George von Schönberg Notiz genommen hat, ist kaum wahrscheinlich) nachzugehen, sei versucht. Ziel ist nicht eine allgemeine Darstellung dieser Bezüge, sondern deren Konkretion durch Analyse.

Die kompositorische Affinität Schönbergs zu Dichtungen Georges umfaßt einen genau bestimmbaren Zeitraum: den der freien Atonalität. Der Komponist hat nur in dieser Periode George vertont, zuerst wohl am 17. 12. 1907[1], zuletzt am 6. 10. 1913[2]. Sicher, es lag damals für einen fortschrittlichen Komponisten nahe, wollte er Vokalmusik schaffen, Texte Georges zu wählen, neue Lyrik obersten Ranges als

Ferment der eigenen Modernität zu nutzen; und es mag andererseits verständlich erscheinen, daß die Abwendung von dieser Lyrik so bald und endgültig erfolgte, ist doch die Kunst Georges im Kern wenig variabel, herrscht die Einheit des hohen Stils über die Varietät. Dennoch steht zu vermuten, daß die auffallende Bevorzugung Georges durch Schönberg gerade in diesem Zeitraum auch andere Gründe hat, die in der Konstitution dieser Dichtungen selbst liegen und die mit der Lösung bestimmter kompositorischer Probleme in der frühen Atonalität koinzidieren.

Bekanntlich hat Schönberg 1910 bemerkt, mit den George-Liedern op. 15 habe er sich der Verwirklichung eines lang erstrebten »Ausdrucks- und Formideals« zuerst entschieden genähert. Ob und in welcher Weise Georges Dichtungen dieser angedeuteten Vorstellung konvergieren, ob sie deren Formulierung gar erst ermöglicht haben, welche kompositionelle Bedeutung sie für die Lieder überhaupt besitzen, welche Momente der Dichtung musikalische Phänomene innervieren und auf welche Weise dies geschieht – das alles sind trotz mancher Versuche im Grunde noch ungelöste Fragen.

Die Analyse des vorletzten Liedes aus Schönbergs großem George-Zyklus op. 15 (das Lied entstand wohl gleichzeitig mit den beiden ersten Klavierstücken aus Opus 11 zu Beginn des Jahres 1909[3]) leitet sich unter anderem von solchen Überlegungen her[4]. Die Wahl gerade dieser Komposition ist mehrfach zu begründen: durch ihre Kürze (sie bietet die Möglichkeit einer umfassenden Interpretation), durch die Beachtung, die sie in der Schönberg-Literatur bisher fand (Stichwort ›Webern-Nähe‹), durch die Tatsache, daß sie am Ende einer längeren zusammenhängenden Liedproduktion Schönbergs steht, vor dem Schritt zu den ersten reinen Instrumentalwerken der Atonalität (sie dürfte daher methodisch für eine Erörterung des angeschnittenen Fragenkreises besonders ausgezeichnet sein).

Die Fragestellung ›Textbedeutung‹ legt zunächst eine eingehende Untersuchung des Gedichts nahe. Nur so kann deutlich werden, was aus der sprachlichen Dimension für die musikalische formbildend – im weitesten Sinn – ist. Die Gedichtinterpretation ist also zweckbestimmt und erhebt nicht den Anspruch, das Gedicht in allen seinen Bezügen zu erklären. Sie versucht, diejenigen Kriterien beizutragen und von George her zu erklären, die für Schönbergs Vertonung wichtig werden. Allerdings: Lied ist stets ein Miteinander von Dichtung und Musik; wesentliche Qualitäten des Gedichts können auch neben dem musikalischen Zusammenhang selbständig wirksam bleiben. Und schon deshalb sollte jede Liedinterpretation dort, wo es lohnt, die Dichtung angemessen berücksichtigen, also zugleich Gedichtanalyse treiben. Die Erklärung der Komposition hofft zu erweisen, daß solche eingehende Gedichtbetrachtung nur scheinbar aus dem musikalischen Argumentationsgang herausführt. Die Kompositionsanalyse aber nimmt keinen Gesichtspunkt vorweg. Sie will nicht die Aspekte, welche sie methodisch motivierten, isolieren, sondern diese in ihren Relationen zu anderen erkennen. Daher zielt sie auf das Ganze des Liedes.

Wie Schönberg selbst als Komponierender Georges Gedichte verstand, ist einem Abschnitt des 1911 geschriebenen Aufsatzes »Das Verhältnis zum Text«[5] zu entnehmen:

»Noch entscheidender ... war mir die Tatsache, daß ich viele meiner Lieder, berauscht von dem Anfangsklang der ersten Textworte, ohne mich auch nur im geringsten um den weiteren Verlauf der poetischen Vorgänge zu kümmern, ja ohne diese im Taumel des Komponierens auch nur im geringsten zu erfassen, zu Ende geschrieben und erst nach Tagen darauf kam, nachzusehen, was denn eigentlich der poetische Inhalt meines Liedes sei. Wobei sich dann zu meinem größten Erstaunen herausstellte,

179

daß ich niemals dem Dichter voller gerecht geworden bin, als wenn ich, geführt von der ersten unmittelbaren Berührung mit dem Anfangsklang alles erriet, was diesem Anfangsklang offenbar mit Notwendigkeit folgen mußte ... Wenn man einen Vers von einem Gedicht, einen Takt von einem Tonstück hört, ist man imstande das Ganze zu erfassen ... So hatte ich Stefan Georges Gedichte bloß aus dem Klang heraus vollständig vernommen. Mit einer Vollkommenheit, die durch Analyse und Synthese kaum erreicht, jedenfalls nicht übertroffen worden wäre ...«

Für die folgenden Untersuchungen haben einige dieser Sachverhalte direkte Bedeutung:

- Intuitives Erfassen der inneren Form des Gedichts aus seinen ersten Worten, speziell aus dem Sprach-›Klang‹ des Beginns.
- Entstehen der Komposition, indem der im Gedichtbeginn in bestimmter Weise erfahrene Sinn in Musik transformiert und folgerichtig entfaltet wird.[6]
- Gerade die George-Vertonungen orientieren sich am Sprachklang.
- Schwieriger ist die richtige Beurteilung der sehr forcierten Mitteilung Schönbergs, er habe die »poetischen Vorgänge« überhaupt nicht beachtet, sondern sich nur vom »Anfangsklang« führen lassen. Demnach wäre eine musikalische Spiegelung einzelner Textmomente nicht zu erwarten. Das trifft nicht zu. Wohl kann man die späteren gegenteiligen Äußerungen des Komponisten über Textbehandlung in dieser Zeit hier ausschalten, da sie sich nicht ausdrücklich auf die George-Lieder beziehen[7], doch beweist die Analyse der Komposition das Vorhandensein textausdeutender Bildlichkeit. Wie erklären sich diese Widersprüche? Sind es überhaupt Widersprüche?

Zunächst ist die Intention des Aufsatzes von 1911 zu beachten. Er will – und daher steht er im Einklang mit den Bestrebungen des ›Blauen Reiter‹ – programmatisch eine neue Freiheit der Musik von ›außermusikalischen‹ Bindungen verkünden[8]: eine neue ›absolute Musik‹. Von diesem Programm her ist die emphatische Negierung aller ›inhaltlichen‹ Motivierungen zu verstehen, ihre Akzentuierung angemessen zu berücksichtigen[9]. Bedenkt man ferner die Undeutlichkeit mancher Begriffe Schönbergs (z. B. »Verlauf der poetischen Vorgänge«, »poetischer Inhalt«), dann ist aus seinen Äußerungen wohl vorsichtig abwägend folgendes herauszulesen: Eine Analyse des jeweiligen Gedichts vor der Komposition (ein Durchdenken für eine musikalische Disposition) ist nicht erfolgt. Die Komposition wahrt eine Einheit der Faktur und des ›Klangs‹, die aus dem Gedichtbeginn gefolgert ist. Alles was diese Einheit modifiziert, ist ›sekundär‹, ihr untergeordnet. Wenn vom »Taumel des Komponierens« gesprochen wird, ist doch wohl nicht ausgeschlossen, daß bestimmte Worte und Vorstellungen (z. B. ›Gewitter‹) assoziativ ins musikalische Idiom eingehen, wenngleich der Komponist sie nicht »im geringsten« planvoll bedenkt (»sich nicht um sie kümmert«). Und hat der Komponist das Gedicht »vollständig vernommen«, so auch dessen Details. Nur wären diese für den Autor des Aufsatzes von 1911 völlig nebensächlich, Formungen zweiten Grades, eingepaßt der bestimmenden Einheit, die Sinngebung des Ganzen ist.

## Das Gedicht

Im Mittelteil von Stefan Georges Zyklus *Das buch der hängenden gärten*[10] bezeichnet das vierzehnte Gedicht als vorletztes im Gang des Liebesgeschehens das Bewußtwerden des Endes, nachdem das dreizehnte im Bilde (»Du … Am ufer … / Ich … im Boot …«) die Trennung ankündigte, und bevor das Schlußgedicht sie klar und selbstverständlich ausspricht (»Nun ist wahr dass sie für immer geht«). Naturbilder, solche des Herbstes[11], peinigende Spiegelungen drohenden Zerfalls, erweisen die Auflehnung als vergeblich. Das Geschehen ist naturhaft-unabwendbar, wie der Fortgang der Jahreszeiten; dem Subjekt ist sein Schicksal nicht verfügbar[12].

| *1* | Sprich nicht immer | *a* |
|---|---|---|
| *2* | Von dem laub· | *b* |
| *3* | Windes raub· | *b* |
| *4* | Vom zerschellen | *c* |
| *5* | Reifer quitten· | *d* |
| *6* | Von den tritten | *d* |
| *7* | Der vernichter | *e* |
| *8* | Spät im jahr. | *f* |
| *9* | Von dem zittern | *g* |
| *10* | Der libellen | *c* |
| *11* | In gewittern | *g* |
| *12* | Und der lichter | *e* |
| *13* | Deren flimmer | *a* |
| *14* | Wandelbar.[13] | *f* |

Zu dürrem Laub ist geworden, was einst (1. Gedicht) als grünendes Blatt Leben versprach; die entflammten Kerzen des Beginns (1. Gedicht), dort entzündende Sinnlichkeit, flimmern vor dem Verlöschen; schwüle Nacht (15. Gedicht) bricht herein. Diese Krisis wird im Gedicht Gestalt.

Doch: »Den wert der dichtung entscheidet nicht der sinn (sonst wäre sie etwa weisheit gelahrtheit) sondern die form …«[14] In der »Vorrede« der ersten Auflage seiner Dante-Übertragungen schreibt George (II, S. 7): »Was er [der Übersetzer] aber fruchtbar zu machen glaubt ist das dichterische? ton bewegung gestalt«. Ton – Bewegung – Gestalt als Ingredienzien des Dichterischen können Leitworte der Gedichtbetrachtung sein.

Zunächst: Bewegung, aus der Kenntnis Georges nur in innerer Bewegung, seelischer Bewegtheit zu begründen. Das führt auf die Sageweise des Gedichts. Sie ist bildhaft. Ein welkes Blatt im Winde, Zerspritzen überreifer Früchte, zarte Insektenflügel vor drohenden Gewitterblitzen, unruhig flackernde Lichter: Bewegungen spiegeln sich in Bildern, die – als Optisch-Äußeres – schmerzhafte seelische Regungen repräsentieren. Fünf dieser ›Bilder‹ umkreisen im Nacheinander das eine: die beklemmende Atmosphäre einer Bedrohung,[15] wie ein Ich sie erlebt und von sich zu weisen sucht. Diese seelische Bewegtheit zittert nach in ihnen; sie sind erfühlte und sichtbar gemachte Bewegungen der Seele, mit Hofmannsthals zentralem Begriff: Gebärden[16].

Es sind keine großen Gesten: die seelische Erschütterung wird seismographisch in feinsten Nuancen aufgezeichnet[17]; ein leichtes Erzittern, Schwanken steht für den mit Mühe erstickten Schrei. All dem wohnt ein Moment der Stilisierung inne; die Bewegungen spiegeln sich in erlesenen Dingen (Quitten, Libellen ...), direktes Benennen des real Bedrängenden wird gescheut und vermieden[18].

Und als zweites Leitwort nun: Gestalt, im Sinne Georges »strengstes maass« und nur so »zugleich höchste freiheit« (I, S. 530).

Seine äußere Form läßt das Gedicht aus dem Umkreis der anderen heraustreten[19]. In der durch stetes zahlenmäßiges Wachsen von Fünfheber-Gruppen zwischen einzelnen Vierhebern bestimmten Abfolge[20] steht es als einziges mit zweihebigen Versen für sich.

| Gedicht | Zeilen | Hebungen | Reim |
|---|---|---|---|
| 1 | 8 | [ 5 | 4mal a |
| 2 | 9 | 4 | 3mal a |
| 3 | 7 | ⌈ 5 | 3mal a |
| 4 | 7 | ⌊ 5 | 3mal b |
| 5 | 7 | 4 | 3mal c |
| 6 | 8 | ⌈ 5 | 4mal a |
| 7 | 7 | ⎪ 5 | 4mal c |
| 8 | 8 | ⌊ 5 | |
| 9 | 7 | 4 | 3mal b |
| 10 | 8 | ⌈ 5 | |
| 11 | 8 | ⎪ 5 | |
| 12 | 8 | ⎪ 5 | |
| 13 | 8 | ⌊ 5 | |
| 14 | 14 | 2 | |
| 15 | 12 | [ 5 | |

Georges Formsinn gibt dem Gedicht, das die Krise ausdrückt, eine besondere Gestalt.

Dieser Vierzehnzeiler mit auftaktlosen, männlich oder weiblich (Zeilen 2, 3, 8, 14) endenden Versen, mit kompliziertem, entfernte Zeilen assoziierendem Reimschema (wobei der f-Reim zusammen mit den beiden Satzpunkten je 6 bzw. 8 Verse zusammenschließt) hat nur 33 Worte. Fast jedes zweite Wort steht im Reim. Gemäß einer Tendenz zur Verbellipse, zum Aussparen der Verben durch Fortlassen (»Deren dummer / wandelbar«) oder Verwandlung ins Substantiv (»Vom zerschellen«), gibt es nur ein Verbum am Beginn, aber 13 Substantive, davon 12 als Reimworte.[21] So resultiert betonter, schwerer Versschluß. Auffallend sind ungewöhnliche Wortfügungen (»Windes raub«) und ungewöhnliche, verknappende Satzkonstruktionen (»Von dem zittern / Der libellen / In gewittern / Und der lichter«). Die

Versordnung durchkreuzt die Satzordnung, bestimmte Worte werden dadurch herausgehoben (»zerschellen«, »tritten«). Solche Gestaltung zielt auf Beschwerung des substantivierten Einzelworts: Sinn soll gebannt werden in knappsten Raum. Das beschwerte Einzelwort am Versschluß verselbständigt die Zeile[22]; eine festgefügte, fast starre Ordnung ist beabsichtigt. Bewußtes Absetzen von alltäglichem Sprachgebrauch und Sprechen, stilisierende Wortwahl (»zerschellen«) korrespondieren diesem Vershaften.

So sprach auch George seine Verse: psalmodierend-singend, feierlich, nicht nach Sinnbezügen, sondern einzig unter strenger Beachtung des Verses akzentuierend und gliedernd[23].

Eine beklemmende Wirklichkeit, schon abgewehrt durch die Transformierung ins Bild, in die Gebärde, soll im geordneten Kunstgebilde gemeistert, seelischer Ambivalenz, schwankender Zeit sollen Halt und Dauer verliehen werden[24].

Nicht immer glückt das schon im technisch-formalen Bereich. Gerade der zweihebige Vers ist hier widerspenstig: die Endbetonung nimmt der ersten Hebung zumeist das Gewicht; nur am Versbeginn stehen die unwichtigeren Worte, die Artikel und Präpositionen; die Zweihebigkeit schlägt leicht um in doppelauftaktige Einhebigkeit (Zeilen 2, 4, 6, 7, 9, 10, 11, 12, 13). Der Vers droht in Prosa zu zerfallen, oder seine willentliche Aufrechterhaltung wird bloßes Rezitationsschema. Vielleicht aber ist das bewußte Gestaltung: Das Zerstörende der Realität dringt in die Ordnung des Gebildes ein. Daher nur in diesem Gedicht die Zweihebigkeit, der schmale Bau[25] bezeugt die Vergeblichkeit des Einspruchs.

Diese Aussage jedoch geschieht im Paradox. Darauf verweist die Syntax: Alles ist abhängig von dem einzigen Verb »Sprich nicht« am Beginn; bis zum letzten Wort steht dieses im Hintergrund. So redet das Gedicht ständig von Dingen, über die zu schweigen es selbst beschwört; indem es spricht, sagt es zugleich »Sprich nicht«. Oder umgekehrt: Die Beredtheit des Sprechens, die das Bedrängende bannen will, läßt dieses nur mächtiger erstehen.

Die Kopfzeile erhält damit eine zentrale Stellung: Alles ist auf sie bezogen, in ihr ist alles Folgende angelegt[26]. Das ist mehr als ein ›Einstimmen‹, jene eine Grundweise lyrischer Dichtung, mit dem Anfang auch den ›Ton‹ anzugeben, mehr als jener »stimmende Akkord«, den ein Balladendichter als Beginn empfahl[27]. Mehr: ein strukturelles Element. Die Kopfzeile überformt die parataktische Reihung der fünf von ihr abhängigen Bilder, deren vier erste durch die Präposition »von« nebeneinandergesetzt sind, während das letzte mit der Konjunktion »und« angekettet ist und die Reihung schließend auffängt. Das kleine Gedicht rundet sich zum geschlossenen Ganzen. Indem die Kopfzeile so hinter den Bildern, den Gebärden des Gedichts steht, bestimmt sie entscheidend auch deren Sprachton, verwirklicht das Schwankend-Bewegte, Unsichere, das Abwehrend-Beschwichtigende in der Erlesenheit des Klangs.

Und damit als drittes Leitwort: Ton, im Sinne Georges der »seelen-ton« (II, S. 149), die »klangliche stimmung« (I, S. 531).

Das Gedicht ist gestimmt auf i(e)- und a(au)-Klänge, nur ein u erscheint, kein geschlossenes o, wenige offene, aber dann nicht im Reim. Das i herrscht vor, von Beginn an, schon die Kopfzeile bringt es in allen drei Worten, in 8 der 14 Reimworte ist es Stammlaut. Deutlich bilden die a(au)-Laute einen Zusammenhang mit der formalen Gliederung: Die Zeilen 8 und 14 sind ›a‹-Verse (die einzigen des Gedichts), beide au-Laute stehen am Beginn, zum ersten Bild. Bei der Bestimmung der Klangwerte der Vokale ist Vorsicht geboten[28], doch darf gesagt werden, daß die runderen a-Laute schließend wirken nach den hellen i- und e-Klängen. Letztere, als bestimmende, konvergieren der Gestalt und ihrer Sinngebung. Ihr spitzer Klang, ihre Enge und Schärfe – eins mit dem Sinn der Worte und deren Ordnung, dem schmalen Bau der Zweiheber – ist abwehrende, beredte Beschwörung, die um ihre Vergeblichkeit gleichwohl schon weiß. Das gibt den unverwechselbaren Klang, den ›Ton‹ dieser Verse. Und aus diesem »Klang« konnte Schönberg schon im Gedichtbeginn das Ganze »vollständig« vernehmen.

Über den Rang von Dichtung entscheide nicht der Sinn, sondern die Form, hat George mit den eingangs zitierten Worten festgestellt. Form aber ist für ihn »durchaus nichts äußerliches sondern jenes tief erregende in maass und klang wodurch zu allen zeiten die Ursprünglichen die Meister sich von den nachfahren den künstlern zweiter ordnung unterschieden haben« (I, S. 530).

## Die Komposition[29]

Die ersten drei Gedichtzeilen »Sprich nicht immer / Von dem laub / Windes raub«, die syntaktisch den ersten Satz – einen einfachen Hauptsatz mit Apposition – ausmachen, bilden in der Vertonung eine gegliederte Einheit: eine durch die Oktave es"-es' umschlossene ›Periode‹[30], mit Binnenzäsur nach dem g' auf dem Hintergrund einer Vordersatz-Nachsatz-Zuordnung, die sich auch in der Phrasierung ausdrückt. Der rhythmische Verlauf dieses geschlossenen Melodiebogens, der Verwandlungen des ersten Halbtaktes reiht, formt sich an der Sprache (vgl. NB 6.1).

Indem die Vertonung dem Wort folgt, entsteht ihre rhythmische Ordnung. Allerdings: Nicht die Versakzentuierung Georges, ihre gebaute Strenge ist maßgebend; die Deklamation orientiert sich genau am Sinnakzent des zur Prosa

NB 6.1

umgebildeten Sprechsatzes[31]: »Sprich nicht immer von dem
Laub ...« Aus Hauptbetonung – Nebenbetonung – Hauptbetonung des ersten Satzes wird der musikalische Rhythmus; und er wird es als charakteristische Folge innerhalb
eines sich wie selbstverständlich ergebenden 6/8-Takts. Dieser 6/8-Takt entspringt zwar dem trochäischen Metrum des
Gedichts, die ersten Worte »Sprich nicht« prägen dieses auch
deutlich aus, die strenge Form des Gedichts aber wird auf-
gelöst, der Vers zerstört. Die Funktion, welche die strenge
Versordnung im Gedicht innehat, wird im Lied hinfällig; wie
zu zeigen sein wird, treten musikalische Kategorien an ihre
Stelle. Indem Musik sich so an den Text verliert[32], während
sie ihn zugleich umprägt, gewinnt sie ihre neue, unverwech-
selbare Gestalt[33]. Im Zwischenreich von Sprache und Musik
entsteht eine eigene künstlerische Dimension, die der Begriff
›Lied‹ benennt.

Man könnte sich eine dem Versmaß des Gedichts genau
entsprechende, gleichmäßig alternierende rhythmische Ordnung dreier 6/8-Takte denken:

|Sprich nicht | im - mer ‖ von dem | Laub ‖ Windes|raub ‖

Hier hätte jeder ›Takt‹ (Hebung + Senkung) des Gedichts
und damit jeder Vers die gleiche Länge von 3 bzw. 6 Achteln.
Davon setzt sich das Lied ab. Statt gleicher Länge ist hier
ständiger Wechsel: zwischen 1/8 und 4/8 für den Versfuß
schwankend, zwischen 3/8 und 6/8 für die Gedichtzeile.

188

| Sprich nicht | immer | von dem | Laub || Win - des | raub ||

3/8  2/8  1/8  2/8  4/8  2/8
5/8  3/8  6/8

Wichtiger noch in bezug auf die sprachliche Ordnung: der Wegfall von Hebungen, zumal der ersten Hebung einer Zeile (»Von dem«). Daraus resultieren unregelmäßige Akzentabstände; es entsteht Prosa[34].

An dieser dem Prosasatz folgenden Melodie des Liedbeginns ist – im Vergleich mit der gleichmäßigen, den Versbau spiegelnden Fassung – zunächst die Beschleunigung des Rhythmus im 1. Takt zu konstatieren: Die beiden ersten Textsilben haben Viertel–Achtel, die beiden nächsten Achtel–Sechzehntel, die folgenden nur Sechzehntel. Zu bemerken ist ferner im 2. Takt das synkopische Vorziehen der dritten Verszeile: Sie ist auch musikalisch eine Apposition; zugleich fällt auf, daß zum Wort »Windes« von rein syllabischer Vertonung abgewichen wird.

*

Mit einem fallenden Kleinsekundschritt (es"–d") setzt die Singstimme auf ihrem höchsten Ton ein, in der Folge der rhythmischen Werte dem Textakzent entsprechend und den 6/8-Takt ausprägend. Einen Tritonus tiefer wiederholt sich der Sekundfall als (a'–as'), jetzt in doppelter rhythmischer Verkleinerung. Bei erneuter Beschleunigung wird die abfallende Bewegung über (es'–des') – hier ist zugleich mit dem Aufgeben der Punktierung ein dritter Kleinsekundschritt es-d deutlich vermieden – durch den aufwärts gerichteten Tritonussprung zum g' abgefangen. Diese Richtungsänderung der Melodielinie und die Länge des zur Rahmenoktave es"–es' zwar konsonierenden, aber zum Gerüstklang es"–a'-es' exterritorialen Tons g' bewirken eine leichte Zäsur nach Art eines Halbschlusses; das synkopisch herangezogene a' des Nachsatzbeginns aber läßt die Bewegung über das g' hinausgehen und erst nach einem Umkreisen des es' bei im-

189

mer enger werdenden Intervallsprüngen (kleine Sexte – verminderte Quarte – große Sekunde) auf diesem Zielton zur Ruhe kommen.

Die vom Tritonus geteilte Oktave stellt das intervallische Gerüst dieser Takte dar: es"-a'-es' sind die zentralen Melodietöne, die fallenden Kleinsekunden schließen an sie an; das Kreisen des Nachsatzes ist bestimmt vom übermäßigen Dreiklang a'-f'-cis'; die Pendelbewegung festigt einkreisend den Zielton, der als untere Oktave des Rahmenintervalls schon heraustritt, zugleich folgt sie der Gestik des Textinhalts, sie ›malt‹ das taumelnde Blatt im Winde. Und mehr: Die ganze Periode, das sich beschleunigende Fallen und jähe Auffangen, das Auspendeln der Melodielinie, ist eine musikalisch-bildhafte Entsprechung jenes dichterischen Bildes.

*Piano* lautet die dynamische Vorschrift für diese Takte; *sehr gebunden* ist hinzugefügt: verhaltener Ausdruck, nichts Lautes; gleichsam hinter vorgehaltener Hand sprechend, aber doch angespannt, nahtlos von Ton zu Ton gleitend.

Dem fügt sich das Klavier. *Pianissimo* und *ohne Pedal* beginnt es einstimmig vor der Singstimme. Eine melodische Linie steigt durch knapp drei Oktaven auf; weite Intervalle (große Septe, kleine Septe, Tritonus, Quinte) vor dem Halbtonfall; dann ein langgehaltener einziger Ton, mit oktaviertem Vorschlag leicht den Singstimmeneinsatz markierend, allein den zweiten Takt im Klavier füllend und in den dritten reichend, wo die aufsteigende Folge eine Terz tiefer und variiert (kleine Sept statt großer am Beginn) wieder hinzutritt und den Halteton zu ihrem obersten Ton ausnutzt. Das aber bedingt eine veränderte Zuordnung der analogen Intervalle zum konstanten Rhythmus: der höchste Ton wird nicht mehr angeschlagen, die Quinte entfällt als artikulierter Melodieschritt, so übernimmt das h' diesen rhythmischen Ort; für die Anfangsintervalle Sept-Sept-Tritonus verbleiben dann die drei Sechzehntel; das punktierte Achtel am

NB 6.4

Taktbeginn entfällt; der rhythmisch-metrische Akzent des g' der Singstimme wird einbezogen.

Die Faktur ist von äußerster Ökonomie, Zartheit, Durchsichtigkeit. Der Liedbeginn im Klavier mit jener aufsteigenden Intervallfolge, die Ehrenforth beschreibt, und mit dem zweimaligen Halbtonfall aber steht in deutlichem Bezug zur Singstimmenmelodie des 2. Taktes.

Bei entgegengesetzter Bewegungsrichtung der beiden Phrasen stellt die Klavierlinie von Takt 1 rhythmisch eine Vertauschung der beiden Takthälften der Singstimme in Takt 2 dar. (Singstimme

Klavier )

Die rhythmische Ordnung, die sich am Text konstituiert und musikalisch darstellt als variierte Wiederholung eines Halbtaktmotivs, wird, abgelöst vom Text, in der Abfolge ihrer Elemente vertauschbar.

Zur rhythmischen Abhängigkeit tritt motivische Entsprechung. Der Folge (♩♪) ist auch im Klavier der fallende Halbton zugeordnet, das (♩b'–♪a') in Takt 1 korrespondiert dem Singstimmenbeginn (♩es"–♪d"). Der Ursprung des Halbtonmotivs liegt nach dieser Auffassung in der Singstimme, die Quintbeziehung der Halbtonmotive in Klavier (Takt 1) und

Singstimme (Takt 2) steht im Verhältnis von Antizipation und Hauptsache.

Die Akzentverhältnisse der beiden Takte aber sind gegensätzlich. Takt 2 in der Singstimme war mit Hauptakzent auf ›1‹ und Nebenakzent auf ›4‹ ein regulärer 6/8-Takt.

Singstimme
Klavier

In Takt 1 ist die Betonungsordnung dagegen: leichtschwer; die zweite Takthälfte ist rhythmisch, motivisch und durch den Hochton b' akzentuiert. Die beiden Halbtonmotive im Quintabstand treten stark heraus.

Das Vorhandensein von zwei Skizzen zum 14. Lied – und von Skizzen zum Opus 15 überhaupt – scheint im Widerspruch zu Schönbergs oben erörterten Mitteilungen zu stehen. Offenbar war Schönberg bei diesem Lied nicht »geführt von der ersten unmittelbaren Berührung mit dem Anfangsklang«, die Skizzen erweisen ein Ringen um die endgültige Gestalt, die in mehrfachen Ansätzen erreicht wurde. Aber das Bemühen kreiste eben stets um den Beginn; ganz offensichtlich entschied – genau gemäß Schönbergs Worten – sich mit der endgültigen, dem Gedicht adäquaten Gestalt der ersten Takte auch die Form des Ganzen. War es hier nicht die »erste unmittelbare Berührung«, so doch die »Berührung mit dem Anfangsklang«, die formbildend wirkte. Erst nachdem der ›Ton‹ des Ganzen gefunden ist, kann das Ganze werden. So steht zu erwarten, daß die folgenden Takte des Liedes aus der Fortführung des Beginns jene Einheit des Ganzen verwirklichen, die Schönberg als sinnstiftend ansah.

Die Takte 4 ff. werden jetzt unter bestimmten Gesichtspunkten beschrieben. Die Anordnung ist so gewählt, daß die Beschreibung ausgeht von Fragen textbezogener Gliederung und einmündet wieder in die fundamentalen Fragen des Textes für die musikalische Setzweise überhaupt. Insofern entfaltet die folgende Untersuchung genau das am Liedbeginn Erkannte.

Maßgebend für die Gliederung ist auch im folgenden der Satzzusammenhang des zur Prosa gewandelten Gedichttextes; aus den Versen 4–14 entstehen demgemäß zwei Abschnitte, 5 und 6 Zeilen umfassend. Beide Abschnitte bilden – wie schon die Takte 2–4 – aufgrund korrespondierender Glieder je eine Periode, auf dem Hintergrund eines Vordersatz-Nachsatz-Verhältnisses, wobei die Versordnung des Gedichts zwar hineinspielt, aber nur so weit, wie sie sich mit der Prosasyntax deckt. Auffällig ist die Nachsatzdehnung, die sowohl der Textausdeutung (»Vernichter«) wie dem musikalischen Schließen dient. Die Gliederung der Klavierbegleitung folgt bei teilweisen Phrasenverschränkungen genau der Periodik der Singstimme, indem sie Zonen gleicher Setzweise ausprägt. Der letzte Textabschnitt dann ist musikalisch wieder eine Periode mit ungeteiltem Vordersatz und – nach starker Zäsur– zweigliedrigem Nachsatz. Drei Perioden also, drei Vordersatz-Nachsatz-Paare der Gesangsmelodie gemäß der Prosatextfassung, machen das ganze Lied aus.

Wie schon in der ersten Periode ist auch in der zweiten und dritten der Tritonus es-a zentrales Gerüstintervall. Die Gesangsmelodie pendelt ständig zwischen diesen beiden Tönen als betonten Melodiepunkten bei deutlicher Vorherrschaft des Tones es: nach dem es' am Beginn des 4. Taktes über a' und es' in Takt 5 zum a' in Takt 7 und es' der zweiten Hälfte des 8. Taktes, endlich noch einmal zu a' im 10. Takt[35]. Und die Klavierbegleitung prägt sie in gleicher Weise aus, oft in direkter Korrespondenz mit der Singstimme: am Ende von Takt 4 es, unterm a' der Singstimme in den 5. Takt reichend, zum folgenden es' der Gesangsmelodie, dann im Baß über c-A-Ges zum Es absinkend, am Beginn von Takt 8 wieder es' als Endpunkt des Großterzfalls erreichend; am Ende des gleichen Taktes folgt parallel zur Singstimme es als Vorschlag zum der Klang in Takt 9 enthält den Tritonus a'-es", und in der Schlußfloskel ist dieser mit es'"-a'"-es'" verdoppelt enthalten[36].

Eine wichtige formale Funktion erfüllt – auch im Verhältnis zum Klang es-a – der Ton cis. In den Takten 2 und 3 war er schon als unterer melodischer Grenzton der Singstimme aufgetreten; nach der ersten Periode, die auf es' schließt, beginnen sowohl Singstimme als auch Klavier mit cis, die Phrasenverschränkung verschleiert das ›Unisono‹, zugleich verhindert sie eine zu kräftige Zäsur; das Modell des Klavierparts in Takt 4, um cis zentriert, wird anschließend von es aus wiederholt; im 6. Takt ist cis' obere Melodiegrenze, gleichzeitig liegt im Klavier Es; am Ende von Takt 8 wird im Klavier der Ton d durch cis und es gleichzeitig ›leittönig‹ eingefaßt; und analog zu Takt 4 beginnen in Takt 9, also nach der Zäsur auf dem es-d des 8. Taktes, Gesangsmelodie und Klavier mit dem cis, jetzt betont im ›Unisono‹ die Singstimme schreitet vom cis' zu dis' (es') weiter.

Eine Deutung dieser klanglichen Zusammenhänge ist nicht leicht. Möglich wäre, das d als geheime Mitte der Beziehungen aufzufassen; es und cis könnten als obere und untere Kleinsekunden über d in Beziehung gesetzt werden (das ist der Fall beim Hauptthema des Klavierstücks op. 11, Nr. 2). Dem würde die im Motivischen verankerte Affinität des es zu einem anschließenden d entsprechen; dazu würde auch stimmen, daß am Beginn des Singstimmeneinsatzes – an exponierter Stelle also – sich aus der ›vorhaltigen‹ es'-d'-Folge heraus vorübergehend ein D-Dur-Klang konstituiert und daß das Lied mit dem d schließt. Doch tonales Zentrum bedeutet das d nicht, auch nicht im Sinne einer ›schwebenden Tonalität‹. Die tonlichen und klanglichen Bezüge werden nicht von ihm geregelt; die Kraft, mit der dissonante Intervalle und Klänge, z. B. der Tritonus es-a, als selbständig gesetzt werden, schließt eine mögliche Zentrierung aufs d aus. Und der Liedschluß ist nicht Einmünden in einen Schlußton d, sondern Aufhören, Abbrechen mit dem Halbton-Motiv des Beginns.

Wichtig aber ist eine verschiedene Wertigkeit der Töne aufgrund ihrer formalen Funktion, eine Wertigkeitsreihe es-a-cis läßt sich aufstellen: Zum Zentralton es gesellt sich der Tritonus a, beide bilden das Gerüst, in welches das Lied ›eingehängt‹ ist; das cis wiederum ist – wie die Zäsuren in T. 4 und 8/9 zeigen – auf das es bezogen. Ist im Lied zwar keine Tonalität mehr wirksam, so ist doch eine Hierarchie der Töne stets vorhanden. Sie ermöglicht Gliederung der Gesamtform, Analogien, Abstufung auch der Formteile und schafft Zusammenhang.

Auffallend ist im klanglichen Bereich das dreimalige Auftreten des übermäßigen Dreiklangs. Als a'-cis'-f' kreist er in Takt 3 den Zielton es' ein; mit b'-d'-fis' steht er in genau gleicher rhythmischer Gestalt ganz am Ende der Singstimmenmelodie (»wandelbar«), hier aber fehlt gegenüber der parallelen Stelle in Takt 3/4 der abschließende Ton, die Melodie bleibt im übermäßigen Dreiklang stehen; in mehrfacher Kopplung bestimmen übermäßige Dreiklangsfolgen den Klavierpart der Takte 7 und 8 (zu »Von dem Zittern der Libellen«), wieder schließlich in es' mündend.

Hauptmotiv ist – wie in den Anfangstakten – der fallende Kleinsekundschritt, stets stark betont in der rhythmischen Folge lang-kurz, mit Ableitungen[37]). So begegnet er in der Singstimme in den Takten 4 (d'-cis'), 5 (a'-gis' und es'-d'), 6 (cis'-c', gedehnt als Viertel-Viertel), 8 (es'-d'), 9/10 (c"-h') und im Klavier in den Takten 4 (c-H, zusammengedrängt als 32tel), 5 (d-cis wieder als 32tel; davon vier motivische Ableitungen folgend, zur kleinen None geweitet), 6 (gis"-g', analog zum fis"-f" in Takt 3), 8 (es-d, das es zum Vorschlag gekürzt), 9/10 (c"-h'), 11 (es-d in Doppeloktaven). Das Lied schließt im Klavier mit jenem es-d, das zu den ersten Worten der Singstimme exponiert wird und das vor der Zäsur in Takt 8 in Singstimme und Klavier zugleich erklingt. Das Hauptmotiv gibt die sinnfälligste Gliederung des Ganzen.

Zu betonen ist die Unterscheidung des fallenden Halbtonmotivs von bloßen chromatischen Melodieschritten. Motivisch ist der Halbton nur dort, wo er deutlich an sein starkes Heraustreten am Beginn (Klavier T. 1/Singstimme T. 2) anschließt, sei es durch direktes Aufgreifen oder faßbare Variation.

Daneben spielt (meist abwärts gerichtete) chromatische Melodieführung eine wichtige Rolle: Sie bindet das Melos der Singstimme zwischen den Fixpunkten des Zentralklangs zu einem übergangslosen Gleiten, einem einheitlichen Zug, aus dem dann sich die wenigen großen Aufwärtssprünge (z. B. in T. 9) um so mehr abheben.

Schließlich ist auch die Figuration des 1. Taktes als wichtiges Element der Formbildung zu nennen; sie bestimmt den gesamten Klavierpart, vor allem rhythmisch, aber zum Teil auch in ihrer intervallischen Anordnung. Sie wurde beschrieben, ihre Herkunft, die verschiedene Wertigkeit ihrer Glieder, ihre variierte Wiederholung bei veränderter Intervallzuordnung zum konstanten Rhythmus in Takt 3. Diese rhythmische Abstandsordnung der Anschläge wird auch in den Takten 4 und 5 des Klaviers zweimal übernommen, bei aus Textgründen zusammengepreßtem Schlußglied. Der Bezug auf Takt 1 ist unmittelbar evident, zumal das Halbtonmotiv genau an seinem rhythmischen Ort erscheint. Die Erweiterung zum Terzintervall auf dem 4. Sechzehntel verleiht der Figur Plastizität, den abwärts gerichteten, in ihrer Kürze akzentuierten Zweiunddreißigsteln ist – auch der Stakkatopunkt verweist darauf – ein Gegengewicht beigegeben. Und in Takt 6 eröffnen dann drei ebenfalls rhythmisch an Takt 1 orientierte Sechzehntel mit dem Terzklang am Beginn eine durch Transposition und Zusammendrängung veränderte Wiederholung von Takt 3. Die drei übermäßigen Dreiklänge (Takt 7/8) stellen sich in Rhythmus und Aufwärtsbewegung je als Variante des 1. Halbtaktes in Takt 1 dar; der fallende Halbton erscheint gedrängt am Ende von Takt 8 und gilt zusammenfassend als Ergänzung für alle drei vorhergehenden Dreiklangsbrechungen[38], und zwar deutlich in Korrespondenz mit der Singstimme.

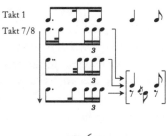

NB 6.7

In der zweiten Hälfte von Takt 9 verschmelzen Singstimme und Klavier in einem fünftönigen Akkord, dem einzigen des Liedes, in weiter Lage und mit dem längsten Halt der Komposition. Der Tritonus a"-es" als Spitzenintervall des Klanges über der Quinte weist voraus auf den Liedschluß in Takt 11, einer Variante des 1. Taktes von h aus, mit Vertauschung der Reihenfolge von Quinte und Tritonus. Letzterer wird zur Oktave verdoppelt: Am Ende erklingt so das Hauptmotiv es-d in Doppeloktaven.

Einige Einzelbeobachtungen runden die Darstellung ab.

a) Die absteigende Folge der Nonen in Takt 5/6 mit kleinen Terzen (c-A-Ges-Es) knüpft an den Terzabstand der tiefsten Motivtöne der Takte 1 und 3 im Klavier fortführend an; dieser Oktavteilung durch Kleinterzen folgt in Takt (6/) 7/8 eine in Großterzen mit (Es-h-)h'-g'-es'; die Teilung der Oktave in zwei Tritoni[39] war als Zentralklang des Liedes bestimmt worden. In allen drei Fällen liegt eine Oktave es-es zugrunde[40].

b) Bei der transponierten Wiederholung des Gefüges von Takt 4 ist – wie erläutert – die große Terz des 4. Sechzehntels in eine kleine verändert. Dies könnte in Antizipation der anschließenden Kleinterzfolge (c-a – ges – es) geschehen sein:

c
a⌐ c-a – ges – es

Die Beschreibung der Takte 4–11 hielt sich bisher strikt an immanent-musikalische Tatbestände. An manchen Stellen jedoch war es bereits nötig, auf Textbezogenheit erklärend hinzuweisen. Denn in jedem ihrer Momente ist diese Musik zugleich auch vom Text bestimmt.

Begonnen sei mit der Gruppierung im Klavier von Takt 4: die Streuung der Töne, die Art ihres Anschlags, die tiefe Lage, das Zusammendrängen der Halbtonfigur zu Zweiunddreißigsteln – alles spiegelt den Text; man könnte die zerplatzenden Quitten zählen, den Ort des Aufschlags am Tonabstand vom Hauptton cis nach nah oder fern bestimmen; auch der Quart-Tritonus-Sprung der Gesangsmelodie fügt sich dem Bild. Und Takt 5, »Tritten der Vernichter«: Die Weitung des fallenden Halbtons zur kleinen None hat sehr gegenständlich hier ihren Grund[41], riesige Schritte zeichnend; ebenso ist die beschriebene Dehnung der Gesangsmelodie in Takt 6 mit dem melodischen Aufschwung als emphatische Ausdeutung der »Vernichter« zu verstehen. So spiegelt sich weiter das nervöse »Zittern der Libellen« in der Klavierbegleitung – jetzt in Diskantlage – und den Quartolen der Singstimme; und ein Reflex des »Gewitters« ballt sich im Akkordvorschlag zum Ton d des 8. Taktes.

Doch ist das bei aller gegenständlichen Genauigkeit nicht bloße realistische Nachbildung einer äußeren Wirklichkeit. Jener Akkordvorschlag mit dem Ton d im 8. Takt etwa, er bedeutet weniger einen realen Gewitterschlag, vielmehr läßt er die seelische Wirklichkeit eines Subjekts laut werden, sein Zusammenzucken, Erschrecken, das mit der Vorstellung »Gewitter« die Bedrohung ausdrückt, die es erlebt; diese Stelle ist musikalische Gebärde, in eben dem Sinn, wie es für das Gedicht beschrieben wurde. Und das gilt für alle Teile des Liedes.

Zum Beispiel auch für die Takte 9 und 10. Das Georgesche Bild der flackernden Lichter, voller Bedeutung als Gegenbild zu den entflammenden Kerzen im 1. Gedicht, ist – innerhalb der Dimensionen des Liedes – groß auskomponiert: im beginnenden Schlußritardando nach der einzigen (Achtel-)Pause der Singstimme über tiefem Baßton stufenweises Aufwärtsschreiten cis'-dis'; dann zum Wort »Lichter« vom Vorschlagston d' der abrupte Septsprung aufwärts (der einzige große Sprung überhaupt in der Gesangsmelodie) zum festgehaltenen Ton c"; zu diesem Halteton im Klavier ein stehender, weiter Klang in hoher Lage, zugleich mit dem Septsprung der Singstimme plötzlich *sf* aufblitzend.[42] Die Vorschrift *sf* ist der einzige über ein *piano* hinausgehende dynamische Wert der Komposition, wird aber schon im Moment des Lautwerdens zurückgenommen ins *ppp* – ein Aufschrecken nur, der hervorbrechende Schrei schlägt nach innen um. Auch das Lied reiht Gebärden; die bildhaften Felder, die Zonen gleicher Setzweise, haben ihre Begründung im Gedicht.

Auf Bedeutungszusammenhänge über die je einzelne Stelle hinaus verweist zunächst der übermäßige Dreiklang. Sein dreimaliges Auftreten ist offenbar durchaus vom Text her motiviert; stets verbindet sich mit ihm die Vorstellung des Schwankens, Zitterns, Flimmerns, des ›wandelbaren‹: in T. 3 das Blatt im Winde, in T. 7 im Klavier die nervöse Unruhe der Libellen und in T. 10/11 – formal ganz analog zu T. 3 – in der Gesangsmelodie das verlöschende Flackern der Kerzen. Und hier liegt wohl auch die Begründung für das fehlende Einpendeln auf einen Zielton, wie es in T. 3 noch geschieht: Es gibt endgültig keine positive Lösung, das Schwankend-Wandelbare dauert fort.

Wichtiger noch ist die Beziehung des zentralen Halbtonmotivs zur Kopfzeile des Gedichts. Der genetische Zusammenhang dieses Motivs mit den ersten Gedichtworten »Sprich nicht« wurde nachgewiesen. Aber die Verbindung reicht weiter: Wie nämlich im Gedicht die Kopfzeile als Folie allem Folgenden unterlegt ist, so ist im Lied das Halbtonmotiv ständig präsent; und das Motiv trägt die Bedeutung, die Aussage der Anfangsworte mit sich; auch das Lied beschwört, mit musikalischen Mitteln, fortwährend »Sprich nicht«. Am Schluß heißt es nicht anders als zu Beginn: es-d über zwei Oktaven im Klavier, ein Abbrechen statt eines Schließens[43]; die Kette beschwörender Gesten ließe sich fortspinnen, ohne das ›Wandelbare‹ des Geschicks aufzuhalten. So ist die wesentliche Formidee des Georgeschen Gedichtes im Lied gespiegelt: Dort wird sie durch Syntax und Wortwahl, hier mittels ›thematischer‹ Bezüge verwirklicht.

Den historischen Stand Schönbergs, wie sein Musikdenken allgemein, zeigt die Tatsache, daß er das thematische Verfahren wählt, um der formalen Intention des Gedichts zu entsprechen. Die Konzentration der Miniaturform läßt zwar die Größenordnungen zusammenschrumpfen, ein fallender Halbton, zwei Töne werden zum zentralen Motiv, aber gedacht und gestaltet wird grundsätzlich mit den tradierten Mitteln und Verfahren.

Ebenfalls aus der dichterischen Vorlage bestimmt sich die extreme Dynamik der mehrfachen $p$-Werte. Zwar konvergiert sie musikalisch sinnvoll der aufs äußerste ausgesparten Setzweise, doch sind beide Bereiche bezogen auf das Gedicht: Sie spiegeln dessen Gesamtcharakter, in dem seelische Erschütterung sich nur indirekt, angespannt flüsternd mitteilt. Das gibt dem Lied auch im Zyklus seine besondere formale Bedeutung[44]: Vor dem groß sich entfaltenden Schlußstück mit seinem emphatisch ausströmenden Klaviernachspiel steht intensivste Konzentration, ein Sichzusammenziehen zu äußerlich kleinsten Bewegungen. Die durchgängige *pp*-Dynamik ist also nicht prinzipielles kompositorisches Element[45], sondern eine den formalen Bedingungen und dem Textausdruck entsprechend gewählte Möglichkeit.

So ist alles zugleich aus dem Gedicht motiviert, jede musikalische Formkategorie durchdrungen vom dichterischen Gehalt, – bis auf das zentrale klangliche Phänomen des Gerüstintervalls[46], verbunden mit der hierarchischen Ordnung der Töne. Im Zusammenhang mit dieser aber tritt auf der höheren Ebene der Gesamtdisposition des Liedes ein weiteres hinzu: die konstruktive Abstufung der Satzelemente, die Zuordnung der einzelnen Glieder, die erst eine gebändigte Architektur der Form schaffen. Das ist vom Gedicht her nicht mehr zu begründen. Im Verhältnis der Zäsuren in den Takten 3/4 und 8/9 sei es verdeutlicht.

Beide Male streben Gesangsmelodie und Klavier einem Periodenschluß auf einem Ton es im Unisono zu, beide Male setzen sie unison von einem cis aus nach der Zäsur wieder an. In Takt 4 jedoch wird im Klavier das schließende es" vermieden, im Baß rückt das cis phrasenverschränkend vor; Periodenende (in der Gesangsmelodie) und Neubeginn (im Klavier) fallen zusammen; das eis tritt in eine Spannung zum es'; die Zäsur, zwar vorhanden, wird überbrückt (vgl. NB 6.8).

In Takt 8 dann enden Gesangsmelodie und Klavier betont je auf dem Hauptmotiv es-d und beginnen ebenfalls unison von cis aus wieder. Die Tonanordnung und das formale Verhältnis der Töne (Schließen auf dem es, Neubeginn auf dem cis) sind genau analog den Takten 3/4. Hier aber wird die Zäsur stark herauskomponiert: parallele Motivik in Sing-

NB 6.8

stimme und Klavier, gleichlaufende Periodik (im Klavier ein betontes Schließen der dreimaligen ›Aufstellung‹ in den Akkordbrechungen durch den zusammengepreßten Halbtonfall, der ja schon in den Zweiunddreißigsteln der Takte 4 und 5 vorbereitet ist), dann zum tiefen Baßton cis die einzige Pause der Gesangsmelodie, welche sonst nahtlos alles aneinanderreiht.

Die formale Idee dieser Stelle[47] ist deutlich: Konzentration auf einen Punkt durch das Sichzusammenfalten des musikalischen Geschehens zum Unisono an einer mittels Motivik, Periodik und Bildhaftigkeit stark belasteten Stelle; aus dem Konzentrationspunkt heraus wieder im Unisono ein Auseinanderfalten[48], in Korrespondenz zur neu ansetzenden großen Gebärde.

Konstruktiven Sinn für die Gesamtform aber gewinnt dieses Verfahren vor allem durch das abgewogene Verhältnis der beiden beschriebenen Zäsuren: der Ansatz zu einer Einkerbung des Verlaufs in den Takten 3/4 wird in den Takten 8/9 zum Ereignis. Für einen Moment hält das Stück den Atem an, zusammengepreßt auf einen Punkt höchster Konzentration, um dann mit großer Gebärde auszulaufen. Damit aber wiederholt es eine Formidee des Gesamtzyklus. Den Moment höchster Konzentration, den es selbst durch Konstitution und Charakter innerhalb der Liederreihe des

Opus 15 vor dem großen Schlußlied bedeutet, trägt es in seine eigene Gestalt hinein.

Das letzte Notenbeispiel reproduziert das gesamte Lied als strukturanalytische Darstellung.

Die Analyse hat – gerade auch aufgrund der eingehenden Gedichtinterpretation – die eminente Bedeutung des Tex-

NB 6.9

tes für wesentliche Ebenen der Komposition nachgewiesen. Und das geschah an einem Lied, das als avanciertestes des Opus 15 in Richtung auf eine völlig in sich stehende Klangwelt gilt.

Wie die beiden ersten Klavierstücke aus Opus 11 ist das Lied thematisch komponiert. Wie Opus 11, 3 bildet es – allerdings nur im Klavier – Zonen gleicher Setzweise aus. Diese haben ihre Begründung im Gedicht, es sind bildhafte Zonen, musikalische Gebärden. Doch anders als in Opus 11, 3 sind sie geborgen unter der geschlossenen, nahtlos gleitenden Melodielinie und in ihrem Ausdruckscharakter konzentriert bis an die Grenze der Abstraktion.

Was diese Komposition (und sie steht hierin als Beispiel

für das Opus 15 überhaupt) schon vom ersten Stück aus Opus 11 scheidet, ist die Durchsichtigkeit, die Gesichertheit der Faktur, die Einheit des ›Tons‹ im Sinne Georges als einer ruhigen Gestimmtheit aufgrund der Schönheit der ›Form‹. Hier ist kein Ausbruch möglich wie im Klavierstück, keine expressive Auflösung der Struktur. Die Expression ist eingekapselt, komprimiert zu feinsten Nuancen.

Schon das Rilke-Lied »Am Strande«, ebenfalls aus dem Frühjahr 1909, zeigt eine ganz andere Faktur: das Klavierflageolett zwischen *ff*-Extremen, tiefe, ungebärdige Baßfolgen im Klavier, aufgelöste Ausdrucksfelder.

Die feste, klare Satzstruktur: Gerade das durfte entscheidend gesichert sein durch die Lyrik, die hier vertont wird, durch den hohen Stil Georges. Jene Orientierung der Musik am ›Klang‹ des Georgeschen Gedichts, die Schönberg selbst benennt, gibt die bruchlose Geschlossenheit des Satzes. Im Schutz dieses Gedichts gleichsam kann komponiert werden, kann die Harmonik frei sich entfalten, ist das Werk bewahrt vor den Ausbrüchen, die im Opus 11, 1 zu bannen versucht werden. So ist es denn auch keineswegs verwunderlich, daß die beiden ersten Klavierstücke des Opus 11 harmonisch einige Schritte hinter den Stand der letzten George-Lieder zurückgehen. In textfreier Atonalität entstehen unter neuen formalen Bedingungen neue kompositorische Probleme.

Sowenig es aber nebensächlich ist, daß vor den ersten atonalen Instrumentalwerken Lieder stehen (auch die Reihenfolge Klavierstücke – Orchesterstücke ist dann ja keineswegs unbegründet), sowenig kann die Bevorzugung Georgescher Lyrik durch Schönberg gerade in diesem Zeitraum als zufällig angesehen werden. Diese scheint prädestiniert für die Lösung derjenigen Probleme, denen sich der Komponist konfrontiert sah. Die Frage, ob die Wahl der Texte ›bewußt‹ oder ›unbewußt‹ geschah, ist demgegenüber – wie fast stets bei dieser Fragestellung – von geringer Relevanz.

# Der Narr als Modell.
## Arnold Schönbergs *Pierrot lunaire*
## und der moderne Künstler

Je me presse de rire de tout,
de peur d'être obligé d'en pleurer.
(*Beaumarchais, Le Barbier de Séville* I, 2)

Über Pierrot, diese zu Zeiten liebenswerte, zu andern Zeiten abstoßende Figur der europäischen Theaterszene, über Pierrot und seine ebenso lange wie prominente Geschichte dürfte alles Mitteilbare gesagt oder geschrieben worden sein. Ich stecke nur den Rahmen ab, wenn ich in der bildenden Kunst mit frühen Librettidrucken und Programmbroschüren beginne, die graphische Umsetzungen einzelner typischer Szenen der Commedia dell'arte enthalten, wobei sie sich die Wohlfeilheit des Holzschnitts zunutze machten, wie zum Beispiel die Titelseite zum Libretto für *La gran Vittoria del Pedrolino*, Bologna 1621; dann stehen am Anfang der glorreichen Bildgeschichte Pierrots die *Comédiens Italiens* von Antoine Watteau (1719/20) mit dem rätselhaften, romantischer Interpretation offenen »Gilles«. Erst im späten 19. und frühen 20. Jahrhundert folgt ein weiterer Höhepunkt von ähnlichen Graden, mit Daumiers Saltimbanques aus der Stadt getrieben; mit Paul Cezanne, James Ensor, August Macke, Edward Hopper und vielen mehr, eine Tradition, die ihre Requisiten hat und bereits früh in Picassos *Sad Clown* (Museum of Modern Art, New York) von 1918 kulminiert. Im 19. Jahrhundert dann kommen die neuen Genres hinzu:

Flugblätter, Journale und vor allem, mit Nadars Meisterschaft, die Photographie.

Theatergeschichtlich spannt sich der Bogen von der alten professionellen Stegreifbühne der Commedia dell'arte Norditaliens und deren Wirksamkeit in französischen und deutschen Landen, eingeschlossen die mit Molière verbundene Adaption des Pierrot in die Comédie Française, über das Schmierenschauspiel des *Théatre des Funambules* (Paris seit 1816) mit seinem Star Jean-Gaspard (Baptiste) Debureau bis hin zu den genialen Mimen des 20. Jahrhunderts Vsevolod Meyerhold und Jean-Louis Barrault. In der Literatur treffen wir auf Baudelaire, Verlaine, Wallace Stevens, Robert Musil und andere große Namen.

Musikalisch endlich sind es die leichten lied- und chansonhaften Gattungen und bei der Pantomime die instrumentalen Äquivalente, die den Humus dieser Theatermusik bilden, auch frischt sich die frühe italienische Oper bei den Puppenfiguren auf, und dann gibt es die Einzelwerke, in denen die Commedia dell'arte spukt: Schumanns *Carnaval* op. 9 (1834/5) zum Beispiel oder Arnold Schönbergs *Pierrot lunaire* op. 21. Wie bei der bildenden Kunst verbreitert das späte 19. Jahrhundert mit der Music Hall oder dem Kabarett die Geltung der sogenannten »Kleinkunst« und bringt diese dann mit der Macht der elektronischen Medien auch ins Haus. Heute haben die Soap operas und ihre Heldinnen und Helden Pierrot und Colombine abgelöst.

Neben den Künstlern, die sich von Pierrot und seinen Kollegen inspirieren ließen, haben auch Kritiker und Gelehrte versucht, die europäischen Dimensionen dieser scheinbar so bescheidenen und unterwürfigen Gestalt der Bretter, die die Welt bedeuten, zu erfassen. Europäische Dimensionen: Man kann Pierrot in einem Atemzug nennen mit den vier fiktiven Gestalten der europäischen Kulturgeschichte, über die Walther Rehm seine große Vorlesung zu halten pflegte, jenes unversitäre Paradigma einer geistesgeschichtlichen Darstellung weiter historischer Zusammenhänge. Die vier sind Faust, Don Juan, Hamlet und Don Quichote. Zu diesen internationalen Charakteren könnte sich Pierrot gesellen (mit größerem Recht als die Blaubarte, Iphigenien, Fliegenden Holländer, Julias, Ödipusse und viele andere gewiß bedeutende, aber doch zweitklassige), doch immer wenn Pierrot sich anschickt, neben ihnen Platz zu nehmen, wird er zurückgewiesen. Denn im Gegensatz zu den Fleisch- und Blutmenschen ist Pierrot nur eine Puppe, hängt an Fäden wie unser laubgesägter Kasperle vor Weihnachten, lebt nur aus dem Stegreif, als Typus, nicht als dramatischer Charakter. So hat Pierrot keine Gegenwart über den theatralischen Augenblick hinaus – nur im hic et nunc des Moments ist er der Held des extemporierten Theaters. Als eine Figur besonders transitorischer Genres wie Pantomime, Cabaret, Zirkus, Improvisation, später auch besonderer Orte wie der Music Hall gibt es für die Puppe Pierrot keine Chance, zu den Höhen des Parnaß zu avancieren. Zudem lag der entscheidende Fundus an theatralischer Aktion in der konkreten Präsenz auf der Bühne und konnte gar nicht in Textbüchern oder Partituren fixiert werden. (Selbst das Fernsehen kann, wie sich gezeigt hat, die Faszination einer Live-Aufnahme nicht ersetzen.)

*

## Einen Titel lesen

Der erste Kommentar bezieht sich dabei auf den Werktitel, so wie er in der Programmbroschüre für die Berliner Premiere von 1912 und die folgenden ersten Aufführungen gedruckt wurde.

DREI MAL SIEBEN GEDICHTE

Aus Albert Girauds

### »Lieder des Pierrot lunaire«

(deutsch von Otto Erich Hartleben)

für eine Sprechstimme, Klavier, Flöte
(auch Pikkolo), Klarinette (auch Baß-Klarinette),
Violine (auch Bratsche) und Violoncell
(Melodramen)

von

Arnold Schönberg

Op. 21

IN DREI TEILEN

(Abgesetzt folgen dann Rezitatorin und Ensemble.)

Kein Zweifel, der Titel ist nach Inhalt, Form und Präsentation im Druck eine sorgfältig durchdachte Komposition.[1] Als Klammer fungiert der numerische Aspekt, mit »drei mal sieben« in der ersten und »einundzwanzig durch drei« in den beiden letzten Zeilen. Die alten magischen Nummern Drei und Sieben lassen eine Aura mit religiösen Konnotationen entstehen (und das Zentrum des Zyklus Opus 21 wird als Nr. 11 eine *Rote Messe* sein). Zugleich sind die Ziffern natürlich ein Reflex des artifiziellen Spiels mit Zahlen bei Stefan George, dessen poetische Zyklen der Schönberg jener Jahre so gut kannte (die 5 im *Buch der hängenden Gärten*, Schönbergs Opus 15; die Multiplikationen von 7 in *Der Siebente Ring*, dem Schönberg die beiden Gedichte für sein Opus 10 entnahm). Als innerer Kreis, der mit den Zeilen 2 und 4 sowie 10 das Zentrum des Titels umspannt, stehen die Namen der zwei Dichter und des Komponisten und, verbunden mit dem Inhalt des Titels, drei Bestimmungen von Genres zwischen Poesie und Musik, in progressiver Anordnung hin zu letzteren: »Gedichte«, »Lieder« und »Melodramen«. Das innere Zentrum des Zyklus wird jedoch (trotz der kleinen Drucktype) von den musikalischen Instrumenten gebildet, der »Sprechstimme« zusammen mit fünf Spielern und ihren acht Instrumenten. Instrumentation als Herz des Titels weist zu Klangfarbe und Gestus als den zentralen kompositorischen Aspekten in diesem Werk der Kammermusik. In einem Brief vom 5. Juli 1912 an Emil Hertzka, den Direktor der Universal Edition, bemerkte Schönberg demonstrativ, *Pierrot lunaire* gehöre zu jener Kategorie von Werken, wo »die Farbe alles, die Noten gar nichts bedeuten, wo also nur die Partitur über das Werk Aufschluß gibt.«[2] Dies stimmt für *Herzgewächse* und *Die Glückliche Hand*, Werke der Jahre 1911 und 1913, und weist vermutlich auch zurück zu bestimmten Aspekten der *Fünf Orchesterstücke* op. 16 von 1909, ist aber in bezug auf *Pierrot* sicher eine kleine Übertreibung. Dennoch unterstreicht Schönbergs Satz die Bedeutung des Parameters Farbe sogar in den Grenzen eines Kammermusikensembles. »Kammermusiklieder« war der Terminus, den Schönberg nach seinem späteren Zeugnis[3] für *Pierrot* vermieden hatte vorzuschlagen.

Daß der Titel die beiden Gattungsbegriffe »Gedicht« und »Lied« gleichzeitig enthält, geht auf eine Tradition des 19. Jahrhunderts zurück, wo es durchaus üblich war, Lieder und Liedkollektionen als »Gedichte« zu bezeichnen. Wagners *Fünf Gedichte* von Mathilde Wesendonck oder Brahmsens *Gedichte von Daumer*, beide für Stimme und Klavier, sind Beispiele. Die Hervorhebung der Dichtung oder des Dichters (der Dichterin), die sich dabei andeutet, folgt der Liedästhetik der Goethezeit, wo der Terminus »Lied«, oszillierend zwischen dichterischen und musikalischen Komponenten, primär ein Gedicht meinte, das gesungen werden sollte. Aber damit ist Schönbergs Charakterisierung seines Melodramenzyklus als »Lied« und »Gedicht« noch nicht erschöpft. Schönbergs Intention ist es, den Zyklus insgesamt in die Tradition des Liederkreises zu stellen, wie er zuerst von Beethoven und dann nachdrücklich von Schumann definiert worden ist. Ausgewählte Gedichte werden so zusammengestellt, daß statt einer bloßen Sukzession eine gerichtete Sequenz entsteht, Plot wäre dasjenige Prinzip, das diese Folge herstellt. So verfuhr Schumann mit Heine oder Eichendorff, so Schönberg mit Giraud/Hartleben. (Daß der Zyklus bereits als poetischer vorliegt, wie bei Schuberts *Die schöne Müllerin* oder *Winterreise*, ist ein anderer Fall.)

Schönberg wählte aus Giraud/Hartlebens Kollektion von etwa 50 Gedichten 21 aus, offenbar bereits einem möglichen Plot folgend. Der »Liederkreis« wurde realisiert, indem der Komponist die 21 ausgewählten Gedichte nach der Komposition in drei Gruppen zu je 7 zusammenstellte, jede der Gruppen nach einer allgemeinen Leitidee – eine Auswahl und Anordnung, die von den beiden Poeten nicht vorgesehen war, ihre 50 Gedichte bildeten so etwas wie eine Kollektion, keinen Zyklus. Dann traten die zyklusbildenden Mittel der Musik hinzu. Auch Schönberg nutzte sie »nach alter Weise«, und es genügt hier, auf einige wenige Beispiele, die sich auf drei verschiedene Parameter beziehen, hinzuweisen.

Thematisch-motivische Verbindungen an besonderen Attraktionspunkten der Form sind das eine Element. So zeigen die Anfänge des ersten und des letzten Melodrams motivische Identität, beziehen Anfang und Ende des Ganzen aufeinander.

NB 7.1

Rhythmische Pattern, die sich auf eine eingangs etablierte melodische Zelle beziehen und im Verlauf des Werks ein Quasimotiv oder eine ornamentale Figuration bilden (das auch eine gehaltliche Komponente haben kann) sind ein anderes zusammenhangstiftendes Mittel. In *Pierrot* ist die siebentönige, fast ostinate Sechzehntelfigur, mit der in Nr. 1 das Klavier einsetzt, ein solches rhythmisches Motiv – man könnte es wagnerisch, leitmotivisch dem Mond assoziieren.

NB 7.2

Eine harmonische Orientierung zu einem Gravitations-
zentrum auf E ist in vielen der Stücke zu bemerken, ohne daß
von einer Tonika gesprochen werden könnte. Diese Orientierung nach E wird allerdings zum Ende hin stärker, und
ganz am Ende steht im Klavier eine veritable Kadenz.[4]

NB 7.3

Wie Schumann in seiner *Dichterliebe* komponierte
Schönberg drei direkte Anschlüsse zwischen zwei Nummern, von Nr. 5 zu 6, 19 zu 20 und 20 zu 21.

Nachdem die einzelnen Nummern komponiert waren
und die Reihenfolge feststand, schrieb Schönberg instrumentale Überleitungen zwischen verschiedenen der Melodramen einschließlich Verweisungen zu früheren Nummern.
Das außergewöhnlich lange Zwischenspiel zwischen den
Melodramen Nr. 13 und 14 zum Beispiel verweist zurück
auf die Nr. 7, »Der Kranke Mond«, und ist ein instrumentaler Kommentar. (Die Nr. 7 ist das letzte Melodram von
Teil I, Nr. 14 das letzte von Teil II; der nun nach dem auf
Nr. 7 basierenden Zwischenspiel wie eine Weiterführung
dieser Nr. 7, also von Teil I erscheint.) Und wiederum erin-

nert man hier Schumann, das Nachspiel zu *Dichterliebe* mit seiner Ausweitung der Klaviertextur zu einem eigenständigen, rein instrumentalen »Lied«, dessen Motiv aus der Nr. 12, »Am leuchtenden Sommermorgen«, stammt.

Wie schon angedeutet, hat auch die Instrumentation ihre zyklische Funktion. Das numerisch zentrale Stück, die Nr. 11, *Rote Messe*, als genaue Mitte des Werks, ist der quasi negative Pol und nutzt die »umgekehrte« Instrumentation, mit allen Zweitinstrumenten (Bratsche statt Violine, Piccolo statt Flöte, Baßklarinette statt Klarinette). Und das Ende des Ganzen, die Nr. 21, hat die vollständigste Instrumentation: Alle 8 Instrumente treten auf.

Bestimmte Nummern waren von vornherein eingerichtet für bestimmte Orte und Funktionen im Zyklus. So war Nr. 14, »Die Kreuze«, komponiert als ein »Schlußstück« (Albertine Zehme an Schönberg, 16. Juli 1912, es beschließt jetzt eine Sektion); der Anfang von Nr. 15, »Heimweh« (also der Anfang von Teil III), hat einen Gestus des Beginnens, und die Nummern 20 und 21 sind deutlich gerichtete, einander folgende Stücke, um verstärkt eine Sektion oder mehr zum Ende zu geleiten.

An diesem Punkt ist es hilfreich, sich daran zu erinnern, daß vom 19. zum beginnenden 20. Jahrhundert das Lied und das lyrische Klavierstück (und daher auch Liederzyklus und Klavierzyklus) denselben ästhetischen Prinzipien folgen und eine parallele Geschichte haben. Für die Ästhetik könnte ein Vergleich von Schumanns *Carnaval* und Schönbergs *Pierrot* diese These bestätigen.[5] Als individuelle lyrische Augenblicke können diese »Charakterstücke« verschiedene Stadien in der geistigen oder emotionalen Entwicklung eines Subjekts repräsentieren; nach bestimmten Prinzipien geordnete Folgen solcher Miniaturen sind fähig, einen Prozeß abzubilden, der von einem lyrischen Plot gesteuert wird.

Die letzte Zeile in Schönbergs Titel verweist auf das spezifische »Plotten« in *Pierrot*. Und es kann wohl sein, daß die spezifische dreiteilige Form, mit sieben Melodramen für jede Sektion, gefunden wurde im Zusammenhang mit der Opusnummer 21 – oder vielmehr umgekehrt? (Auch die 15 Gedichte der *Hängenden Gärten* haben den Zusammenhang der Opusnummer 15 mit dem numerischen Inhalt des Zyklus.)

Der Plot und seine Dreiteiligkeit beziehen sich konkret auf die Situation des modernen Künstlers.[6] Section I, das sind die Nummern 1–7, beginnt mit der Intoxikation der künstlerischen Phantasie durch den Mond, das romantische Symbol (oder Requisit) der Inspiration. Dann werden Geist und kreative Phantasie mehr und mehr verstört. In Nr. 7 wird der Mond für krank erklärt. Sektion II ist durch hereinbrechende Dunkelheit gekennzeichnet; Terror, Destruktion und künstlerisches Märtyrertum folgen. Mit Nr. 11, der blasphemischen *Roten Messe* als der exakten Mitte der 21 Melodramen, wird der tiefste Punkt der negativen Entwicklung, das Selbstopfer, erreicht (Baudelaires »absolute Groteske«). In Sektion III, den Nummern 15 bis 21, werden starke Elemente von Sentimentalität, aber auch von Parodie und ironischer Distanzierung wirksam. Pierrot verwirft den Mond (das heißt, er zieht sich zurück von seiner avanciert modernen Ästhetik), kehrt heim in sein geliebtes Bergamo, der Stadt aller Zanni, Arlecchinos, Pierrots und Kasperls – Versöhnung zwischen Künstler und Welt scheint einzutreten, am Ende badet Pierrot im Sonnenschein und sieht vom schmalen Fenster seines bürgerlichen Heims friedvoll zufrieden auf diese kleine Welt, als ob alles jetzt in Ordnung wäre: »O alter Duft aus Märchenzeit«. Ein terzengesättigter Streicherklang, eine tonale Kadenz ganz am Ende – gibt gerade Schönberg, der stets das Neue erstrebte, einen neuen Menschen durch eine neue Kunst, diese Kategorie auf und bescheidet sich mit dem Bourgeois? Ich komme darauf zurück.

In einem Brief an Egon Petri vom 19. Juni 1913 schreibt Ferruccio Busoni, der große Musiker und feinfühlige Kommentator, nach einer Privataufführung des *Pierrot* in seiner Berliner Wohnung:

»Die Form des Pierrot lunaire ist sehr befriedigend. Sie besteht aus dreimal sieben Gedichten, also drei Sätzen. Die Anzahl und Anordnung dieser Gedichte scheint erst ›chemin faisant‹ festgesetzt und gefunden worden zu sein. Es formte sich alles unter der Hand. Trotzdem sie alle grotesk sind, so kann man die drei Theile (nach einigen überwiegenden Nuancen) immerhin mit lyrisch, tragisch und humoristisch überschreiben. – Zwischen einigen der Lieder scheinen kurze, verbindende Übergänge nachkomponieret zu sein, welches mir als ›Naht‹ auffiel. Im zweiten Theile ist ein ganzes instrumentales Intermezzo (ohne Text) eingefügt, die dreistimmige Paraphrasierung eines früheren Flöten-Monologs (der übrigens ein Kind von der traurigen Weise aus Tristan ist).«

In der Tat – alle Motive und Bilder für Schönbergs Plots seiner Erzählung sind in Giraud/Hartlebens Kollektion von *Pierrot*-Gedichten vorhanden, aber ungeordnet, verstreut unter den gut fünfzig Gedichten. Schönbergs Auswahl und Anordnung folgte einer Intention, Sinn zu stiften, eine paradigmatische Geschichte zu erzählen. (Busoni hat übrigens nicht Recht, wenn er annimmt, Schönberg habe zunächst eine größere Zahl von Gedichten ausgewählt. Es waren stets nur diese 21.) Wie verstehen wir diesen Sinn, vor allem auch das offene Ende, und was insbesondere ist der spezifische Beitrag der Musik? Bevor diese Frage beantwortet werden kann, ist eine fundamentale Veränderung darzustellen, welche die Figur Pierrot, ihre repräsentative Bedeutung in der Mitte ihrer mehrhundertjährigen Geschichte betraf.

# Pierrot nouveau

Die aktive Bühnentradition der Commedia dell'arte schien, bedingt durch die Ereignisse der Französischen Revolution, mit dem 18. Jahrhundert zu Ende zu gehen. Allerdings blieb die Kenntnis der Commedia dell'arte europäisches Bildungsgut bis ins beginnende 19. Jahrhundert hinein. Diese Brücke dürfte ausgereicht haben, um die Bühnenexistenz Pierrots und seiner komischen Freunde wieder aufleben zu lassen. Allerdings geschah das um den Preis einiger fundamentaler Änderungen. Pierrot wurde zur Hauptfigur, und sein Typus wurde umgeprägt.

Dies Revival ereignete sich im Theater, als thetralische Aktion. Und es waren zunächst eine einzelne Bühne und ein einzelner Schauspieler, die diese Wiederbelebung trugen: das auf Pantomimen spezialisierte und lizensierte *Théatre des Funambules* und der aus Böhmen eingewanderte Jean-Gaspard Debureau (genannt Baptiste), der von 1796 bis 1846 lebte und den »neuen Pierrot« sowohl kürte wie auf der Pariser Bühne durchsetzte und diese Figur für immer in das Gedächtnis der europäischen intellektuellen Geschichte einlagerte. (Jean-Louis Barrault war in *Les enfants du paradis* Baptistes eloquentestes lebendiges Denkmal, wiewohl in seiner Stilisierung weit vom realen Baptiste entfernt.) Und beides, die Neuerfindung eines modernen Pierrot und die Art, wie sie ausgeführt wurde, sind historisch relevant und bemerkenswert. Der modischste aller Pariser Kritiker, Jules Janin, publizierte 1832 ein glorifizierendes Buch über Debureau, dessen Kapitel in Sätzen wie diesen kulminierten:[7]

»Es gibt kein Théatre Français mehr; nur die Funambules ... Laßt uns die Geschichte der Kunst schreiben, so wie sie wirklich ist, schlammig, schmutzig, erbärmlich und besoffen, um ein schlammiges, schmutziges, erbärmliches und besoffenens Publikum zu inspirieren. Da Debureau König dieser Welt geworden ist, laßt uns den Debureau King dieser Welt feiern!«

Solche Fanfaren etablierten Debureaus Theater als die Kultstätte des modernen Künstlers, als das Mekka der Pariser intellektuellen Avantgarde: Charles Nodier, Gérard de Nerval, Théophile Gautier, Théodore de Banville, Charles Baudelaire, Jules Champfleury ... Francis Haskell hat dieses Zusammenspiel richtig beschrieben:[8]

> »Debureaus Begabung zog die Intellektuellen an zu einem virtuell vergessenen und nicht erprobten theatralischen Genre, und die Intellektuellen schritten zur Tat und änderten die Natur dieses Genres.«

Debureaus Aufführungen reizten die Intellektuellen, weil sie ihre eigene Selbstinterpretation in der Figur des Pierrot nouveau wiederfinden konnten. Gautiers Definition ist aufschlußreich:[9]

> »Pierrot, blaß, mager, gekleidet in traurigen Farben, stets hungrig und stets zusammengeschlagen., ist der antike Slave, der moderne Proletarier, der Pariah, das passive und entrechtete Wesen, der, verdrießlich und scheu, die Orgien und Glamourevuen seiner Herren ansieht.«

Baudelaires wichtige Theorie des Grotesken als des »absolut Komischen« – ich habe sie bereits erwähnt – ist fundiert durch die »metaphysische Trauer« von Debureaus Neuinterpretation der alten Pierrot-Figur.

Hier begann Pierrots Bedeutung als allegorisches Bild für den dekadenten Geist des europäischen Fin de siècle; und hier begann auch, als Kehrseite der Medaille, das Marketing des traurigen Clowns als kommerzielles Objekt. Und der Erfolg war riesig, an allen Fronten. Der Prozeß kann wie folgt zusammengefaßt werden. Eine jahrhundertealte Theaterfigur der populären Kultur wird um 1820 in Paris wiederentdeckt und neu definiert, sie wird intellektualisiert als Paradigma einer auf die Moderne zielenden Gegenmythologie gegen die offizielle Kultur des ›juste milieu‹ und seiner Institutionen. Der öffentliche Erfolg dieser Adaption führt zur Kommerzialisierung; im neuen kulturellen Rahmen der öffentlichen Massenmedien geht die ursprüngliche Stoßrichtung als Gegenmythologie verloren, und die genuine modernistische Intention bleibt lediglich als ein Sonderaspekt zurück.

Der Erfolg aber schuf auch Schauspieler. Als Baptiste 1846 starb, stand sein Sohn Charles Debureau als eine durchaus eigenständige Verkörperung der Pierrot-Gestalt bereit. Ihm folgte Paul Legrande, der auch in Champfleuries Pantomimen spielte, zum Beispiel in *Pierrot. Valet de la Mort*, auf die Baudelaire ethusiastisch reagierte. Später war es der Pariser Karikaturist Adolphe Willette (1857–1926), Mitgründer des *Chat Noir* am Montmatre und Herausgeber des Journals *Pierrot*, der als einer der erfolgreichsten Agenten Pierrot in Zeitungen, Journalen, Broschüren, Cartoons, Lyrics, Photographien, Sketchen, im Pantomimentheater, in der Music Hall vermarktete. Sein Cartoon »Au Clair de la Lune« von etwa 1882[10] ist ein Beispiel der trivialen Serialisierung der Figur. (Am seinem Anfang kann man den Cartoon als »Der Wein, den man mit Augen trinkt« lesen; manche der Requisiten sind da, aber schnell dreht sich die Story in eine alltägliche, erotische Phantasie, der Protagonist wird alkoholisiert, getäuscht umd betrogen.) Zu dieser Zeit war es unvermeidbar, nicht auf Pierrot zu stoßen, nicht in Paris, nicht in London, nicht in Wien. Eine populäre Pierrot-Industrie hatte sich entwickelt und die seriöse metaphysische Groteske war nur eine kleine elitäre Branche inmitten der Massenproduktion. Dennoch war ihre schöpferische

Kraft ungebrochen. Natürlich, es ist nur eine ästhetische Opposition, die Pierrots moderne Physiognomie definiert. Und es ist nur eine kleine Zahl, die den Pierrot als historische Allegorie der Kunst und des Künstlers zu begreifen weiß.

Zwei konkrete Beispiele demonstrieren den paradigmatischen Wandel der Pierrot-Figur mit Debureau im Zentrum. Das erste Beispiel porträtiert noch den alten Pierrot, den schwerfälligen, plumpen, naiven Kameraden des leichtfüßigen Harlekin. Beide Gestalten finden sich so in Robert Schumanns *Carnaval*, dem Zyklus poetischer Klavier-Miniaturen, der offensichtlich Schönberg inspirierte. Der *Carnaval*, nur dies als kurzer Hinweis, enthält 21 solcher Charakterstücke (wenn man die stummen »Sphinxes« zählt); die Einzeltitel nennen »Chopin«, »Colombine« und – als erstes Stück nach der »Introduzione« – »Pierrot«, gefolgt von »Arlequin«. In Schumanns Sicht der beiden Zannis ist Pierrot der langsame, schwerfällige, plumpe Charakter, Arlequin dagegen ist der schnelle und witzige. Damit gibt Schumann die »alte« Charakteristik, den Pierrot vor Debureaus Neuinterpretation.

Mein zweites Beispiel, geschrieben 1868, thematisiert den Wandel. Es ist Verlaines frühes Gedicht *Pierrot*, das Sonett mit den genauestens gesetzten fahlen und weißen Bildern, den kunstvollen inneren Reimen.

*Pierrot*

Ce n'est plus le rêveur lunaire du vieil air
Qui riait aux aïeux dans les dessus de porte;
Sa gaîté, comme sa chandelle, hélas! est morte,
Et son spectre aujourd'hui nous hante, mince et clair.

Et voici que parmi l'éffroi d'un long éclair
Sa pâle blouse a l'air, au vent froid qui l'emporte,
D'un linceul, et sa bouche est béante, de sorte
Qu'il semble hurler sous les morsures du ver.

Avec le bruit d'un vol d'oiseaux de nuit qui passe,
Ses manches blanches font vaguement par l'espace
Des signes fous auxquels personne ne répond.

Ses yeux sont deux grands trous où rampe du phosphore
Et la farine rend plus effroyable encore
Sa face exsangue au nez pointu de moribond.

Die erste Zeile «Du bist nicht länger der lunare Träumer der Vergangenheit« verweist sofort auf den »Pierrot nouveau«. Das Gedicht handelt von der entsetzlichen Erfahrung des Risses von metaphysischen Dimensionen zwischen Ich und Welt, der Größenordnung, die nun mit dem Pierrot verbunden ist. Bilder von Entfremdung, Isolation, Traurigkeit, Destruktion und Tod, von Terror, Schmerz und Leiden treten hervor. Daumiers *Pierrot* mit der Gitarre von 1873, oder der Realismus seiner *Déplacement des Saltimbanques*, die Heimatlosigkeit der Gruppe von Künstlern, die aus der Stadt vertrieben werden, finden ihre Entsprechung. Und es ist in dieser Ikonographie des einsamen Künstlers, daß Picassos Gestaltungskraft den Komödianten ihren Pinsel lieh, mit dem Höhepunkt des *Sad Clown* von 1918 (Museum of Modern Art, New York). Edward Hoppers *Soir Bleu* von 1914 gibt die gleichzeitige amerikanische Szene (Whitney Museum of American Art, New York).

Dieser »Pierrot nouveau« und seine Konnotationen bestimmen das Umfeld, in welchem der belgische decadent Albert Giraud seinen *Pierrot lunaire* plazierte, von woher Otto Erich Hartleben seine Vorlage für die deutsche Versifikation nahm. Und hier begann Schönberg, für den allerdings ein besonderer Wiener Hintergrund besteht, worauf am Ende kurz zurückzukommen ist. Im gleichen Kontext von öffentlichem Markt und künstlerischer Repräsentation finden sich eine keineswegs überraschende Vielzahl von musikalischen Pierrots. Einige von ihnen könnten

Schönbergs Sensibilität geschärft haben. Was konnte er kennen?

Wo steht sein eigenes Opus in diesem Environment?

## Einen Brief lesen

Im Dezember 1916 sandte Schönberg die gedruckte Partitur des *Pierrot lunaire* als Geschenk an Alexander Zemlinsky, seinen früheren Lehrer, dann Komponistenkollegen, Schwager und Freund. Mit der Partitur schickte er die folgende Dedikation.

> »Liebster Freund, meine herzlichsten Wünsche für Weihnachten 1916. Es ist banal zu sagen, daß wir alle solche mondsüchtigen Wursteln sind; das meint ja der Dichter, dass wir eingebildete Mondflecke von unseren Kleidern abzuwischen uns bemühen und aber unsere Kreuze anbeten. Seien wir froh, daß wir Wunden haben: wir haben damit etwas, das uns hilft, die Materie gering zu schätzen. Von der Verachtung für unsere Wunden stammt die Verachtung für unsere Feinde, stammt unsere Kraft, unsere Leben einem Mondstrahl zu opfern. Man wird leicht pathetisch, wenn man an die Pierrot-Dichtung denkt. Aber zum Kuckuck, gibt es denn nur mehr Getreidepreise? Viele Grüße. Dein Arnold Schönberg.«

Schönbergs Widmungstext sieht Pierrot als repräsentative Figur. Er ist der paradigmatische Künstler des frühen 20. Jahrhunderts, ein fremd gewordener Zeitgenosse, ausgestoßen aus der guten Gesellschaft, leidend unter den Wunden, die Ablehnung und Isolation schlugen, aber stolz auf diese Wunden. Denn sie bezeugen und bestätigen ihm, daß er die Wahrheit über Welt und Gesellschaft lebt und ausdrückt. Zu Zeiten, da materielle Dinge (die Getreidepreise) alles bedeuten, wagt der Künstler Pierrot, der von seinen Zeitgenossen zur Existenz eines Narren verbannt ist, zu leben aus der Stärke eines Mondstrahls, des Mondstrahls Phantasie, bürgerlich: dem Nichts. Ja, er scheint der Narr zu sein, aber vergessen wir nicht, daß – wie in Shakespeares Dramen – der Narr, der komische Außenseiter, der durch äußerliche Erscheinungen hindurch den Dingen auf den Grund schaut, die Wahrheit weiß und verkündet, auf die Welt lachend, die ihn zu dieser Rolle verurteilte. Innerhalb des zeitgenössischen Kontexts der Jahre um 1910 ist dies gewiß die Position der Dekadenz als Gegenstrategie, Ästhetizismus als Opposition zur Realität und deren dominierenden Mächten. Mit seiner Selbsterhebung des ›absoluten‹ Künstlers ist es eine Position tragischer Hybris.

Doch ist Schönbergs *Pierrot* mehr, als des Autors Selbstinterpretation aufdeckt. Die Partitur enthält einen internen Kommentar, eine Kritik. So präsentiert *Pierrot* einen geschichtlich begründeten Status künstlerischen Selbstverständnisses und dessen beurteilende Reflexion. Beide sind in der Musik vorhanden, als Form, Struktur und ›Ton‹.

Immer wieder betonte Schönberg den leichten Ton des Werks, wobei er Distanzierung als ein kompositorisches Mittel ansprach. In seinem Brief an Schönberg vom 28. Februar 1921 schrieb Erwin Stein über *Pierrot*-Proben mit Erika Wagner-Stiedry, Schönberg selbst zitierend:

»Ich finde, daß die Wagner gut ist ... was sie bringt ist echt, ohne Sentimentalität und Pathos und Singsang. Vielleicht mitunter zu vornehm, der Ernst nicht kalt genug, die Tragik nicht überwältigend groß. Aber da ist beides und ich glaubte Sie so zu verstehen, daß das nicht allzuviel ausmacht, als Sie schrieben, daß alles ›Allegretto‹ bleiben müßte.«

Und später, in einem Brief and Fritz Stiedry vom 31. August 1940 war Schönberg selbst noch konkreter beim ›Ton‹.

>... denn ich beabsichtige diesmal zu versuchen, ob ich nicht vollkommen diesen leichten, ironisch-satirischen Ton herausbekommen kann, in welchem das Stück eigentlich konzipiert war. Dazu kommt, daß sich die Zeiten und mit ihnen die Auffassungen sehr geändert haben, so daß, was uns damals vielleicht als Wagnerisch, oder schlimmstenfalls als Tschaykowskysch erschienen wäre, heute bestimmt Puccini, Lehar oder darunter ist.«

Pierrots Maske des Lachens verdeckt ein Gesicht voller Tränen. Der moderne Pierrot ist definiert durch das Paradox, das schon Lord Byron konstatiert hatte: »And if I laugh at any mortal thing, ’Tis that I may not weep.« Der Zustand von Welt und Gesellschaft (Schönbergs »Getreidepreise«) wird so erlebt, daß der sensitive Zeitgenosse (Schönbergs Künstler, getroffen vom Mondstrahl) sich zu Entfremdung und Selbstzerstörung verdammt fühlt. Pierrot gehört zur Tradition des traurigen Clowns; so ist seine Ironie eine Maske. Und die künstlerische Reflexion eines solchen Zustandes nutzt die Form des Satirischen, des Grotesken. Es ist in der Tat der mentale Riß, den Charles Baudelaire in seinem wichtigen Essay *De l’essence du rire* die »absolute Komödie« nennt. Baudelaire benutzt hier die Figur des Pierrot um zu demonstrieren, daß, zu Zeiten, der Geist des Komischen eine metaphysische Dimension annehmen muß, um die Welt noch umgreifen zu können. Der Kontrast zwischen den Dingen selbst, der Riß zwischen dem Ich und dem Ganzen (für welchen die Relation zwischen Künstler und Gesellschaft das Modell bildet), der grundlegende Riß im sensitiven Subjekt selbst werden so fundamental, daß dieser Zustand nur mit ironischen oder grotesken Mitteln ausgedrückt werden kann. In seiner berühmten Rezension von

Berlioz' *Fantastischer Symphonie* hat Robert Schumann genau dieses Problem angesprochen, wenn er die blasphemische Übereinanderblendung des »Dies Irae« mit dem Tanz der Hexen im Finale dieser Symphonie kommentiert.[11]

> »Wollte man gegen die ganze Richtung des Zeitgeistes, der ein Dies Irae als Burleske duldet, ankämpfen, so müßte man wiederholen, was seit langen Jahren gegen Byron, Heine, Victor Hugo, Grabbe und ähnliche geschrieben und geredet worden. Die Poesie hat sich auf einige Augenblicke in der Ewigkeit die Maske der Ironie vorgebunden, um ihr Schmerzensgesicht nicht sehen zu lassen; vielleicht daß die freundliche Hand eines Genius sie einmal abbinden wird.«

Es scheint, daß um 1910 und aus der Sicht Schönbergs dieser freundliche Genius noch nicht erschienen sein konnte. Schönbergs Pierrot ist der traurige Clown, des Werks »leichter, ironisch-satirischer Ton« ist seine moderne Maske der Ironie, ein Schutz, der die Besorgnis verhüllt über die (um Schönbergs gut 10 Jahre späteren Brief an Kandinsky zu zitieren) »Umstürzung all dessen, woran man früher geglaubt hat«.

## Der zweite Konjunktiv

Was unterscheidet Schönbergs *Pierrot lunaire* von den Pierrot-Vertonungen seiner Zeitgenossen? Das ist nicht allein eine Frage ästhetischer Qualität. Entscheidend ist, daß die »anderen Pierrots« nicht an der Darstellung geschichtlicher Repräsentanz interessiert sind. Alle verbergen das Problematische und – im geschichtlichen Sinn – Signifikante hinter den Normen, der Fassade des privaten Liedgenres. Sie alle domestizieren die schauderhaften und blasphemischen Bilder durch die moderierenden Grenzen einer Hausmusik. Es gibt keine Hinweise irgendeiner geschichtlich paradigmatischen Perspektive. In der Musik wirkt nur Schönberg darauf hin, ein solches Paradigma zu schaffen. In anderen Worten: Innerhalb der Pierrot-Musiken ist es einzig Schönbergs Zyklus, der die Marionette zum Status einer allegorischen Figur emporhebt, zu einem Modell der Identifikation für den modernen Künstler, zu einem Indikator für den problematischen Stand von Subjektivität und die Identitätskrise des Subjekts. Und Schönberg zielt nicht nur auf die Konstruktion einer narrativen Fabel, sondern auf die Reflexion von deren geschichtlichem Gehalt in Form, Struktur und Ton seiner Musik, um die oben genutzte Formel aufzugreifen. Erst diese Selbstreflexion des Werks definiert seine historische Position. Denn sie dient nicht nur dem Erreichen der Allegorisierung Pierrots, sondern gilt zugleich der eigenen repräsentativen Absicht. Musik ist so in einem extremen Stadium von Selbstbefragung kritischer Kommentar auch zu sich selbst.

Die Pierrot-Musik ist Musik über eine spezifische Tradition, über ihre eigene Geschichte, über ihre eigene Gegenwart. Dazu bedarf es kritischer Verfahren, von denen einige abschließend dargestellt werden sollen.

Die grundlegende kompositorische Haltung gegenüber seinem Material und dessen Verwendung wurde von Schönberg selbst angesprochen, als er auf den »leichten ironisch-satirischen Ton der ursprünglichen Konzeption hinwies, durchgehend »Allegretto«, und als er dann auf die Historizität des geformten Materials hinwies: Was 1912 »Wagnerisch« erscheine, oder doch »Tschaykowskysch«, werde heute als Puccini oder sogar Lehár verstanden.

Musikalische Ironie bedeutet als kompositorisches Prinzip Distanzierung der Komposition von ihrem Material. Das befähigt ein Werk, ein Kommentator über und an sich selbst zu sein. Schönbergs und Weberns fundamentale theoretische Unterscheidung von »Materialgesetz« und »Darstellungsgesetz« ist hier anwendbar. Die kompositorischen Strategien für *Pierrot* folgen den Darstellungsgesetzen. Das musikalische Material wird benutzt zu dem Zweck, einen Gedanken zu präsentieren – »benutzt« in einem fast Brechtschen Sinn.

Es ist bekannt und mehrfach kommentiert, daß die meisten der 21 Stücke des *Pierrot* tradierten Modellen folgen: Tänzen, alten Formen, alten Techniken. Nr. 2, »Columbine«, ist wirklich ein Walzer; Nr. 5, »Valse de Chopin«, ist ein langsamer Walzer; Nr. 17, »Parodie«, ist eine Polka; Nr. 8, »Nacht«, ist eine Passacaglia; Nr. 12 und 15, »Galgenlied« und »Heimweh«, sind Kompositionen, die das Verfahren der entwicklenden Variation nutzen; Nr. 17 und 18, »Parodie« und »Der Mondfleck«, folgen den Regeln des imitativen Kontrapunkts, so wie Kanon und Fuge zum Beispiel; Nr. 19, »Serenade«, ist, wiederum, ein langsamer Walzer, aber auch ein Dramolett, angelegt wie ein Miniatur-Cellokonzert, mit einer veritablen Kadenz; Nr. 20, »Heimfahrt«, ist eine Barkarole. Diese Modelle und traditionellen Satztypen werden benutzt, wie ein paar Jahre später Strawinsky Walzer, Marsch und Ragtime in seiner *Geschichte vom Soldaten* nutzt; mit ihnen wird gespielt, oder vielmehr: Sie werden präsentiert, als ob mit ihnen gespielt werde. Sie sind musikalisches Material zum Zwecke einer Präsentation.

Über solche offensichtlichen Fälle hinaus gibt es andere Referenzen zur Tradition, Allusionen zu spezifischen Stilmerkmalen und zu bestimmten Werken, genaue Verweise zu exakt benennbaren Punkten, Zitate. Hier einige Beispiele nur.

• Nr. 16, »Gemeinheit«, ist (wie Christian Martin Schmidt gezeigt hat) offensichtlich nach dem Modell Rezitativ und Aria gebildet;

- Nr. 6, »Madonna«, zitiert ein identifizierbares Modell bei Bach, eine dreistimmige Komposition ohne Basso continuo, und der genaue Referenzpunkt ist entweder das Adagio von J. S. Bachs *Sonata für Flöte und Violine*, BWV 1038 (die Quelle für die Sektion »Gute Nacht« der Motette *Jesu, meine Freude*, BWV 227, wie Rudolf Stephan vorschlug) oder, mit größerer Gewissheit, das *Preludio* Nr. 24 in h-moll aus dem *Wohltemperierten Klavier* I, BWV 869.

  Als weitere Referenzen kann man nennen:

- In Nr. 9, »Gebet an Pierrot«, beim Wort »Lachen«, steht eine Allusion an Kundrys berühmten Schrei »lachte« in Wagners *Parsifal*, Akt II, T. 1182, dort vom hohen h''' über zwei Oktaven nach unten springend (wiederum identifizierte Chr. M. Schmidt diese komponierte Beziehung). Dies war eine Passage, die eine andere Schönberg-Figur schon einmal angesungen hatte. Sieghart Döhring verwies auf die parallele Stelle in Schönbergs Monodrama *Erwartung* (T. 189), wo die Protagonistin für ihren Aufschrei »Hilfe« die genau identischen Tonhöhen benutzt. Und David Lewin erinnerte mich daran, daß auch am Ende von Schönbergs 2. Streichquartett der Sopran einen solchen Sprung ausführt, allerdings zum Wort »Liebe« und mit anderen Tönen.

- In Nr. 3, »Der Dandy«, erinnert die emphatische Aufwärtspassage wohl mit Sicherheit den Schwung solcher Gesten bei Richard Strauss. Ich höre eine klare Beziehung zur Eröffnung von *Ein Heldenleben*, ein Titel, der sehr wohl auf Pierrot angewendet werden könnte, natürlich und angemessen in ironischer Brechung (während die Dandy-Signatur im Bezug auf Richard Strauss Schönberg besonders gefallen haben dürfte ...). Und wenn in T. 28/29 das *Heldenleben*-Thema in seiner originalen Tonhöhe Es-Dur erscheint, im Baß des Klaviers und die Worte »im erhabenen Stil« illustrierend (auch so herum!), ist das Zitat nicht mehr zweifelhaft.

Ich könnte fortfahren mit solchen Belegen. Es gibt nicht ein einziges Melodram im *Pierrot lunaire*, das nicht auf präexistente Modelle zurückgeht. Der gesamte Zyklus ist – in einer ersten Annäherung – Musik über Musik. Aber genauso bedeutend wie dieser Gebrauch solcher Modelle ist, genauso bedeutend ist die Art, in der dieses »Benutzen« verfährt. Es war wieder Ferruccio Busoni, der diese Intention in unnachahmlicher Weise zusammengefaßt hat. Ich zitiere eine andere Passage aus dem Brief an Egon Petri vom 19. Juni 1913.

> »Es ist, als ob es [das Werk] aus zerbröckelten Bestandteilen eines großen Musikmechanismus zusammengestellt wäre, und als ob einige dieser Bestandteile zu einer andern Function angewendet würden als der, zu der sie ursprünglich bestimmt waren.«

Busoni hat in jedem Bezug recht. Die historische Pasticcio-Technik; die Musikmaschine, also der mechanische Aspekt der Puppe; der Gebrauch des Materials zu einem andern als dessen ursprünglichem Zweck; vor allem aber: Das »als ob«, der 2. Konjunktiv, ist der Modus der Pierrot-Musik durch und durch. Das »als ob« … Ein Blick auf die Nummern 17 und 18 und die Heranziehung von Doppelfuge, Kanon und Spiegel-Retrograde von der Mitte des Stücks an: die strengste kontrapunktische Ordnung für die dollsten, verrücktesten Texte. Schönberg war die Funktion von vertikal nicht kontrolliertem, thematischem Kontrapunkt in der freien Atonalität durchaus bewußt. Die Übereinanderlegung von Kanon und Fuge, zusammen mit der mechanischen Spiegel-Retrograden könnte zum genauen Gegenteil von Ordnung und Kontrolle führen, zu einer »Als ob«-Ordnung, einer losen Textur, fast chaotisch, wo die aktuelle Tonhöhe nicht mehr das Wichtigste ist, sondern Gestus, Kontur, Dynamik und instrumentaler Ton im Vordergrund stehen.

Ein weiterer Blick auf ein zweites »als ob«. Das Kundry-Zitat in der Nr. 9, »Gebet an Pierrot«, wo nicht die Stimme mit ihrem Text »mein Lachen« zur Wagner-Heroine rück-verweist (wie könnte die arme Colombine das alles bewerk-stelligen ...), sondern die Klarinette. Es ist, »als ob« die Kla-rinette erinnerte, was die Sprechstimme vergaß oder niemals wußte. Genau die umgekehrte Perspektive der Kommen-tierung kann in der Rezitativ-Aria-Opposition von Nr. 16, »Gemeinheit«, gefunden werden. Das instrumentale Rezita-tiv endet mit dem Doppelpunkt, erwartend, daß die Sprech-stimme fortfahre. Doch statt dessen »geht« das Cello »ab«, das Instrument ›singt‹ die energetische Aria, und die Sprech-stimme, des kleinen Dramas Protagonistin, wird zu einer Zweitstimme degradiert, zur Begleitung. Nun ist es, »als ob« die Sprechstimme einen Kommentar zu dem spreche, was in der Cellostimme geschieht. Auch in Nr. 4, »Eine blasse Wäscherin«, verlangt Schönberg, daß dieses absurde, umge-drehte Verhältnis für eine ganze Nummer gelten solle: »Die Rezitation soll hier durchaus wie eine Begleitung zu den Instrumenten klingen; sie ist Nebenstimme, Hauptstimme sind die Instrumente« (Partitur zu Nr. 4) – Musik »als ob«.

Für einen Augenblick nur mag die Frage gestellt werden, wer in Schönbergs *Pierrot lunaire* der Erzähler sei. Pierrot ist offensichtlich ein männlicher Charakter; die Sprechstim-me dagegen ist für eine weibliche Rolle vorgesehen (wiewohl das Vorwort ein paar Zweifel aufwerfen könnte mit dem »er« für die Rezitation). Das erste »ich« gehört »Colom-bine« in Nr. 2; in Nr. 3, »Der Dandy«, wird Pierrot durch ei-nen unbekannten Erzähler eingeführt. (Könnte das Colom-bine sein? Höchstwahrscheinlich nicht, denn in Nr. 3 war sie das Objekt der Erzählung.) Das »mich« in Nr. 5, »Valse de Chopin«, wird nicht identifiziert; es könnte Pierrot sein, aber in der Tat auch Colombine. Das »mich« in Nr. 6, »Madonna«, ist der Dichter, man sollte annehmen, es sei Pierrot (sollte man?). Das »mich« in Nr. 9, »Gebet an Pierrot«, ist sicherlich nicht Pierrot, aber es könnte sehr wohl weiblich sein, wieder Colombine zum Beispiel. Die Nummern 10 bis 20 haben kein »Ich«, wohl aber einen Erzähler, der über Pierrot und andere in der 3. Person singularis spricht. Nr. 21 ist wieder ein »Ich«-Gedicht. Unzweifelhaft spricht der Poet (der Poet Pierrot?), der nach Bergamo zurückkehrte (es muß also Pierrot sein), und da ist dann die melodische Referenz zu Nr. 1, wo dieser Dichter von einem Erzähler vorgestellt wurde und nicht sprach.

Sieht man dies Puzzle zusammen mit den kompositorischen Strategien, die oben analysiert wurden, dann möchte man schließen, es scheine, als ob das Werk sich selbst erzähle. Das heißt, seine Kommentare zum Status des modernen Künstlers sind Kommentare von innen, ein modernistisches Verdikt über das Enden der Moderne. *Pierrot* wäre dann das im höchsten Grade seiner selbst bewußte, das ›absolute‹ Kunstwerk, in dem alle Entwicklungen des Modernismus kulminieren.

## Vom letzten Ende

Hierher gehört eine Diskussion des Endes, der letzten Takte des letzten Melodrams. Es scheint, wie schon gesagt, einen glücklich-zufriedenen Pierrot zu zeigen, der, jetzt domestiziert, in der hellen Sonne von Bergamo sitzt. Dies Enden ist stets als die Heimkehr des Künstlers zu seinem Ausgangspunkt interpretiert worden, als eine friedvolle Versöhnung mit der Welt. Ich glaube, das ist falsch. Erstens verstehe ich bereits Hartlebens Text (nicht Girauds mit seiner Watteau-Referenz) in einer ikonographischen Tradition. Nach meiner Sicht verweist der Text hier auf E. T. A. Hoffmanns Novelle *Des Vetters Eckfenster*. Das ist eine Novelle über einen kranken Künstler, eine gelähmte Person, die abhängig ist von den Hilfeleistungen eines behinderten Dieners und selber unfähig ist, sich zu bewegen, unfähig, ihr Apartment im obersten Stock zu verlassen, um auf die Straße zu gehen, und die an dem wirklichen Leben auf dem großen Marktplatz (dem Berliner Gendarmenmarkt), wo normale Menschen zusammenleben, nur durch ihr kleines Fernrohr nur aus der Ferne teilhat, die nur ahnen kann, was sie zueinander sprechen. Es ist offensichtlich eine Scheinexistenz, ein reines Phantasieleben – die friedvolle Fassade verbirgt die tragische Existenz. »Armer Vetter« sind die letzten Wort der Novelle. Ich sehe Hartlebens Umsetzung des Textes ins Deutsche in der Tradition dieses Bildes.

Und Schönbergs klingender Kommentar zu dieser Schlußszene (siehe NB 7.3), gegeben in der harmonischen Sprache seines letzten Melodramas, das mehr und mehr saturiert erscheint mit wohlklingenden Terzen und das schließlich gegen einen Fundamentton E hin gravitiert – dieser Kommentar faßt das »aus meinem sonnumrahmten Fenster beschau ich frei die liebe Welt« als falsche Nostalgie, einen trügerischen Irrtum. Es ist vielen Kommentatoren – und vor allem deren Ohren – entgangen, daß im Klavier T. 28/29 am Ende eine vollständige Kadenz nach E liegt. Die Akkordfolge a-Moll, übermäßiger Dreiklang auf Es und der Baßton E verschleiern in mehrfacher Weise, um was es sich handelt. Es ist eine Kadenz zur Tonika E, a-Moll ist reine Subdominante, und der Akkord Es-G-H muß als Dis, Fisis, H gelesen werden, um als Dominante H-Dur mit hochalterierter Quinte (Fis zu Fisis) verstanden zu werden. Das ergibt mit Subdominante – Dominante – Tonika die starke Kadenz nach E-Dur. Doch die Singstimme steht mit ihrem Cis-F dissonant dagegen. Die tonale Sprache selbst wird hier

»als ob« verstanden. Sie ruft die Vergangenheit herauf, im Sinn von Schönbergs Brief an Busoni vom 24. August 1909, wo er den Verlust von Schönheiten eingesteht, wenn es um Schritte ins Neue geht. Aber sie tut das im Gewande der Ironie.

Es gibt allerdings ein weiteres Zeugnis Schönbergs, das kürzlich erst bekannt wurde und die problematisierende Lesung dieses Schlusses bestätigt. Am 4. April 1914 gastierte Schönberg mit dem Pierrot-Ensemble in Regensburg, der 5. Vortragsabend des Kaufmännischen Vereins Regensburg war Schönberg gewidmet (Klavierstücke op. 11 und 19, *Pierrot lunaire*). Das Gästebuch des Verlegers Gustav Bosse, der dem Verein vorstand, enthält die Signaturen der sechs Musiker und ein Notenzitat Schönbergs mit Kommentar. Das Gästebuch Bosse hat sich in Berliner Privatbesitz erhalten. Schönbergs Eintrag steht am obersten Seitenrand.

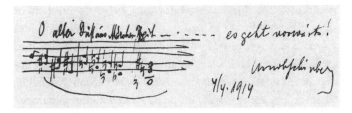

NB 7.4

Der Ausschnitt bezieht sich auf das letzte Melodram. Er unterlegt, leicht variiert, die Klavierstimme der Takte 1–4 dem Text »O alter Duft aus Märchenzeit«. Da diese musikalisch-textliche Anfangskonstellation in T. 14ff. und 26ff. wiederkehrt (leicht verändert natürlich), gibt sie mottoartig die Essenz der letzten Station des exemplarischen Lebens »Pierrot« wieder. Schönbergs Eintrag macht aber deutlich, daß er eine positive Auffassung nicht gutheißt, nicht gut-

233

heißen kann. Daher fügt er sein verbales Credo korrigierend hinzu: »Es geht vorwärts«. Das ist ästhetisch, kunstpolitisch und musikgeschichtlich ein klares Wort. Es gibt keinen Rücktritt von der Idee des Neuen, eine Rückwende wäre illusorisch, eben: »alter Duft aus Märchenzeit«. Schönberg hätte auch darauf hinweisen können, daß die immer stärker werdende tonale Existenz Pierrots am Ende von einer kritischen Stimme kontrapunktiert wird: Die Sprechstimme tritt gerade während und nach der tonalen Kadenz aus deren Herrschaftsbereich heraus und setzt sich als dissonante Stimme, die das letzte Wort hat. Aber vielleicht wirft die Stärke und Attraktivität dieser alten Zeit, die Schönheit ihres Endens, doch mehr Probleme auf, als der vorwärts orientierte Künstler zugeben möchte. Dann würde das Enden im Wohlklang zwar als Nostalgie verworfen, seine Anziehungskraft bliebe aber bestehen und forderte alle theoretische Anstrengung und geschichtsphilosophische Übezeugung, um diese Spannung durchzustehen. Eben: ein verbaler, theoretischer Widerruf.

Die Katastrophe des 1. Weltkriegs sehen Künstler wie Schönberg als Bestätigung. Zum »Geist des Fin de siècle« oder zu »Jung-Wien« gibt es keine Rückkehr. Walter R. Heymanns Chanson »Abschied von der Bohème« nach einem Text von Gustav von Wangenheim, geschrieben um 1920 für Friedrich Holländers Berliner Kabarett *Schall und Rauch*, gibt die quasikapitalistische Trivialisierung dieses Sentiments.[12] Das Chanson hat folgenden Refrain, den Kommentar eines Poeten über ein Lebewohl zu Pierrot, nun in der 1. Person Singular.


Wir leben nicht mehr im Atelier
Wir leben nicht mehr in der Nacht.
Wir haben ein bürgerliches Metier
Und den Tag zum Tage gemacht.

Wenn ich verdiene, bin ich froh.
Ich singe, wenn sichs lohnt.
Ich bin der lebende Leichnam Pirrot,
Was weiß ich noch vom Mond.
Wer zahlt mir das meiste für dieses Poéme,
Für mein Abschiedeslied von der Bohème.

## Wiener Gschichten

In Schönbergs Auffassung der Pierrot-Figur gibt es eine spezifische ›couleur locale‹ Ich nenne es die Hanswurst- oder
Wurstel-Perspektive. In Alban Bergs Bibliothek steht ein
Exemplar von Peter Altenbergs *Vita Ipsa*. Es enthält Annot-
ationen von Alban Berg. Eine von Bergs Bemerkungen lautet: »Schönberg sagte, als Busoni ihm vorwarf, daß das eine
der *Pierrot*-Stücke nicht Italien vorstelle, wie der Text be-
sage: Für mich ist der Prater Italien.«[13] Und in der Tat
ist Schönbergs *Pierrot*-Musik Musik über die Wiener Tradition von Musik überhaupt, über einen modernen Künstler, der aus dieser Tradition herauswächst. Es ist bereits nicht
überraschend, daß Schönberg *Pierrot* in Wien lokalisieren
wollte. Extemporiertes Theater hatte stets und hat noch heute seinen Platz in der Kultur Wiens, der großen Metropole
des Barock. »Tschauners Stegreiftheater«, wohl der letzte
überlebende Zeuge (rauh und grob, wie es ist), dieses Popu-
lartheater wird hoffentlich noch für viele Jahrzehnte exi-
stieren. (Niemand, der Wien besucht, sollte es versäumen,
in die Maroltingergasse 43 zu gehen, nach Ottakring, in den
16. Bezirk – wenn's das Wiener Wetter erlaubt, versteht
sich.)
Schönbergs Bemerkung zu Busoni, die Alban Berg fest-
gehalten hat, für ihn sei der Prater Italien, hat einen ganz
realistischen Hintergrund. Seit 1895 bis in den Beginn des

neuen Jahrhunderts hinein war ein nicht zu kleiner Teil des Unterhaltungsparks Prater der Stadt Venedig nachgebildet; etwa 50 000 Quadratmeter umfassend, »Venedig in Wien« genannt, mit 8 Meter breiten Kanälen, 11 originalen Holzbrücken, 25 »originalgetreu« nachgebauten Gondeln mit Gondolieres aus Venedig, Marionettentheater, Freilichtbühne, Konzertsaal, Restaurants, Unterhaltungstheatern, Musikgruppen, Orchester, Sängern, Pantomimen etc.[14] Eine riesige Illusionsindustrie, aber im Unterschied zu gleichzeitigen Unternehmungen andernorts waren die Bauten solide aus Stein, während man bei »Venedig in Berlin« oder »Venedig in Hamburg« mit Pappmachè auszukommen hatte. (Und nur ein paar Straßenzüge vom Prater entfernt, in der Birkenau der Leopoldstadt, wurde Schönberg geboren.)

Und wenn man Wiener Druckschriften und Theaterprogramme aller Arten aus der Zeit um 1900 systematisch auswerten würde, wäre der Schluß unabweisbar, daß jeder kulturell interessierte Zeitgenosse im Wien der Jahrhundertwende ständig auf die Pierrot-Figur treffen mußte. Von Richard Spechts *Pierrot Bossu* von 1896 über das Ballett *Pierrot als Schildwache* von 1897 (wiederholt 1901) an der Staatsoper, die *Überbrettl*-Aufführungen von *Pierrots Fastnacht* (1901, Text: Leo Feld, Musik: Oscar Straus), *Die beiden Pierrots* (Text: Karl von Levetzow, Musik: Waldemar Wendland), die Ronacher-Produktion der Ballettpantomime *Pierrots Neujahrstraum* (Musik: Josef Hellmesberger / Josef Bayer) bis hin zu Franz Schrekers zwei Pantomimen von 1909 und Franz Lehárs Faschingswalzer von 1911 mit dem Titel *Pierrot und Pierrette*. Und 1910 wollte der Wiener Konzertverein auch nicht zurückstehen und setzte Granville Bantocks Lustspielouvertüre »The Pierrot of the Minute« aufs Programm, von Ferdinand Löwe im Großen Musikvereinssaal dirigiert. – Jahr auf Jahr produzierte so Wien Pierrot-Theater, keine große Oper natürlich, sondern die oben als typisch beschriebenen leichten Gattungen der Unterhaltungsindustrie und immer wieder die Pantomime. (Dennoch, es gab eine Oper *Colombine*, »nach Erich Korns gleichnamiger Bajazzade, Musik von Oscar Straus«, erstmals gegeben im Februar 1904 im Theater des Westens.)

Dazu kommen die indirekten Wege. Ernst von Wolzogen, der 1901 Schönberg nach Berlin für sein *Überbrettl*-Kabarett engagierte, erzählt von der ersten *Überbrettl*-Saison in Wien, daß von jeder Litfaßsäule ein »grinsender Pierrrot« mit der *Überbrettl*-Reklame auf die Passanten herabsah.[15] Der junge Wiener Arnold Schönberg konnte der Puppenfigur gar nicht entkommen.

Und Schönberg hat den insgeheimen Wiener Akzent seines Pierrot auch nicht verschwiegen, wenngleich er auch seine Geheimnisse zu verschlüsseln liebte. Es ist der Aufmerksamkeit von Forschern und Liebhabern entgangen, daß die *Pierrot*-Partitur zwei explizite Verweise auf die Wiener Herkunft des Schönbergschen Pierrot enthält. Beide Momente sind musikalisch als strukturelle Lizenzen angelegt, Abweichungen von Normen, denen ansonsten die *Pierrot*-Musik folgt.

Die erste Wiener Identifikation Pierrots ereignet sich genau an der Stelle, als Pierrot zum erstenmal erwähnt, bei seinem Namen genannt wird. Das ist in T. 21 von Nr. 3, *Der Dandy*, mit dem Text »Pierrot, mit wächsernem Antlitz«. In diesem Augenblick spielt das Klavier eine melodische Formel, die als Hauptstimme markiert ist, also hervortritt.

Merkwürdig genug, ist diese Formel in Oktaven gesetzt, was singulär ist, nirgenwo sonst spielt im *Pierrot* das Klavier Oktaven. Solche Ausnahmen von Regeln, die mit guten Gründen angewendet werden, haben zumeist den Charakter eines Hinweises.[16] Und tatsächlich klingt das Motiv irgendwie bekannt. Es könnte noch mehr normal aussehen, wenn man es anders notieren würde:

Ein Kommentator, der auf der richtigen Spur ist, Jonathan Dunsby, glaubt, daß hier ein nicht identifiziertes Zitat vorliegt.[17] Das ist sehr wohl möglich. Mir ist es ausreichend, den Typ oder das Genre des kurzen Ausschnitts zu kennen. Ich höre es als Fragment eines Wiener Walzers. Es sind nicht

Johann Strauß' *G'schichten aus dem Wiener Wald*; und es ist nicht ganz, aber fast Johann Strauß' *Künstlerleben* – der Titel würde zweifellos genau Pierrots Wiener »Künstlerleben« entsprechen. Aber es ist gewiß ein idiomatisches Pattern, das Pierrot bei seiner Herkunft ruft, wenn sein Name zum erstenmal genannt wird. Schönbergs Pierrot – eine Wiener Puppe.

Der andere Moment einer Wiener Identifikation Pierrots ist mehr direkt und persönlich. Er trägt sich zu mit Beginn der 3. Strophe der Nr. 1, »Mondestrunken«, an der Stelle, an der – ganz ähnlich wie bei Nr. 3 – der Künstler, der Dichter erstmals genannt wird. Die beiden ersten Strophen werden von Flöte, Violine und Klavier als Instrumentarium bestritten. Melodisch führt in Strophe 1 die Flöte, in Strophe 2 die Geige, während mit Strophe 3 das Klavier mit seiner Mittelstimme in Tenorlage expressiv und dynamisch hervortritt, so jedenfalls in der 1. Fassung ihres Beginns mit den Worten »Der Dichter, den die Andacht treibt«. Das aber war Schönberg weder kompositorisch noch gehaltlich interessant genug. Es nutzte auch die Möglichkeiten, die Text und kompositorische Anlage des Ganzen boten, nicht aus. Am ersten Sammel-Autograph B der Partitur kann man erkennen, daß als ein zweiter Gedanke das Cello hinzugefügt wurde, einsetzend exakt mit der 3. Strophe im forte molto espressivo und die Klaviermittelstimme verdoppelnd, also zunächst ohne eigene Stimme, wenngleich das Cello die Klaviermittelstimme sofort übertönt. Die späte Einfügung des Cellos in die für drei Instrumente vorbereitete Partitur kann man im Manuskript der ersten Niederschriften sehr schön nachvollziehen. Nirgendwo sonst im *Pierrot lunaire*, kann ich wieder sagen, kommt eine solche simple Verdopplung vor – wiederum erlaubt sich Schönberg eine Lizenz, und wiederum stiftet diese Maßnahme Bedeutung. Die Emphase gilt dem »Dichter«, also hier dem Komponisten. Das Instrument aber, das dieser Komponist selber spielt, ist das Cello. Ein Komponist, dessen Instrument das Cello war, war Arnold Schönberg.

Ich schlage keine Lesung des *Pierrot* als tönende Biographie vor. Aber ich nehme die beiden Wiener Identifikationen ernst als Hinweis auf die Herkunft dieser Kunst. Von dieser Interpretation her erhält die erste Phrase in Schönbergs Dedikationsbrief an Zemlinsky vom Dezember 1916, einem seiner großen künstlerischen Bekenntnisse, eine sehr direkte Bedeutung. »Mondsüchtige Wursteln« nannte Schönberg den wahrhaft modernen Wiener Künstler, die Puppe aus Frankreich, die zum Rollenrepertorie der italienischen Commedia dell'arte hinzutrat, eine Figur zunächst der niedrigen, dann auch der hohen Kultur, im Paris des 19. Jahrhunderts neu belebt und intellektualisiert und so befähigt, das gefährdete Subjekt der europäischen Moderne zu repräsentieren, wird schließlich musikalisch interpretiert als die paradigmatische Figur der Wiener neuen Musik.

Der Sinn des Ganzen ist als historische Repräsentanz der Künstlerproblematik in der Moderne daher nur aus dem spezifisch musikalisch realisierten Formgedanken zu erfahren. Schönbergs Credo, von den Aphorismen jener Jahre und den Briefen an Busoni begleitet, war das emphatische Aufgreifen der Gegenwartsprobleme, der *Pierrot*-Plot als Parabel, die Figur als parabolische Existenz. In dieser Perspektive ist der *Pierrot lunaire* eine aktuell ästhetisch-kritische wie eine gesellschaftskritische Stellungnahme, historisch und geographisch genau lokalisiert, doch nicht mehr nur Musik, nicht mehr allein Musik über Musik, sondern Musik über Geschichte und Gegenwart des endenden 19. und des anbrechenden 20. Jahrhunderts, Affirmation und Kritik der Moderne, formuliert vom Standpunkt dieser Moderne selbst (doch nur nachdem dieser Standpunkt selbst in Frage gestellt wurde). Das bezeichnete ihren außerordentlichen Rang, ihre Größe wie ihre Grenzen.

# Kompositorische Maßnahmen Eislers

Hanns Eisler verstand sich als politischer Komponist. Er habe stets, so schrieb er, Musik komponieren wollen, die dem Sozialismus nütze. Wer solches äußerte und gar in der DDR praktizierte, galt in der Bundesrepublik Deutschland für kompromittiert: Der Komponist einer »Spalter«-Hymne war hierzulande zu ignorieren. Jegliches Reden über den Komponisten Eisler hat hier und heute also davon auszugehen, daß dieser unbekannt ist. Und fast scheint das *Reden,* zumal wenn es nicht ohne Reserve ist, unter solchen Bedingungen unangemessen. Zunächst sollte nicht ein Musikhistoriker referieren, sondern Musiker sollten Eisler spielen. Da dies aber nicht geschieht, auch vielleicht so bald nicht geschehen wird, halte ich es immer noch für besser, zu reden, als daß weiter geschwiegen wird.

Verfiel das Werk Eislers in der Bundesrepublik völliger Ignoranz, so wurde es in der DDR reduziert auf den Liedersänger der Arbeiterklasse. Die offizielle Eisler-Anschauung gab Ernst Hermann Meyer mit folgenden Worten:

»Es gibt im Werk Eislers Perioden der Esoterik. Dem leidenschaftlichen Willen des Künstlers, an der Seite der werktätigen Millionen das große, lichte Neue zu erkämpfen, steht zeitweise sein Bestreben gegenüber, die hoch getriebene, atonal-überfeinerte Espritkunst der alten Moderne weiterzupflegen ... Der Verfasser dieser Zeilen, der stolz darauf ist, Schüler des großen Komponisten Hanns Eisler gewesen zu sein, vermag seinem Lehrer nicht auf allen Wegen zu folgen, die er gegangen ist. Es ist seine

Überzeugung – und zweifellos auch die anderer seiner zahllosen Freunde und Verehrer –, daß die zentrale Bedeutung des Eislerschen Liedwerkes in jenen großen und kleinen realistischen Gesängen liegt ..., in denen er mit Kraft, Meisterschaft, Psychologie, Tiefe, Originalität und volkstümlicher Eindringlichkeit aktuelle Probleme unseres Lebens anpackt, in denen er in Textwahl wie musikalischer Haltung für die Werktätigen und ihre gerechte Sache Partei ergreift.«[1]

Das und seine Wirkung auf die Eisler-Forschung wie auf Eislers Repräsentanz im Musikleben der DDR braucht kaum eigens kommentiert zu werden. Die im amerikanischen Exil komponierte *Deutsche Sinfonie* wurde wegen mangelnder Positivität im Zentralorgan *Neues Deutschland* gerügt – sie blieb ein Werk ohne Resonanz. Die Faust-Oper blieb Fragment, weil gegen das selbstgefertigte Libretto offiziell schärfste Einwände erhoben wurden. Und die kompositionsgeschichtlich aktuellsten Werke, die Zwölftonkompositionen der amerikanischen Zeit, verfielen dem Verdikt der Esoterik. Erst in jüngster Zeit gibt es Ansätze zu einer Wende, worauf die Schallplatten- und Notenproduktion ebenso hindeutet wie die wissenschaftliche Neuorientierung, die Günther Mayers Rezension des Eisler-Sonderheftes von *Sinn und Form* in den *Beiträgen zur Musikwissenschaft* 1967 vollzogen hat. Eisler selbst hat 1961, ein Jahr vor seinem Tode, geäußert:

»Ich beklage mich auch, wenn heute ein Artikel über mich erscheint. Von meiner Musik ist schon gar nicht mehr die Rede. Man redet von mir als Propagandisten, als Verbündetem der Arbeiterklasse, als Kommunisten, von meiner Musik ist schon lange nicht mehr die Rede. So ist es auch bei Brecht. Das ganze Ästhetische wird bei ihm überhaupt vergessen, auf das besonders der alte Brecht einen großen Wert legte. Er beschwerte sich bitter, so auf Draht gezogen zu werden ... Ich lese Brecht – im Gegensatz zu meinen Freunden – nicht, weil er Marxist ist. Ich denke gar nicht daran. Da lese ich Marx ... Erstaunen Sie nicht über diesen originellen Standpunkt: ich lese Brecht, weil er schön ist.«[2]

Anzuwenden ist eine Betrachtungsweise, auf die hinzuweisen man sich ihrer Selbstverständlichkeit wegen fast scheut: eine solche, die den ästhetischen wie den politischen Anspruch der Eislerschen Kompositionen zu entwickeln weiß, indem sie nicht beide Momente trennt, sondern in gegenseitiger Abhängigkeit sieht und ihre Konfiguration im Element wie im Ganzen beschreibt. Zwei einfache Beispiele. Jene merkwürdigen Synkopen etwa in Eislerschen Liedern, die einzelnen Worten widersinnige Nebensilbenbetonungen geben, sind doppelt begründet: aus der Absicht, den Text verfremdend der Gleichgültigkeit zu entreißen, wie der kompositorischen Not, dem simplen Taktschema Belebung und Differenzierung anzuschaffen. Und die auffallend abrupt pointierten Schlüsse, eher abbrechend als schließend, einen manchmal erwarteten Durakkord aussparend oder den tonalen Zusammenhang plötzlich verlassend, sie entspringen gleichermaßen dem Wunsch, angestrebte Aktivität nicht in Ruhe aufzufangen, sondern über den Augenblick hinaus einem Signal gleich im Bewußtsein zu befestigen, wie der Abneigung des Schönberg-Schülers gegen allzu emphatische Tonalitätsbestätigung.

Bertolt Brecht schreibt:

»Eisler musiziert ebenso naiv und ebenso konstruktiv wie die andern großen Komponisten des 18. und 19. Jahrhunderts, deren Werke er fortsetzt. Das gesellschaftliche Verantwortungsgefühl ist bei ihm lustvoll in höchstem Maße. Er schöpft seine Texte nicht einfach aus, sondern behandelt sie und gibt ihnen, was des Eislers ist.« (GA 1)

Was denn des Eislers sei, ist nun zu fragen. Im folgenden werden nur bestimmte Aspekte des Eislerschen Werks untersucht werden, ohne daß die beklagte Reduktion des Komponisten aufgehoben werden könnte. Gemäß dem Tagungsthema haben hier die politischen Kompositionen im Zentrum zu stehen. Hinweisen möchte ich darauf, daß es sich zunächst um sehr einfache musikalische Sachverhalte handelt, die hier zu beschreiben sind.

1. Das »Solidaritätslied« hat Eisler 1932 für den Film *Kuhle Wampe* komponiert, den er gemeinsam mit Slatan Dudow und Bertholt Brecht drehte. Ein Refrain wechselt mit sieben Strophen, den Schluß bildet der abgewandelte Kehrreim. Es ist ein Marsch, im Film marschiert die sozialistische Sportjugend. Der alte Text (nach dem 1932 in der UE Wien erschienenen Klavierauszug; Brecht hat später immer wieder neue Strophen hinzugefügt) lautet in Auszügen:

> Vorwärts! und nicht vergessen,
> Worin unsre Stärke besteht.
> Beim Hungern und beim Essen,
> Vorwärts, nicht vergessen:
> Die Solidarität!

> Erstens sind wir hier nicht alle,
> Zweitens ist es nur ein Tag,
> Wo die Arbeit einer Woche
> Uns noch in den Knochen lag

> Aber eines Tags wird man uns sehen
> Auf die Straße ziehen mit Gesang

Und an eine andre Arbeit gehen:
erstens alle, zweitens dann für lang!

Vorwärts! und nicht vergessen
Wessen Straße ist die Straße
Unsre Straße und unser Feld.
Vorwärts, und nicht vergessen
Wessen Welt ist die Welt?

Dieses Lied reißt in das »Vorwärts« hinein, direkt und ohne
Umschweife ist die Musik präsent. Es beginnt ein realer vierstimmiger Satz (der später an manchen Stellen akkordisch
aufgefüllt wird): durch Umkehrung aufeinander bezogene
führende Außenstimmen, zwei ostinat figurierende Mittel-

## SOLIDARITÄTSLIED

(Bert Brecht)

Hanns Eisler Op. 27, Nr. 1
Klavierauszug von Erwin Batz

vor - wärts, nicht ver - ges - sen die So - li - da - ri - tät!

1. Ers - tens sind wir hier nicht al - le, zwei - tens ist es
2. Er - stens sind es nicht wir al - le, zwei - tens ist es
3. Sa - hen wir die Son - ne schei - nen auf die Stra - ße,
4. Denn wir sind nur auf - ge - bro - chen aus dem Dreck, der
5. Kommt her - aus aus eu - rem Lo - che, das man ei - ne
6. Denn wir wis - sen, das ist nur ein Trop - fen auf den
7. A - ber ei - nes Tag's wird man uns se - hen auf die Stra - ße

nur ein Tag, wo die Ar - beit ei - ner
nur ein Tag, und zwar liegt nur auf der
auf das Feld, konn - ten wir doch nie - mals
bis zum Hals uns saß und wir ha - ben nur ge -
Woh - nung nennt und nach ei - ner grau - en
hei - ßen Stein, a - ber da - mit kann die
zie - hen mit Ge - sang und an ei - ne and - re Ar - beit

Wo - che       uns noch in   den     Kno - chen     lag.
Wie - se,      was sonst auf der     Stra - ße       lag.
mei - nen,     dies sei uns - re     wah - re       Welt.
ro - chen      an der Blu - me       und     am     Gras.
Wo - che,      folgt ein fro - hes   Wo - chen - end.
Sa - che       nicht für uns be - rei - nigt     sein.
ge - hen:      er - stens al - le,   zwei - tens dann für lang!

Vor wärts     und nicht ver - ges - sen     uns - re Stra - ße, und un - ser

Feld.     Vor - wärts     und nicht ver - ges - sen,

*) Sopran und Tenor die kleingedruckten Noten

247

wes - sen Stra - ße    ist  die Stra - ße,    wes -sen Welt    ist  die Welt?

NB 8.1

stimmen. »Marschtempo« fordert der Komponist; doch es
ist kein dumpfes Marschieren im gleichmäßigen Trott: Der
Schritt ist eher leicht und federnd. Technisch ist das erreicht
einmal durch die pulsierenden Achtel der Mittelstimmen, die
mit den gleichmäßigen Baßtönen, von fern an Jazzelemente
erinnernd, statt derben Zutretens ein elastisches, schwin-
gendes Ausschreiten darstellen. Zum andern ist es bewirkt
durch die Artikulation in Oberstimme und Begleitsystem.
Melodisch besteht diese Oberstimme aus der Montage eines
phrygischen Modells mit dessen Transpositionen. Doch ist
an kaum einer Stelle dieses Modell gleich artikuliert. Im ersten Vers stehen zum Wort »Vorwärts« (Takt 1) zwei akzentuierte Viertel, isoliert durch die nachfolgende Pause; zu
»vergessen« (Takt 2) stehen Viertel und Halbe. Bei Wiederkehr dieser Worte in der vierten Gedichtzeile dagegen (Takt
7/8) beginnen zu »Vorwärts« Viertel und Halbe (also ohne
folgende Pause), am Schluß stehen Achtel – Achtelpause –
Halbe. Und während in der ersten Zeile der Baß in gleichmäßigen Vierteln die Taktschwerpunkte hervorhebt, werden
in der analogen Zeile 4 (Takt 7) die von Achteln (mit nachfolgender Pause) angerissenen geraden Zählzeiten akzentu-

iert, im Widerspruch zur Betonung in der Oberstimme. Der vierten Zeile korrespondiert musikalisch zunächst wörtlich die dritte. Dort aber (Takt 5/6) bricht das gleiche melodische Modell bereits nach einem Halbtakt ab, die Taktverkürzung von 4/4 zu 2/4 läßt die vierte Zeile abrupt früher als erwartet einsetzen, der Taktrest wird vom folgenden »Vorwärts« gleichsam an sich gerissen. Das zielstrebige Ausschreiten hält sich nicht an Genormtes.

Kein Moment dieses Tonsatzes also, wiewohl sich alle aus der gleichen Substanz bilden, ist je einem andern völlig gleich. Der Schreitende erfährt an der rhythmischen Differenzierung die Notwendigkeit, jeden Schritt bewußt und nuanciert zu setzen, auf nichts sich einfach ungeprüft zu verlassen, jeden Moment wach zu überdenken: Kritisches Verhalten prägt auch die harmonische Disposition des Liedes. Für Georg Knepler[3] ist es ausgemacht, daß dieses Lied in d-Moll stehe: Refrainbeginn in g-Moll, Schluß in A-Dur, Strophenanfang d-Moll; die Elemente der tonalen Kadenz sind vollzählig versammelt. Doch hat einerseits das episodenhafte d-Moll der Strophe (die mit eindeutig phrygischem a endet) im zurückgehaltenen *piano* gegenüber der expansiven Wucht des Refrains ohnehin keine wirklich regulative Kraft, so wird die Einsetzung einer Tonika andererseits paralysiert durch ein Mittel, das historisch bekanntlich für die Aushöhlung der Tonalität von großer Wichtigkeit war: die auskomponierten Nebenstufen. Ist schon das phrygische Melodiemodell auf a bezogen, so wird am Beginn auch das a-Moll durch den harmonisch ungewöhnlichen Baßquartschritt abgestützt und verselbständigt. (Man spiele einmal in Takt 1/2 die »normale« Baßfolge G B A G | A.) Später tritt unvermittelt E-Dur auf, wieder den a-Bereich festigend, der vor allem im Liedschluß sich durchzusetzen scheint.

Die Intention des Ganzen ist deutlich: kein abgestuftes, zentriertes Bezugssystem, sondern montiertes Nebeneinander relativ selbständiger Einheiten. Das Prinzip der technischen Realisation ist die Montage von Modellen, vertikal wie horizontal.[4]

Der Schluß des Liedes aber ist keiner. Schönberg hat unterschieden zwischen Schließen und Aufhören. Das letztere geschieht hier. Das stabilisierte A-Dur ist weder ein Ende, noch will es zu einer ruhenden Tonika führen. Vielmehr hat der Klangwechsel der vier Schlußtakte die Tendenz, sich fortzusetzen. »Wessen Welt ist die Welt?« Eine solche Frage kann nicht abgeschlossen werden. Der revolutionäre Impuls soll das Abbrechen überdauern.

Man darf festhalten: Das Arbeiterlied nutzt gemäß seiner Bestimmung einfachstes Material. Durch die Montage solcher einfacher Modelle aber und deren Zurichtung ist der Erfahrungshorizont des avancierten Komponisten in die Komposition eingegangen. Von der Schönbergschule her ließen die angewandten Verfahren sich rubrizieren: entwickelnde Variation – nicht wiederholen, sondern verändern – vollständige Durcharticulation aller Momente – auskomponierte Nebenstufen – schwebende Tonalität …

Doch sind solche Verfahren nicht nur aufgeboten, um eine differenzierte Komposition zu erstellen. Sie sind im einzelnen wie im ganzen Korrelate eines politischen Willens. Eisler hat vom Arbeiterlied »Kampf- und Bildungscharakter« verlangt. An der Kompositionsart des »Solidaritätsliedes« ist ablesbar, wie er sich dieses Kämpfen und diesen zu bildenden Kämpfenden vorstellte und wünschte: unbeirrbar, stets ganz dabei, kritisch abwägend und reagierend, alle Möglichkeiten einkalkulierend und kühl nutzend. Was Eisler einmal an Brecht rühmte: von »Leninscher Schläue«. Und: auf der Höhe der Zeit.

Theoretisch konvergieren derartige kompositorisch-politische Verfahren im Begriff des gesellschaftlichen Gestus. Brecht definierte:

»Unter Gestus soll nicht Gestikulieren verstanden sein; es handelt sich nicht um unterstreichende oder erläuternde Handbewegungen, es handelt sich um Gesamthaltungen. Gestisch ist eine Sprache, wenn sie auf dem Gestus beruht, bestimmte Haltungen des Sprechenden anzeigt, die dieser andern Menschen gegenüber einnimmt ... Für den Musiker ist das zunächst ein artistisches Prinzip und als solches nicht allzu interessant. Es mag ihm dazu verhelfen, seine Texte besonders lebendig und leicht aufnehmbar zu gestalten. Wichtig hingegen ist, daß dieses Prinzip des auf den Gestus Achtens ihm ermöglichen kann, musizierend seine politische Haltung einzunehmen. Dazu ist nötig, daß er einen gesellschaftlichen Gestus gestaltet.«[5]

Brechts Theorie, die hier nicht weiter zu explizieren ist, war geeignet, Eislersche Tendenzen zu fundieren. Sie entsprang den politisch-kompositorischen Zielen auch dieser Musik: »Musik, die dem Sozialismus nützt« – »gestische Musik«. Brecht fand dafür rühmende Worte:

»Ich habe oft bemerkt, wie das Singen und Hören Eislerscher Kompositionen weniger mimische (Ausdrucks-) Wirkungen hervorruft als ganz bestimmte Haltungen. Das ist wichtig. Die Gesamthaltung ist revolutionär im höchsten Sinn. Diese Musik entwickelt bei Hörer und Ausübenden die mächtigen Impulse und Einblicke eines Zeitalters, in dem die Produktivität jeder Art die Quelle aller Vergnügung und Sittlichkeit ist. Sie erzeugt neue Zartheit und Kraft, Ausdauer und Wendigkeit, Ungeduld und Vorsicht, Anspruchsfülle und Selbstaufopferung.« (GA 1)

Auf dem Anspruch, den Menschen in bestimmter Weise verändern zu können, beruht die politische Komposition Eislers.

2. Lars Ulrich Abraham hat in einer aufschlußreichen Arbeit über *Das politische Moment im unpolitischen Lied*[6] gezeigt, wie auch das scheinbar unbelastete Volkslied durch einen bestimmten Zusammenhang politische Relevanz erlangen kann. Ohnmächtig ist solche Musik dem jeweiligen politischen Wollen ausgeliefert. Wollte aber Eislers Musik dem Sozialismus nützen, so war Parteilichkeit auch der Musik eine Grundvoraussetzung. Ein politisches Lied, das gleichermaßen der Arbeiterjugend wie der Hitlerjugend hätte dienen können, wäre ein Unding. Wie aber vermag Musik dieser Art aus sich heraus politisch eindeutig zu sein. An Eislers Arbeiterliedern kann gezeigt werden, daß diese Forderung illusionär ist. Alles hängt ab vom Text.

Diese Lieder haben verschiedene Existenzformen. Eine erste wäre die Partiturexistenz oder auch Konzertexistenz. Gemeint ist etwa das »Solidaritätslied« als vierstimmiger Tonsatz, wie es eingangs analysiert wurde. Hier ist das Höchstmaß »kritischen« Komponierens gegenwärtig. Der Text ist politisch »behandelt«, ihm ist gegeben, »was des Eislers ist«. (In Parenthese: Es ist eine merkwürdige Inkonsequenz, daß die Konzertform die höchste Entfaltung des politischen Liedes ist.)

Die zweite wäre die Liederbuchexistenz oder auch Marschierexistenz. Sie dürfte die verbreitetste sein. Gemeint ist die Reduzierung auf die gesungene Oberstimme. Was im Begleittext an kritischen Qualitäten investiert wurde, entfällt. Im Refrainbeginn des Eislerschen »Einheitsfrontliedes« – zu den Worten »Drum links zwei drei, drum links zwei drei, wo dein Platz, Genosse, ist« – ist das melodische e-Moll in festen Akkorden auf einen (durch seine Unterquart eingeführten) Fundamentbaß d montiert. Unstreitig verändert der Wegfall des Basses das Lied entscheidend. Die Reduktion der Komposition ist auch eine der politischen Bestimmtheit. Letztere liegt jetzt fast allein beim Text. (Wieder in Parenthese:

Welche Funktion Singen heute für Marschierende wie Nicht-marschierende überhaupt noch besitzt, wäre einer detail-lierten Untersuchung wert. Sicher eine andere als um 1930 und fast sicher im Osten eine andere als im Westen Deutschlands.)

Die dritte Existenzform schließlich betrifft die Eislersche Melodie allein. Sie ist diejenige, die unsere Bedenken gegen das Postulat eines im konkreten Sinn politischen Liedes erläutert. In einem Bericht von Jacques Prévert aus dem Jahre 1933 ist zu lesen:

>Zur Teilnahme an Festspielen der Arbeitertheater nach Moskau eingeladen, geht die Gruppe Oktober in London an Bord eines sowjetischen Schiffes. Es ist eine wunderbare Fahrt. In Hamburg, wo wir zwischenlanden, wehen Hakenkreuzfahnen. Aus Propagandachören vorbeifahrender Hitlerjungen hören wir überrascht und bestürzt Eislers Lieder heraus. Sie haben die Worte vertauscht ...< (*Sinn und Form.* Sonderheft Hanns Eisler. 1964, S. 205)

Prévert kann nur bestürzt versichern: »furchtbar diese Weise ... es ist nicht dieselbe Weise«. Und doch: Es ist Eislers Melodie. Und es sind tatsächlich nur die Worte vertauscht. Die zwei folgenden Abschnitte wurden – aus Zeitgründen – im Vortrag nur ihrem Inhalt nach skizziert. Daher sei auch hier nicht anders verfahren.

3. Eine wichtige Quelle sind die Musikkritiken, die Eisler ab 1927 für *Die Rote Fahne*, das Zentralorgan der KP, schrieb, sowie die Analysen des Musiklebens, die er in seinen frühen Reden und Aufsätzen gab. Diese Veröffentlichungen kreisen um ein Grundproblem: Der Zustand des herrschenden Musikbetriebes wird reflektiert in Hinsicht auf sein disparates Verhältnis zur gesellschaftlichen Lage. Primäre Frage: Was nützt dieser Betrieb dem revolutionären Arbeiter. Die

Antwort ist negativ. In einem Aufsatz, der 1932 in der sowjetischen Zeitschrift *Sowjetskoje iskusstwo* erschien, heißt es:[7]

»Es ist interessant zu bemerken, wie die »wahren Volksaufklärer« ihre Demagogie diesen neuen Richtungen der Musikverbreitung [Rundfunk etc.] anpassen. Diese agitierten früher für eine ideale ›Klassenharmonie‹, für eine ›nationale Einheit‹, bei der der Proletarier neben dem Bankier im Konzertsaal sitze und mit gleichem Entzücken Beethovens Neunter Sinfonie lausche. Heute dient ihnen die Tatsache der umfangreichen Musikverbreitung durch Radio, Grammophon usw. als demagogisches Argument zugunsten einer angeblich wachsenden Kulturdemokratie, eines ›friedlichen Hineinwachsens in den Sozialismus‹. In Wirklichkeit bedeutet die steigende Technisierung der Musik unter den Bedingungen des Kapitalismus nichts anderes als Verstärkung des Einflusses der Bourgeoisie auf das Proletariat.«

4. Die Antwort auf diese Diagnose hat der Komponist Eisler in seinen Werken für Arbeiterchöre gegeben. Der kritische Ausgangspunkt im Kampf gegen das sowohl apolitische wie sentimentale Männerchorwesen, das auch den Deutschen Arbeitersängerbund bestimmte, die Gründe der kompositorischen Entwicklung von zunächst noch verhältnismäßig komplizierten zu immer anspruchsloser werdenden Chören, einer sozialistischen Gebrauchsmusik, kann gezeigt und diskutiert werden. Die Zusammenfassung belegt am Ende eine neue Form von Sentimentalität: das asketische Bild des harten, nüchternen Arbeiters und seine kompositionstechnischen Korrelate. Nicht umsonst rühmt E. H. Meyer das häufige Auftreten von leeren Quinten im Lapidarstil dieser Chorsätze.

5. Als der alte Schönberg in einem Brief von den »talentiertesten jungen Komponisten mit bester Vorbildung« als seinen Schülern sprach, nannte er drei Namen: Alban Berg, Anton Webern und Hanns Eisler. Die Frage, wie aus dem artistisch hoch eingeschätzten Schönbergschüler der Komponist des Arbeiterliedes werden konnte, ist immer wieder gestellt worden, mit wechselnden Akzenten: Den einen galt dieser Schritt als Selbstfindung, den anderen als Verirrung. Wir stellen die gleiche Frage, doch schlichter: Wie hat denn Eisler als Schönberg-Schüler komponiert? Die Antwort sei vorweggenommen: durchaus so, daß die spätere Entwicklung kompositorisch nicht verwundern sollte.

Die grundsätzliche Differenz des Eislerschen Musikdenkens von dem Schönbergs, Bergs und Weberns beleuchtet sein Verhältnis zum Sonatenprinzip: Es ist distanziert. Ist die Musik der Wiener Trias nur zu verstehen aus dem, was man in ganz allgemeiner Weise den Geist der Sonate nennen könnte, so neigt Eisler auch dort, wo er Sonatensätze schreibt, zu dessen Negation oder Aufhebung.

Der 1. Satz des Duos op. 7 für Violine und Violoncello erfüllt formal die Normen des Sonatensatzes, ist in Wahrheit aber ein Tanzsatz von spielerischer Leichtigkeit, »Tempo die Minuetto« überschrieben, mit einem trioähnlichen eingeblendeten langsamen Walzer als letztem Durchführungsteil. Statt des Sontatentyps bevorzugt Eisler überhaupt reihende Variations- und Suitenformen. War das Montageprinzip als Konstruktionsmittel der Eislerschen Lieder erkannt worden, so gilt das auch für sein Formdenken im Großen: statt dynamischer Prozesse Nebeneinanderstellen selbständiger kleiner Einheiten. Ausdruck dessen ist nicht zuletzt seine umfangreiche Tätigkeit als Filmkomponist. Daß musikalische Großarchitekturen im Prinzip unfilmisch seien, hat Eisler selbst dargestellt. Dem »Prosacharakter« des Films, von dem er spricht, sind – wegen »der Kürze der Bildsequenzen« – entweder kurze oder atektonische Formen angemessen.

»Auch die traditionelle Musik kennt solche Formen. Sie gehen unter dem Namen ›Phantasie‹ und ›Rhapsodie‹ ... Ihr Formprinzip mag das des ›Abschnitts‹ oder der ›Intonation‹ genannt werden. Sie setzen sich aus einer Anzahl je in sich einheitlicher, relativ geschlossener, meist jeweils nur aus einem thematischen Modell gebildeter Teile verschiedenen Tempos und verschiedener Tonarten zusammen. Die Kunst besteht weniger in Verarbeitung, Durchführung, einheitlich durchlaufender Totalität, als in der Auswägung der Abschnitte gegeneinander durch Ähnlichkeit und Kontrast, sorgfältige Proportionen, abgestimmte Charaktere und eine gewisse Lockerheit der Abschnitte in sich, die oftmals zu plötzlichem Abbrechen neigen. Je weniger sie selber definitiv geprägt erscheinen, um so eher lassen sie sich an anderes anfügen und durch anderes fortsetzen.«[8]

Auch dort, wo Eisler größere Formen zu artikulieren versucht, montiert er.

Das Moment der Parodie, aus dem Eislers politisch engagierte Lieder ein gut Teil ihrer Aggressivität ziehen, ist in den frühen Textkompositionen ebenso gegenwärtig. Die Textwahl ist ein erstes Indiz: Zeitungsausschnitte und Tagebuchnotizen, die so gewählt und zugerichtet sind, daß sie dem normalen Konzertbesucher ins Gesicht schlagen; sie ermöglichen Persiflage, eine Musik von kühler Aggressivität, die tradierte Stilmodelle verfremdet. Und Morgensterns Palmström-Gedichte werden, bis in Einzelheiten orientiert an Schönbergschen Verfahren im *Pierrot lunaire*, in ironischer Brechung dargeboten. Noch bezeichnender fast ist, daß die Vertonung ungebrochener Lyrik nicht recht glücken will. Im zwar Webern gewidmeten, doch vor allem Schönbergs George-Zyklus verpflichteten Liederheft op. 2 sind witzige pointierte Texte, wie »Das Alter« nach Bethge, durchwegs am besten getroffen. Lyrisches Verweilen ist nicht Eislers Sache, seine »spielerische Art« hat Adorno schon 1925[9] hervorgehoben.

Zumal auch in den Instrumentalkompositionen tritt sie zutage. So steht in einer instrumentalen Episode des Tagebuch-Zyklus op. 9 ein leicht dissonant verfremdeter Tanztyp.

NB 8.2

Indem der Atonalität tradierte Stiltypen aufmontiert werden, wird ihr der Stachel genommen. Das Widersprüchliche der Modellmontage aber ist ein Prinzip, das im Begriff einer »gestischen Musik« zu neuer Bedeutung erhoben wird. Die oft geäußerte Ansicht, Eislers Weg vom Schönberg-Schüler zum Arbeiter-und Tendenzliedkomponisten sei ein reiner Schritt politischen Denkens gewesen, ist zu modifizieren. Wer imstande ist, die frühen, noch unter Aufsicht oder Einfluß Schönbergs entstandenen Kompositionen zu analysieren – und die Eisler-Literatur zeigt, daß mancher dazu nicht in der Lage ist –, wird in ihnen den künftigen kritischen Sänger angelegt finden, besonders in jenen Partien, in denen die Musik gegen die Atonalität aufbegehrt.

Die Klaviersonate op. 1 – Eislers Gesellenstück für die

Schönberg-Schule – gravitiert, wie schon 1927 Leonhard Deutsch[10] nachgewiesen hat, trotz durchwegs atonal scheinender Faktur deutlich zu einem Grundton es. Ihr Hauptthema wird durch folgende Eröffnungspassage eingeleitet:

NB 8.3

Eingeleitet in dem tonartfrei scheinenden, dissonanten Beginn entsteht durch liegenbleibende Töne und Vorhalte der Dominantseptnonenakkord von Es-Dur. Er wirkt syntaktisch als Doppelpunkt, ohne daß er harmonisch sich löste. Will man seine Isoliertheit nicht als Stilbruch abtun, läßt er sich kaum anders denn parodistisch fassen. Nicht verwundern würde, wenn ihm ein Eislersches Lied folgte. Der Beginn des Sonatensatzes tendiert insgeheim zum Couplet.

6. In der Abhandlung *Komposition für den Film*, die Eisler 1947 zunächst in englischer Sprache, dann 1949 deutsch publizierte[11], stehen im dritten Kapitel unter dem Titel »Der

Film und das neue musikalische Material« einige für Eisler bemerkenswerte Gedanken. Es geht um das Verhältnis neuer kompositorischer Verfahren zur Technik des Films.

»Als Elemente und Techniken der neuen Musik wird verstanden, was im modernen Stil in den letzten dreißig Jahren ausgebildet worden ist. Entscheidend ist dabei nicht der größere Reichtum an Dissonanzen, sondern die Auflösung der vorgegebenen konventionellen musikalischen Sprache. Alles ergibt sich unmittelbar aus den konkreten Anforderungen des Gebildes, nicht aus dem Schema ... Die Zurückführung der Musik auf konstruktive Notwendigkeit, die Tilgung von Klischee und Floskel läßt sich als Sachlichkeit bezeichnen ... Die ›Unsachlichkeit‹ der epigonalen Musik ist von ihrem scheinbaren Gegensatz, der Klischeebildung gar nicht zu trennen. Nur dadurch, daß bestimmte Konfigurationen, musikalische Gestalten zu Modellen werden, die man stets und stets wieder einsetzt, ist es möglich, daß diese Gestalten automatisch mit gewissen Ausdrucks gehalten assoziiert werden und schließlich ›ausdrucksvoll‹ an sich scheinen. Die neue Musik vermeidet solche Modelle. Sie bringt nach den besonderen Anforderungen immer neue Konfigurationen ...« (S. 37–40)

Solche Gedanken sind uns heute selbstverständlich. Adorno hat in der *Philosophie der neuen Musik* den Widerspruch zwischen avancierter Harmonik und traditionellen thematischen Verfahren beim zwölftönigen Schönberg dargestellt; für Stockhausen war dieser Widerspruch von »Material« und »Materialkomposition« der Ansatz zur seriellen Theorie. In *Wie die Zeit vergeht* heißt es:

»Seine (Schönbergs) metrisch-rhythmische Komposition war stets ›tonal‹, klassische Kadenzrhythmik mit lediglich viel mehr unaufgelösten Synkopen; einer tonalen Harmonik mit vielen ›falschen‹ Noten gleich.«[12]

Bei Eisler die Vorstellung einer Auflösung der traditionellen musikalischen Sprache zu finden ist merkwürdig. Denn wollte man in seinen Kompositionen nach Realisationen dieses Theorems suchen, müßte man eine lange Reise antreten, vermutlich ohne ans Ziel zu gelangen. Weder die vorgeführten frühen Werke (diese allerdings noch am ehesten) noch die späten, selbst nicht die instrumentalen Hauptwerke der amerikanischen Periode verzichten auf die tradierten Sprachelemente. Ja gerade die späten Kompositionen stellen Symmetrien, Vordersatz-Nachsatz-Verhältnisse, Sequenzierungen mit besonderer Hartnäckigkeit heraus, wenn auch nicht stets so penetrant wie am Beginn der *Sturm-Suite* mit ihrer Viertaktpaarigkeit, die durch Umkehrungsverhältnisse kaum gemindert wird. Am ehesten lassen hier noch die *Kammersinfonie* und das *Quintett* op. 70, beides Filmmusiken der amerikanischen Zeit, eine Befreiung von im weitesten Sinn »tonalen« Verfahrensweisen erkennen, doch auch nur in dann gleichsam exterritorialen Momenten, in gelegentlichen flächen-haften Partien von rhythmischer Komplexion der geschichteten Abläufe. Doch grundsätzlich hat sich Eisler von vorgegebenen musiksprachlichen Determinanten nie getrennt. In seinem Schönberg-Vortrag von 1955 wird das Vorbild deutlich, an dem die Idee von der Auflösung der tradierten Sprache sich orientiert: Schönbergs *Erwartung*. Doch ist für Eisler dieses Vorbild nur eins des Denkansatzes, nicht der Komposition. Er hat es nie verwirklicht.

Eislers Festhalten an der tradierten Sprache hat seine Gründe, man könnte sie politische nennen. Seine »Musik, die dem Sozialismus nützt«, »gestische Musik«, zielt darauf, konkrete Stellungnahme, Meinungen, Haltungen auszudrücken, zu vermitteln und zu befördern. Sie muß sich verstehen als Sprache, wie die meinende, urteilende Wort-Sprache. Brecht hat sich einmal eine Musik gewünscht, die fähig ist, genau kalkulierbare Wirkungen auf den Hörer auszuüben. Und Eisler hat 1927 in einem Atikel »Musik und Musikverständnis«[13] in der *Roten Fahne* ein Grundmodell angedeutet, das solchen Wünschen korrespondiert: daß nämlich Musik Sprache sei, zur Mitteilung bestimmt. Kein musikalisches Idiom aber nähert sich der meinenden Wort-Sprache mehr denn die tonale Syntax und die in ihr begründeten Ausdruckscharaktere. Hat daher Eisler zwar musikalisch-theoretisch eine Absage an den traditionellen Formelschatz formuliert, so ist er als politischer Komponist geradezu auf ihn verwiesen. Denn Eislers Musik, die auf konkretes Meinen aus ist, kann ohne das, was man »tonale Figur« im weitesten Sinn nennen könnte, gar nicht auskommen. Er hat das natürlich gewußt. In *Komposition für den Film* heißt es:

»Der Komponist soll ein ›Es‹, ein Etwas ausdrücken, wäre es auch durch Negation des Ausdrucks, aber nicht ›sich‹. Ob eine von allen traditonellen Ausdrucksschemata emanzipierte Musik dazu in der Tat fähig ist, läßt sich noch nicht absehen.« (S. 84)

Eisler läßt hier die Lösung offen. Seine Antwort als Komponist dagegen ist eindeutig. War für die jungen Komponisten nach 1945 der Widerspruch zwischen zwölftönigem Material und beibehaltenen tonalen Verfahrensweisen eine theoretische wie kompositorische Unangemessenheit und daher zu beseitigen, so mußte Eisler aus der Not, in die der Politiker den Komponisten führte, eine Tugend machen. Was Adorno an den späten Kompositionen Schönbergs als »Lossage vom Materiale« exemplifizierte, wurde für Eisler Grundlage einer kompositorischen Theorie. Auch über dem sozialistischen Komponisten bleibt der Schatten des großen Lehrers mächtig. In *Komposition für den Film* stehen die Sätze:

»Trügt jedoch nicht alles, dann hat Musik heute eine Phase erreicht, in der Material und Verfahrensweise auseinandertreten, und zwar in dem Sinn, daß das Material gegenüber der Verfahrensweise relativ gleichgültig wird. Die Kompositionsweise ist so geworden, daß sie nicht länger mehr die Konsequenz aus ihrem Material sein muß, sondern daß sie gleichsam jedes Material sich unterwerfen kann. Im Prinzip gebührt dem neuen Material der Vorzug.« (S. 83)

Dieses Theorem führt Eisler zu der Anschauung, daß – je nach dem Genre – dem modernen Komponisten alle Materialien gleich sinnvoll zur Verfügung stünden und zu nutzen seien. Nachdem aber der 1942 formulierte Satz vom prinzipiellen Vorrang des neuen Materials in den späten Jahren unter der Ideologie einer kruden Positivität verblaßte, hatte der Komponist den Preis zu zahlen: die *Neuen deutschen Volkslieder.*

Solche Musik vollzieht genau das, wogegen der junge Eisler einst auszog: kritiklose Verherrlichung des Bestehenden. Und die Mittel, die den frühen Liedern ihre Sprengkraft gaben, sind hier – wie der hilflos aufgesetzte Schluß im unaufgelösten Quartvorhalt zeigt – zu einer solchen Dürftigkeit verkommen, daß man um Eislers willen nicht mehr davon sprechen mag.

Vom Pfeifen
und von alten Dampfmaschinen.
Zwei Hinweise auf Texte
Theodor W. Adornos

»Danach spielte Hindemith, diesmal wieder in ganz großer Form, sein Bratschenkonzert aus op. 36. Das ist, wie
die meisten seiner Bratschenwerke, ein ausgezeichetes
Stück; mag die durchlaufende Bewegung nicht allzu kost-
spielig, die Variante des Militärmarsches ein lustiger
Schnörkel bloß sein: es ist souverän komponiert und hat
im Trüben des langsamen Satzes wie in der schnöden Lustigkeit den Ton des besten Hindemith. Er hat die Gebärde des Pfeifens, des für sich Pfeifens, der pfeifenden
Bläser, auch des auf die Welt Pfeifens in die Musik gebracht – das Schönste an seiner Sachlichkeit ist eine impas-
sibilité, in der mehr die Trauer über die Unerreichbarkeit
der Gehalte steckt, als daß sie frisch-fröhlich vergessen
wären: heute wie je könnte Hindemith Außerordentliches
bedeuten, bliebe er dieser Intention eingedenk«[1].

Der Text scheint wenig herzugeben – eine Konzertnotiz,
knapp nur einen Eindruck bildhaft umreißend, ein paar for-
melhaft-allgemeine Wendungen als Resümee, mündend in
ein fast mahnendes Räsonnement. Wie auch sollte ein Kritiker in drei Sätzen mehr aussagen können, so möchte man
entschuldigend meinen. Und doch: Die Gedankenfigur, die
der Text umschreibt, ist so uninteressant nicht, ganz gewiß
aufschlußreich für das Verfahren des Autors und für dessen

Voraussetzungen. Theodor W. Adorno schrieb diesen Konzertbericht 1930, also zwischen jenen Aufsätzen II und III, die er in seiner Dokumentation in eigener Sache *Ad vocem Hindemith* wieder abdruckte[2]. 1925, auch das ist in diesem Zusammenhang wichtig, war er Schüler Alban Bergs geworden[3].

Der Bericht beginnt – nach der Verbeugung vor dem Instrumentalisten Hindemith – mit dem Versuch einer Charakterisierung der Komposition, deren Wertungshorizont deutlich ist. Die »durchlaufende Bewegung«, das motorische Moment ihrer Zeitausfüllung (im genannten Aufsatz III ein Zentralpunkt der Kritik), wird großzügig nur gestreift; pointiert hervorgehoben aber, gerühmt werden Momente, die sich nicht positiv umschreiben lassen: das »Trübe« und »Schnöde« einer Musik, die sich nicht einfach »frisch-fröhlich« musizierend verhält, sondern »Lustigkeit« nur gebrochen zum Ausdruck bringt. Das gehört bei Adorno in den Zusammenhang der Kritik des »Musikanten«, wie sie der zweite Hindemith-Aufsatz von 1926 mit dem Begriff des »bedenkenlosen Musizierens«[4] einleitete. Unzweifelhaft wird auch im vorliegenden Text Hindemith als »Spielmann« begriffen. Schon die Bemerkung, das Bratschenkonzert sei, »wie die meisten seiner Bratschenwerke, ein ausgezeichnetes Stück«, verweist darauf; daß die »Musikantenmusik … den Kontakt mit den instrumentalen Spielweisen« der »kompositorischen Technik wiedergegeben« habe, vermerkt Adorno 1932 ebenfalls positiv[5]. Und der Hinweis auf die »pfeifenden Bläser« soll die für Adorno beachtenswerten Innovationen Hindemiths aus ihrem instrumental-handwerklichen Konnex erklären: »Hindemiths Bläseraktionen bezeichnen wahrhaft einen Durchbruch, und es ist kein Zufall, daß gerade hier die Kritik des Jüngstvergangenen der Musiziermusik am drastischsten geriet«[6].

Aus dem neusachlichen Geist der zwanziger Jahre heraus

hat es bekanntlich wenig später Willibald Gurlitt unternommen, J. S. Bach von der »Berufswelt des stadtbürgerlichen Spielmanns« als einer von drei »Grundkräften« her zu begreifen[7]. Und war für Gurlitt der unterste Stand dieser Spielmannsordnung, der Stadtpfeifer, dadurch gekennzeichnet, daß er »Kunst und Handwerk im mittelalterlichen Sinn noch lange ungeschieden« trieb, so konnte er aus seinem Blickpunkt Hindemith, als Erben Bachs, genauso verstehen: »In Hindemiths Künstlertum lebt etwas von der Art des mittelalterlichen Werkkünstlers, von jener noch ungebrochenen Einheit von Handwerk und Technik im alten und von Künstler im modernen Sinn«[8]. Die vierfache Umschreibung der Hindemithschen Musik durch die Vorstellung des »Pfeifens«, wie sie bei Adorno erscheint, assoziiert selbstverständlich diese Stadtpfeifersphäre. Aber nicht im Sinne Gurlitts. Entscheidend ist die Akzentuierung: Was Adorno in Hindemith angelegt sieht, was er als »*Intention*« durchgehalten sehen möchte, ist sozusagen ein Stadtpfeifer höherer Ordnung, nicht einer, der sein zünftiges Spiel für andere im Rahmen der vorgegebenen gesellschaftlichen Bedingungen ableistet, sondern einer, den das Beharren auf dem Recht von Subjektivität (das »für sich Pfeifen«) dazu befähigt, Kunst als Einspruch gegen den Lauf der Welt zu begreifen (das »auf die Welt Pfeifen«), so im Sinne der späteren *Philosophie der neuen Musik* die »Statthalterschaft« einer besseren Zukunft in Anspruch nehmend. Bestimmte Negation als Signum einer sich als autonom verstehenden, aus der Versenkung ins Subjekt Objektivität gewinnenden Kunst – der unscheinbare frühe Text Adornos enthält in seiner bildhaften Auslegung eines Stücks Musik in nuce wesentliche Momente der späteren ästhetischen Theorie des Autors. Ästhetische Erfahrung und philosophische Reflexion gehen ineinander über.

Bezeichnend ist dieser Text auch für das Auslegungsverfahren Adornos. Drei miteinander vermittelte Stufen sind heuristisch zu unterscheiden: die Charakterisierung der Komposition, die übergeleitet wird in die Zeichnung einer kompositorischen Physiognomie, und die Wertung von deren historischem Standort. Der Schritt von der ersten zur zweiten, wo versucht wird, durch bildhafte Sprache einen geistigen Habitus zu umreißen, führt über die Begriffe des »Tons« und der »Gebärde«. Ersteren hat Adorno von Berg übernommen (»Ton war übrigens Bergs Lieblingsbegriff«, berichtet er selbst[9]; und der Hindemith-Aufsatz II, ein Jahr nach dem Beginn von Adornos Unterricht bei Berg geschrieben, setzt mit den Worten ein: »Hindemiths neuen Ton, den archaisch-klassizistischen, angemessen zu begreifen ...«[10]), er zielt auf die aus den verschiedenen Momenten der einzelnen Werke zusammenschließende Individualität einer kompositorischen Sprache. (Schönbergs Aversion gegen den Begriff des »Stils« war ähnlich motiviert.) Auf die Erfassung von Individuellem, dessen bildhafte Konturierung, bezieht sich auch der Begriff der Gebärde, der ästhetische Erfahrung zur leibhaften vermitteln soll. So wie das von Adorno emphatisch bewahrte Konzept der Individualität aus dem 19. Jahrhundert und seiner Kulmination im Expressionismus herzuleiten ist, so verweist auch ein Ausdruck wie Gebärde oder Gestus auf den gleichen historischen Ausgangspunkt: die vor allem von Wagner (in dessen Kunsttheorie Gebärde sowohl für die dramatische Aktion wie für deren musikalischen Ausdruck eine entscheidende Kategorie darstellt) bestimmte Ausdruckskunst des beginnenden 20. Jahrhunderts, zumal Schönbergs freie (expressionistische) Atonalität, für die nach Dieter Schnebel das gestische Prinzip zentral ist. Und in den zeitgeschichtlichen Konnex dieser Kunst gehören die ausdruckswissenschaftlichen Konzepte der »Physiognomiker« wie Kassner und Klages – von letzterem hat Adorno nach eigenem Zeugnis[11] auch den Begriff des Formniveaus übernommen.

Die Konzertnotiz zu Hindemith repräsentiert das Interesse Adornos an einer spezifischen Weise des Denkens und Redens über Kunst, das man für ihn fundamental nennen könnte: den Versuch einer musikalischen Physiognomik. Adornos Mahler-Buch trägt den Untertitel *Eine musikalische Physiognomik*, ein früher Aufsatz über Ernst Krenek heißt »Zur Physiognomie Kreneks«. Derselben Intention entspringt das Wagner-Buch, die Reihe der Schönberg-Essays, entstammen die Aufsätze über Schubert, Webern, Schreker, Zemlinsky, Zillig, Strawinsky u. a., zuletzt und sehr nachdrücklich das Buch über Berg. Sie verdeutlichen die Neigung Adornos, Sachdimensionen, auch solche großer geschichtlicher Zusammenhänge, am Bilde des einzelnen zu vergegenwärtigen. Nicht von ungefähr ist die dialektische Konstruktion der *Philosophie der neuen Musik* aus zwei Komponistenporträts gewonnen. Waren noch im frühen Entwurf »Zur gesellschaftlichen Lage der Musik« von 1932 vier Typen musikalischer Produktion vorgestellt worden, für die Schönberg, Strawinsky, Weill sowie Hindemith und Eisler einstanden, so unternimmt es die spätere Schrift, Adornos durchschlagendste, aber auch rigoroseste, die Gesamtverfassung der neuen Musik aus den als deren Extreme bestimmten Bildern Schönbergs und Strawinskys zu entziffern. Subjekt und Objekt seien unter den gegenwärtigen gesellschaftlichen Verhältnissen einander nicht zu versöhnen, konstatiert Adornos Vortrag über die Funktion des Kontrapunkts[12]. Sein Verfahren einer musikalischen Physiognomik, seine Bemühungen, die Idee einer solchen Versöhnung aus den Bildern der Subjekte, der einsamen einzelnen, aufblitzen zu lassen, ist auf diesem Hintergrund zu sehen. »Neue Musik, die gilt«, heißt es im gleichen Vortrag[13], habe »zum Geheimnis und Kriterium, daß die Bahn ihrer Spezifikation in einen Kern des Allgemeinen führt; daß im Zentrum ihres Individuiertseins das Kräftespiel von Allgemeinem und

Besonderem wieder auflebt, das als Verhältnis zu einer bloß auswendigen Norm gestürzt ward«. Adornos Physiognomik begreift sich selbst als eine Geste von Humanität, in einer unmenschlichen Welt will sie dem menschlichen Antlitz dienen, ohne den Weg vom Einspruch, der Negation, zum Eingriff weisen zu können. Das Wort von der »*Trauer über die Unerreichbarkeit der Gehalte*« in unserem Ausgangstext schon bezeichnet diese Position. Die hermeneutische Methode des »*physiognomischen Blicks*«[14], wie sie die auf den beiden anderen fußende dritte Stufe des Textes belegt, ist in solchen Voraussetzungen begründet. Ihrer Kritik durch Hellmut Kühn[15] habe ich in diesen Miszellen nichts hinzuzufügen.

Setzt die Theorie Adornos trotz allem auf künstlerische Subjektivität, so sein hermeneutisches Verfahren auf den kongenialen Nachvollzug, dem allein die Entzifferung jenes »Geheimnisses« der Musik zu gelingen vermag, von dem der obige Vortragstext spricht. Was Adorno einmal an Benjamins »Denkbildern« rühmte (»Denken verzichtet auf allen Schein der Sicherheit geistiger Organisation, auf Ableitung, Schluß und Folgerung, und gibt sich ganz dem Glück und Risiko anheim, auf die Erfahrung zu setzen und ein Wesentliches zu treffen«[16]), war ein Wort in eigener Sache. Als wesentliches Moment dieses methodischen Glücksspiels erscheint im exemplarischen Hindemith-Text das Verfahren der Assoziation, deutlich in der Erweiterung des Vorstellungsfeldes von den pfeifenden Bläsern, dem Für-sich-Pfeifen zum redensartlichen Auf-etwas-Pfeifen, schließlich dem Auf-die-Welt-Pfeifen. Die Prämissen des Adornoschen Auslegens von Kunst sind – und das ist keineswegs negativ gemeint – weniger wissenschaftlich denn selbst künstlerisch. Hans Heinz Holz hat dargestellt, wie bei Bloch und Benjamin versucht wird, »das Denken auch sprachlich wieder in Gegenstandsnähe zurückzuführen und ihm ein neues, materiell-sinnliches Ausdrucksgewand zu schaffen«[17], und er hat dieses Bestreben, Denken mit »leibhaftigen Vorstellungsinhalten« zu verbinden, auf den Expressionismus zurückdatiert. Er hätte in diesem Zusammenhang Adorno, dessen erster Hindemith-Aufsatz von 1922 noch deutlich – wenn ich mich nicht sehr täusche – Blochsche Spuren zeigt, nicht vergessen sollen. Auch Adornos Methode zielt auf konkrete Erfahrung; und deren Umsetzen in eine adäquate Vorstellung allein ermöglicht es für ihn, in »aufblitzenden« Momenten »Wesentliches zu treffen«. Das so charakterisierte Vorgehen entzieht sich allerdings der Nachprüfbarkeit im Sinn einer stringenten Ableitung; es ist entweder einleuchtend oder nicht.

*

Einer der exponiertesten hermeneutischen Texte Adornos steht zweifellos am Beginn des Mahler-Buches von 1960. An ihn, der – als programmatische Deutung im herkömmlichen Sinn genommen – stets noch befremdete[18], seien einige parallele Erörterungen angeschlossen. Der Text lautet:

> »Die Erste Symphonie beginnt mit einem langen Orgelpunkt der Streicher, alle flageolett bis auf das tiefste Drittel der Kontrabässe, hinaufreichend bis zum höchsten a, einem unangenehm pfeifenden Laut, wie ihn altmodische Dampfmaschinen ausstießen. Gleich einem dünnen Vorhang hängt er vom Himmel herunter, verschlissen dicht; so schmerzt eine hellgraue Wolkendecke in empfindlichen Augen...«[19]

1. Adornos Deutung bezieht sich – in Kenntnis der eben diesem Sinfoniebeginn geltenden Äußerungen Mahlers, die Natalie Bauer-Lechner überliefert hat[20] – auf die Partiturnotiz zur Satzeinleitung »*Wie ein Naturlaut*«. Hier nun setzt jenes bereits benannte Zusammenspiel von ästhetischer Er-

fahrung und »physiognomischem Blick« an. Ausgehend von einer Instrumentationsanalyse, wissend um Mahlers nachträgliche Schärfung des Klanges durch die »Verfremdung« ins Flageolett, wird der als »peinigend«[21] umschriebene Höreindruck des Orgelpunktes auf seinen »insgeheim gesellschaftlichen« Sinn hin gedeutet: Das, was Mahlers Musik erhofft, das Unmittelbare, die Vermittlung »zwischen dem Weltlauf und dem, was anders wäre«[22], ist ihr durch diesen verwehrt; »Natur, Gegenbild menschlicher Gewaltherrschaft, ist selber deformiert, solange Mangel und Gewalt ihr angetan werden«[23]. Daher kann der subjektiv intendierte Naturlaut (»das Schimmern und Flimmern der Luft«[24]) nicht bruchlos Klang werden. Genau dieses soll die auffallende Metaphorik der sprachlichen Deutung bewußt machen. Mit Bedacht ist das Wort »Laut« aufgegriffen, als »unangenehm pfeifender« jedoch zum Gegenbild verfremdet; und das Skandalon der »Dampfmaschine« in diesem Zusammenhang ist nichts anderes denn eine Chiffre für das beherrschende Moment des »Weltlaufs«, nämlich Technisierung, Industrialisierung, Rationalisierung. Und noch das Adjektiv »altmodisch« ist genauestens kalkuliert: Andeutung der historischen Dimension; die spezifische Ausprägung der Mahlerschen Problemlage erscheint als vergangene.

2. Die zweite meist anstoßerregende Metapher ist der von Himmel herunterhängende Laut. Ohne akademische Rücksichten ist hier der akustische Eindruck assoziativ in eine visuelle Vorstellung überführt. Das zweite Element dieser Metapher: »gleich einem dünnen Vorhang« (wenig später steht dafür das Bild des Schleiers), gibt einen Hinweis auf deren Bedeutungshintergrund. Die Metapher will nichts Geringeres, als an der physiognomischen Erfahrung des einzelnen Werks, an einem seiner »aufblitzenden« Momente, das Wesen des Kunstwerks überhaupt durchsichtig werden zu lassen, so wie es Adorno aus der Tradition des deutschen

Idealismus heraus, aber in einer veränderten Welt, versteht. Das Bild des Schleiers, der das Absolute verhüllt und nur so es dem sonst geblendeten Menschen kommensurabel macht, ist aus der deutschen literarischen Klassik vertraut, in Schillers philosophischen Gedichten (z. B. Das verschleierte Bildnis zu Sais), bei Novalis, vor allem aber in Goethes Symbolästhetik hat es seinen Ort. Der Mensch sei fähig, »Erleuchtetes zu sehen, nicht das Licht«, heißt es in der Pandora (Vers 958), und die berühmte Sonnenaufgang-Szene am Beginn des zweiten *Faust* (Vers 4679 ff.) stellt dar, wie der Mensch beim Anblick der unverschleierten Sonne (als dem Symbol des Göttlichen) »vom Augenschmerz durchdrungen« sich abwenden, wieder »nach der Erde blicken« muß, »zu bergen [sich] im jugendlichsten Schleier«. Für Adorno nun, der wie Benjamin in diesem Zusammenhang stets die Lichtmetaphorik nutzt (und den Begriff des »Scheins« aus der deutschen klassischen Ästhetik so konkret aufgreift), ist das Wesen des Kunstwerks Erscheinung, »Himmelszeichen«: »Am nächsten kommt dem Kunstwerk als Erscheinung die apparition, die Himmelserscheinung. Mit ihr halten die Kunstwerke Einverständnis, wie sie aufgeht über den Menschen, ihrer Intention entrückt und der Dingwelt«[25]. Ist Goethes Symbolanschauung jedoch auf Seiendes gerichtet, verweist sie den Menschen auf die Realität, so sind in Adornos Allegorese (auf diesen Unterschied hat Gerhard Kaiser richtig verwiesen[26]) die Himmelszeichen eschatologisch gedacht, utopische Momente, die nur scheinhaft einen Durchbruch des »ganz Anderen« antizipieren, ohne daß er real werden kann.

Solche Einsicht als sinnliche Erfahrung von Musik darzustellen, das will Adornos metaphorische Deutung das Mahlerschen Symphoniebeginns. Ihre Metaphorik zielt auf die »Leibhaftigkeit« des »metaphysischen Gedankens«[27], und nicht ohne Grund wird das Bild des Durchbruchs wenige

Sätze später mit dem des Messias zusammengedacht. Die Leibhaftigkeit aber ist (wie die »Trauer über die Unerreichbarkeit der Gehalte« im Hindemith-Text) mit dem Goetheschen Bild der schmerzenden Augen, dem für Adorno kein Sichbescheiden mit dem »farbigen Abglanz« mehr folgen kann, als Leiden definiert. Erscheint in dieser Weise ästhetische Theorie am Kunstwerk festgemacht, so läßt sich der Sachverhalt auch umgekehrt ansehen: Die Theorie der Kunst stellt sich bei Adorno dar als Prolongation künstlerischer Erfahrungen.

3. Die Kategorie des Durchbruchs, in der Adornos Deutung des Hauptsatzes von Mahlers 1. Symphonie kulminiert, lenkt als eine zwischen Kunst und gesellschaftlichem Sinn vermittelnde noch einmal und abschließend den Blick auf Methodisches. »Denn das Bild, das dem Durchbruch sich entgegenstreckt, bleibt versehrt, weil er in der Welt ausblieb wie der Messias. Ihn musikalisch realisieren heißt zugleich, sein reales Mißlingen bezeugen ... Was die Immanenz der Gesellschaft versperrt, kann der Immanenz der Form nicht glücken, die jener abgeborgt ist. Beides wollte der Durchbruch sprengen...«[28], heißt es resümierend. Hier wird deutlich, daß Adornos soziologische Dechiffrierung mittels des »physiognomischen Blicks« letztlich auf dem Verfahren der Analogienbildung beruht. Adorno, dem dies sehr wohl bewußt war, hat in anderem Zusammenhang[29] auf den Evidenzcharakter solcher Analogien abgehoben. Damit allerdings erhält die Metaphorik der sprachlichen Umsetzung solcher Evidenzen ihren entscheidenden Stellenwert; gerade die Kategorie des Durchbruchs bezeugt dies. Das jedoch besagt wiederum, daß auch die soziologische Dechiffrierung von Kunst für Adorno, pointiert formuliert, künstlerische Sensibilität erfordert.

# Musikalische Lyrik oder
## die Realisation von Freiheit.
## Wolfgang Rihms
### *Hölderlin-Fragmente*

Das erste von Wolfgang Rihms *Hölderlin-Fragmenten* beginnt in der 1976/77 komponierten originalen Fassung als Klavierlied mit einem Unisono im äußersten, doch abgestuften Pianissimo; das *fast unhörbar*[e] Klavier begleitet die Stimme wie ein Schatten. Kleine und große Terzen wechseln, am Ende steht ein Tritonus (vgl. NB 10.1).

Im dritten Takt gibt das Klavier zu diesem Tritonus f-h die Schatten-Identität mit der Stimme auf und initiiert mit dem Baß-Vorgriff (Killmayers »Ulrich«!) auf das Gesangs-e des 4. Takts einen zweiten Abschnitt in anderer Setzweise. Die Stimme deklamiert nun auf der beschränkten Zahl von nur 5 Tönen innerhalb der Großterz e-c; das offensichtlich führende Klavier entfaltet dazu einen selbständigen dreistimmigen Satz mit der geschichtlich beladenen Halbtonformel g-as-g im Baß, *miserere* könnte sie bedeuten. Die Stimme leitet ihre beiden Tonkonstellationen e-es-c und es-des jeweils aus dem Vorhergang des Klaviers ab (noch einmal Killmayers »Ulrich«!). Das erneute Zusammengehen beider Partner im augmentierten, in sich verschobenen Unisono es-des mit nachfolgender langer Generalpause (T. 5–7) ist breit ausgemalt und erzeugt einen starken formalen Schwerpunkt. Der dritte, letzte Abschnitt bezieht sich deklamatorisch auf den zweiten, in der Selektion der Tonhöhen für die Stimme je-

NB 10.1

doch auf Abschnitte 2 und 1, er erscheint als deren retrograde Kondensierung: Die Takte 9–10 beziehen sich, beginnend mit der Terz c-es, rückläufig auf die Takte 5–4; die Takte 10–11 mit den beiden Tönen h und b (im Klavierbaß seit T. 9 dreimal antizipiert) umgreifen den 1. Abschnitt mit seinem letzten und ersten Ton. Stimme und Klavier enden also mit dem Ton b, mit dem sie auch begannen. Die gesamte Krebsbeziehung spart die Mitteltakte 5–7 aus, isoliert so auch strukturell die bereits satztechnisch und durch die Dauern herausgehobene, abwärts führende große Sekunde es-des. Aus dieser Perspektive ist es gerechtfertigt, von einem musikalisch fünfteiligen Fragment zu sprechen, wobei der durch Dehnung akzentuierte Mittelteil im Zentrum einer kreisenden Form steht.

Offenbar ist dabei eine Hierarchie von einzelnen Tönen am Werke.[1] Für dieses Fragment sind b und h die herrschenden Rahmentöne, b dominiert als Anfangs- und Schlußton; in der Mitte sind dann die Konstellationen der Töne e, es und des zum c bestimmend. Die drei mittleren Sektionen haben eine latente Neigung zum c, der sie aber nie ganz nachgeben; auch der Schritt vom langgezogenen des in T. 6–7 zum Achtel c in T. 9 wird durch Generalpause und Rückführung des c ins des in seiner Zielstrebigkeit beeinflußt. Das des wird im zweiten Fragment in dieser Funktion des über einer möglichen Tonika abwehrend schwebenden Halbtons verstärkt wiederkehren.

Das zweite Fragment kann die für Fragment I gezeigten Konstruktionsprinzipien bestätigen. Es beginnt mit der Sekundkonstellation es-des aus dem herausgehobenen Mittelteil von Fragment I. Zugleich spielt der ebenfalls aus Nr. I stammende Terzwechsel c-es/c-e in den ornamentalen Fiorituren des Klaviers eine Rolle, bevor er den Beginn der Singstimme bildet.

NB 10.2

Aus der Sekundkonstellation es-des wird der Ton des isoliert und im Klavier dem gesamten zweiten Stück bis kurz vor dessen Schluß wie obsessiv unterlegt. Der Singstimmeneinsatz mit dem Ton c wird in T. 5 als Stakkato-Sechzehntel kurz antizipiert (noch einmal Killmayers »Ulrich«!). Der Tonvorrat der Singstimme füllt, wie in den Mittelabschnitten von Fragment I die Terz c-e chromatisch aus, jetzt aber im strikten Halbtonabstieg. Auch in Fragment II endet die Singstimme mit demselben Ton, hier mit c, mit dem sie begann.

Das Fragment scheint auf dem aus Nr. 1 übernommenen Ton des zu beruhen. Doch gibt es eine natürliche Affinität des des zum c darunter. Steht in Fragment I eine Passage mit Neigung nach melodisch C-Moll-Dur (T. 9 f.), der aber nicht nachgegeben wurde, so beginnt Fragment II mit der breiten Imitationsfigur es-des und dem latenten C-Dur als Konsequenz der Tönekonstellationen. Am Ende erreicht die rechte Hand im hohen Diskant als Quinte des b-Moll-Akkords den extremen Ton g'''', das Fragment endet also virtuell mit einer Quinte c-g – die bisher »unterirdische Tonart« wird manifest; wenngleich sie, metaphorisch gesprochen, »draußen bleibt« (Killmayer, S. 107 f.). Diese Relation der Töne des-c, wobei das des ein zweiter Ton, ein hinleitender ist, ohne daß dieser Schritt sich je verbindlich bestätigte, erscheint als Formprinzip auch in Rihms 2. Symphonie. Rihm[2] selbst charakterisiert dies als »die auskomponierte (quasi-neapolitanische) Spannung *des-c*, ein Bild für Ortlosigkeit und gleichzeitig Gerichtetheit, zudem eine Chiffre für symphonischen Tonfall (Schubert, Bruckner)«.

[In Parenthese: Es soll an dieser Stelle zunächst nur im Vorbeigehen bemerkt werden, daß der kompositorische Zugriff auf die einzelnen Töne (und damit auf die Sprachlaute) in Fragment II weiter geht als in Fragment I. Das d der Singstimme in den Takten 10–11 wird durch extreme Dynamik, forcierte Akzente und Glissandi gerüttelt, hin und her gerissen. Ebenso wird das ausgehaltene Schluß-c der Singstimme ohne Vokalwechsel dynamisch aufgebrochen. Es ist, als ob subjektiv-expressive, auktoriale Verfügungsgewalt nicht an der Grenze des Tons Halt machen, sondern gleichsam in die Töne selbst eindringen will, zumindestens ins Innere der aufgeführten, der erklingenden Töne. Und natürlich: Das gilt *analog* von den Elementen der Wort-Sprache, die hier betroffen sind, dem »u« oder »m« in T. 9, dem »e« in T. 12–13.]

Das zuvor beschriebene Verfahren der Beziehungssetzung arbeitet nicht mit Chriffren fixierter Bedeutungen nach Art der Schumann- und Wolf-Analysen von Eric Sams[3], schon gar nicht handelt es sich um Leitmotive. Die in der Mitte von Fragment I herausgestellte Zwei-Töne-Konstellation es-des ist keine Chiffre für »Liebe«, jenes Wort, mit dem sie zuerst erklingt. Sie ist überhaupt kein Motiv, das eine ihm fest verbundene semantische Bedeutung durch das Werk mit sich trägt. Es ist ein zwar sprachgezeugtes, aber dann unabhängig *musikalisch* fungierendes Element.

Der Vorgang läßt sich wie folgt darstellen: Der dichterische Gedanke wird in der schöpferischen Lesung des Komponisten musikalischer Gedanke, als solcher ist er ästhetisch selbständig, »hat Platz« (Rihm) und nutzt diesen, kommuniziert mit anderen Erscheinungsformen seiner selbst wie mit anderen musikalischen Gedanken in einem Netzwerk von musikalischen Beziehungen. Erst durch die musikalische Gesamtkonstruktion hindurch also und die ihr eingeschriebene geschichtliche Dimension, durch das geschichtlich vermittelte musikalische Netz sozusagen, läßt sich der spezifische Sinn dieser besonderen Verbindung von Wort und Musik erschließen. »Werke sind Individuen« (Rihm, I 34). Das Fragmentarische, Unabgeschlossene der Hölderlin-Texte ergibt hierbei eine besondere Situation. Ist das Fragment per se, wie Rihm es ausdrückt, ein »poröses Gebilde«, eine »embryonale Ruine«, dann kann in der Tat der »Wind [...] musikalisierend hindurchblasen«. »Zwischen den Text drang Musik ein, ergriff die Worte und wurde von jenen zu ihrer eigenen Assoziationsmöglichkeit gebracht« (II, 14). Musik breitet ihr eigenes »Netz« aus, indem sie die wechselseitige Initiationsphase beider Medien aufhebend hinter sich läßt. So entsteht im Zwischenreich von Sprache und Musik »Lied« als musikalische Kunstform, oder, wie ich am Ende vorschlagen werde: »Musikalische Lyrik«.

Aber das Komponieren von Fragmenten bedeutet nicht, daß auch das Komponierte automatisch Fragment sei. Wolfgang Rihm hat in der Diskussion in Salzburg erklärt, er habe den Titel »Fragmente« wie selbstverständlich der Hölderlin-Ausgabe entnommen, aus der er komponierte.[4] Und die einzelnen Nummern sind ja auch nicht kompositorisch definierte Fragmente, sondern individuell geformte kleine Einheiten und deren durchdachte Folge.

In diesem Sinn gehört die fallende große Sekunde es-des oder deren Quinttransposition b-as zum musikalischen »Netzwerk«: Sie entstammt der Musik-Mitte von Fragment I, erscheint verborgen am Beginn von Fragment II, beschließt dann in Fragment IV dreimal den einzeiligen Kondukt, eröffnet Fragment VIII, jetzt ist das b-as mit dem des verbunden, als stützende Baßformel, und steht schließlich durch das instrumentale Zitat des Kondukts auch ganz am Ende des Zyklus. Schwerpunktbildend und gliedernd hat sie eine wichtige formale Funktion. Zwei Beispiele der »Netzwerk«-Technik schließe ich an.

Die Takte 8–9 von Fragment VIII bringen erneut die Konstellation c-es-e aus dem 2. Abschnitt von Fragment I, auf den sich schon Fragment II bezogen hatte, jetzt aber steht die Konstellation über einem gänzlich verschiedenen, einlinigen Klaviersatz. Der ursprüngliche dreistimmige Satz dieser Stelle von Fragment I mit der Quinte d-a und dem ›miserere‹-Baß dagegen kehrt in den Takten 14 ff. des Fragments VII wieder. Die kontrapunktische Zuordnung der Elemente dieses Satzes aber ist verändert, und auch die Singstimme figuriert nicht mehr die c-es-e-Terzen, sondern partizipiert an der Halbtonformel des Basses. Durch Fragment VII hindurch wird diese Halbtonformel übrigens am Beginn von Fragment VIII im Gesang transponiert aufgegriffen, jetzt, wie bereits vermerkt, verbunden mit dem gelängten Sekundschritt b-as. Nike Wagner hat in einem Referat gezeigt, wie Rihm in seinen Texten mit den Worten assoziativ umgeht – die Kompositionsweisen sind in Text und Musik offensichtlich die gleichen.

Das Fragment IX, das letzte des Zyklus, beginnt mit dem Quinttremolo c-g vom Ende des unmittelbar vorhergehenden Fragments VIII und benutzt dann in T. 3–5 die drei Begleitakkorde der Takte 9–10 des Fragments I, weit auseinandergezogen und aus dem dreifachen Piano ins Fortissimo-Extrem getrieben, zur Stützung der völlig anders geführten Singstimme. Mit dem C-Moll-Dur-Klang am Beginn von T. 6 wird noch einmal diese aus den Fragmenten I, II und VIII bekannte Fasttonika angedeutet. Die Singstimme paßt sich dem ein, und das Werk scheint aufgrund des kräftig einen Zentralton c akzentuierenden Akkords an der Taktgrenze 6/7 mit einer erneuten Neigung nach diesem c auszuklingen. Doch das ist nicht das Ende. Das endgültig schließende rein instrumentale Zitat der Konduktzeile aus Fragment IV hebt diese Gravitation wieder auf. Und der Zyklus schließt mit der fallenden Sekunde b-as, jetzt über einem sphärisch durchklingenden f.

Wichtig erscheint mir, daß diese Netztechnik nicht lückenlos ist, im Gegenteil: Es werden offensichtlich bewußt Freiräume gelassen, Passagen, die sich nicht spiegelbildlich beziehen, sich vor allem nicht einordnen lassen, sondern verquer bleiben, frei sind von Verplanungen und Katalogisierungen.

Die Musik dieses Zyklus erzählt keine Geschichte, ist nicht linear ausgerichtet. Auch die Folge der dichterischen Fragmente ist nicht narrativ begründet, wenngleich die Berufung des Todes im letzten Fragment einen verbalen Schlußakzent zu setzen scheint. Musikalische Netzwerktechnik und Offenheit der sprachlichen Fragmentgestalt belegen, daß eine Folge verschieden konturierter Zustände vorliegt, genauer: daß Bewußtseinszustände ausgedrückt und dargestellt werden, die je gleich weit von einem imaginären Mittelpunkt entfernt sind. Weder die Textzeilen noch die musikalischen Momente nutzen präexistente Formen, sondern begründen ihre jeweilige individuelle Formung aus der spezifischen Situation, aus dem lyrischen Zustand und seiner Reflexion. Freiheit der Setzungen ist daher eine Voraussetzung dieser Kunst.

Ich habe oben, im Zusammenhang mit Fragment II, bereits flüchtig auf eine besonders – im Wortsinne – eindringliche Methode der Sprachauflösung und in deren Gefolge des »Aufbrechens« von Tönen hingewiesen. Beispiele waren in Fragment II das Fortissimo-Glissando zum Ton d und auf dem Konsonanten »m« in T. 9 sowie die extremen Kontraste der Dynamik eines ausgehaltenen Tons c ohne Änderung des Vokals »e« in den Takten 12–13. Ein Kompendium dieses virtuellen Eindringens mittels instrumentaler Vokaltechniken in die Worte, Silben respektive einzelnen Laute und damit in die Töne selbst zeigt Fragment VII., insbesondere in den Takten 7–11. Aber auch der Schlußabschnitt von Fragment VIII und einzelne kürzere Passagen in anderen Fragmenten, zum Beispiel T. 6 von Fragment IX, greifen zu solchen Maßnahmen. Sie ›musikalisieren‹ den Text und konstituieren Innerlichkeit. In seinem Aufsatz »Sprache als Anlaß für Musik« von 1977 hat Rihm selbst darauf hingewiesen, daß ein solcherart »aufgelöster Text« »einen musikalischen Zusammenhang von innen heraus« (II, 14) schaffe. Reflektierte Verinnerung – das ist das ästhetische Ziel des virtuellen Eindringens in die gleichsam atomare Dimension von Sprachlaut und Ton – ein Eindringen, das mit außerordentlicher Energie und Expressivität simuliert wird.

In Individualität, in der systemlosen Freiheit der persönlichen kompositorischen Setzungen sind auch die Störungen, die Brüche, abrupten Kontraste und unerwarteten Umschwünge begründet, die Rihms Hölderlin-Zyklus so extrem erscheinen ließen. Es ist eine Musik ohne jede Absicherung bei einem Regelkanon, eine abenteuerliche Exkursion über imaginierte Abgründe – an einigen Stellen, wenn mir diese kritische Reserve erlaubt ist, vielleicht bereits zu »veranstaltet«, zu virtuos, fast lustvoll.

In den liedästhetischen Umkreis der *Hölderlin-Fragmente* gehören im übrigen die *Vier Gedichte aus Atemwende von Paul Celan*, komponiert im Sommer 1973, die allerdings mehr eine Vorstufe darstellen, während die *Alexanderlieder* von 1975/76 nach Texten des schizophrenen Autors Ernst Herbeck das Idiom ganz bestätigen. Die *Neuen Alexanderlieder* von 1979 allerdings stehen partiell bereits an der Grenze zum 1980/81 komponierten *Wölfli-Liederbuch*, dem Hauptwerk der 2. Phase von Rihms Liedkomposition. Im weiteren Gattungsumkreis gehören in die Nähe der *Hölderlin-Fragmente*: die 3. Symphonie (1977), die *Musik für drei Streicher* (1978), die Kammeroper *Jakob Lenz* (1978) und das *Klavierstück Nr. 6 (Bagatellen)*, das Passagen aus *Lenz* und den *Fragmenten* zitiert und ebenfalls 1978 entstanden ist.

Um der Komplexität von Rihms Liedkonzept und dessen Realisation gerecht zu werden, muß eine weitere Perspektive eingebracht werden. Dazu bemühe ich noch einmal

das Fragment II (vgl. NB 10/2). Da steht im letzten Takt, isoliert und gänzlich unvorbereitet, in höchster Lage und drei-
fachem *piano* ein rhythmisch artikulierter, zweifach wie-
derholter B-Moll-Akkord mit Quintoktavierung, tiefem
Vorschlag g und melodischer Weiterführung seines höchsten
Tons f in ein verklingendes g. Das ist deutlich eine klavieri-
stische Figur aus dem Arsenal des 19. Jahrhunderts, und
zwar offenbar eine Allusion – zum Beispiel an ähnliche Kla-
vierklänge in hoher Lage beim späten Beethoven, etwa in der
Hammerklaviersonate. In T. 5 von Fragment VII findet sich
eine Spiegelung dieser Akkordwiederholung, jetzt aber als
h-Moll und im vierfachen *forte*. Ich vermute, dass es kein
Zufall ist, wenn die Spiegelrelation gerade b-Moll und
h-Moll kombiniert. Man denke nur an die Bedeutung dieser
beiden Tonklassen in Fragment I.[5] (Und man denke an den
direkten chromatischen Wechsel zwischen den Oktaven
b und h im Scherzo-Satz der Hammerklaviersonate…) Daneben gibt es diese Beziehungsformen bei Rihm selbst, das
Aufgreifen des Fragments II im eigenen Klavierstück Nr. 6,
wo allerdings in T. 63 der b-Moll-Akkord chromatisch gleitend verändert wird.

Eine Allusion aber verbirgt sich auch hinter der in Klein-
stich notierten ornamentalen Figuration der Takte 1 (hier *ad
libitum*) und 12. Die vier benutzten Tonklassen sind in T. 1
c-es-ges-h – das ist eine Variante eines wichtigen Akkords
bei Rihm, eine durch das ges statt eines g variierte Bach-Re-
miniszenz vom Ende der *Matthäus-Passion*. In T. 2 verändert
sich die Figuration dann zu c-e-ges-h, während die Figur-
wiederholung in T. 12 von vornherein c-e-fis-h hat. Das ist
ein anderer wichtiger Akkord der Musikgeschichte, die We-
bernsche Version von Schönbergs »Ich fühle luft« aus dem
4. Satz des Streichquartetts op. 10, die figurale Grundlage
für die symmetrischen Akkordkonstruktionen in Weberns
Streichquartettsatz op. 5, Nr. 4, und das sind zugleich die

ersten vier Töne jener Aufwärtsgeste, die an den Abschnitts-
enden dieser Quartettminiatur wie ein Hauch in der »luft
von anderem planeten« verschwebt. (Meine Auffassung
dieses Quartettsatzes als komponierte Kritik Weberns an
Schönberg habe ich an anderer Stelle dargelegt.[6])

Neben die komponierte Selbstreflexion, die auktoriale
Selbstbegegnung im Werk, tritt so die Reflexion auf Geschichte. Mit beiden Allusionen weist sich das Werk in seine
eigene Tradition ein. Mit solchen Nachweisen ist dem Miß-
verständnis vorgebeugt, als sei Kunst Medium bloßer unre-
flektierter Subjektivität. Außerdem vermeide ich bei meinen
Beschreibungen den Begriff des Zitats, er wäre zu direkt,
einlinig, unpoetisch. Für das, woran Rihms Musik vielmehr
Teil hat, hält die Literaturwissenschaft die Kategorie »in-
tertextuality« bereit: die unausweichliche Kommunikation
der Werke untereinander, der Dialogcharakter aller künstlerischen Produktion als geschichtliche Signatur einer späten Zeit.

*

Für eine theoretische Grundierung dessen, was Rihms Zyklus musikalisch entfaltet, finde ich ein Denkmodell bei Hölderlins Maulbronn/Tübinger Schulfreund Georg Wilhelm
Friedrich Hegel. Hegels außerordentliche und geschichtlich weitgreifende Theorie des Lyrischen entwickelt in ihrem
Zentrum eine Bewegung des philosophischen Gedankens,
die sich in mehreren Stufen gleichsam räumlich nachvollziehen und Rihms Komposition zuordnen läßt.[7] Diese dynamische, bewegte Figur ist dem philosophischen Gedanken von
Lyrik nicht äußerlich, sondern erscheint als der Gedanke
selbst im Akt seiner Verwirklichung. Und so definiert Hegel
das Lyrische respektive die Lyrik:

»Ihr Inhalt ist das Subjektive, die innere Welt, das be-
trachtende, empfindende Gemüt, das, statt zu Handlun-
gen fortzugehen, vielmehr bei sich als Innerlichkeit ste-
henbleibt und sich deshalb auch das Sich*aussprechen* des
Subjekts zur einzigen Form und zum letzten Ziel nehmen
kann. (322)

[...] im Epos legt das Subjekt sich in das *Objektive*
hinein, das sich nun seiner selbständigen Realität nach für
sich ausgestaltet und fortbewegt. Im Lyrischen dagegen
ist es die Empfindung und Reflexion, welche umgekehrt
die vorhandene Welt in *sich* hineinzieht, dieselbe in diesem inneren Elemente durchlebt und erst, nachdem sie
zu etwas Innerlichem geworden, in Worte faßt und ausspricht. Im Gegensatze epischer Ausbreitung hat daher
die Lyrik die *Zusammengezogenheit* zu ihrem Prinzipe
und muß vornehmlich durch die innere Tiefe des Ausdrucks, nicht aber durch die Weitläufigkeit der Schilde-
rung oder Explikation überhaupt wirken wollen.« (444 f.)

Das ist ein immens reicher Paragraph, dessen Kommentie-
rung leicht allein einen ganzen Vortrag und mehr beanspru-
chen könnte. Ich verweise auf sechs Aspekte, die direkt mein
Thema betreffen.

1. Subjektivität. Ausgangpunkt der lyrischen Äußerung
ist nicht die äußere Welt, die Realität, sondern »das Individuum in seinem inneren Vorstellen und Empfinden«, das »sich
in sich selber ergeht, sich in der Außenwelt widerspiegelt,
sich schildert, beschreibt oder sich sonst mit irgendeinem
Gegenstande beschäftigt und in diesem subjektiven Interesse das Recht behält, beinahe wo es will anzufangen und ab-
zubrechen.« (421) Es gibt also einen Prozeß von innen nach
außen und mit dem Außen in das Innere zurück. Ich nenne dies die Bewegung der Verinnerung. Der Schöpfer von
Lyrik ist so »für sich eine subjektiv abgeschlossene Welt«,

der »die Anregung wie den Inhalt *in sich selber* suchen und deshalb bei den inneren Situationen, Zuständen, Begegnissen und Leidenschaften seines Herzens und Geistes stehenbleiben kann.« Scharfsinning merkt Hegel an, in solcher Konzentration auf das eigene Innere werde »sich der Mensch in seiner subjektiven Innerlichkeit selber zum Kunstwerk«. (427)

2. Empfindung und Reflexion. Hegel ist sehr darauf bedacht, Subjektivität nicht in Begriffen wie Empfindung, Gemüt, Herz aufgehen zu lassen, »Gefühl« wird überhaupt vermieden. Zur Charakterisierung von Innerlichkeit setzt er betont Doppeltermini wie »Herz und Geist« oder »Empfindung und Reflexion«. Stets hebt er so den Kunstcharakter von Lyrik hervor und grenzt diese ab von der Unmittelbarkeit der Volkspoesie: In der Lyrik geht es »um den *kunstreichen*, von der zufälligen, gewöhnlichen Äußerung verschiedenen Ausdruck des *poetischen* Gemüts. Die Lyrik erheischt deshalb [...] eine erworbene Bildung zur Kunst« (431), als »freie Kunst« ist sie »sich ihrer selbst bewußt, sie verlangt ein Wissen und Wollen dessen, was sie produziert, und bedarf einer Bildung zu diesem Wissen sowie einer zur Vollendung durchgeübten Virtuosität des Hervorbringens«. (435) Artifizialität und Bildung bedingen einander.

3. Selbstreflexion. Im Prozeß der Verinnerung reflektiert das lyrische Subjekt *sich selbst* in der äußeren Realität, »durchlebt« diese Außenwelt und macht sie so zu etwas selber Innerem. Damit gewinnt das Subjekt sich die Freiheit des Selbstbewußtseins. Erst in diesem Akt der innerlichen Selbstreflexion konstituiert sich das lyrische Kunstwerk, in Hegels auf die Dichtung bezogener Terminologie: indem das lyrische Subjekt die reflektiv verinnerlichte Außenwelt jetzt »in Worte faßt« (444), und als geformtes Werk gewinnt es die Fähigkeit der Kommunikation nach außen, in Hegels Terminologie: indem es die in Worte gefaßte Reflexion der verin-

nerlichten Außenwelt jetzt »ausspricht« (444). Der Verinnerung, das heißt: der Bewegung des Subjekts von innen nach außen, dann der Einholung der Außenwelt wieder nach innen, und dem zuständlichen, konzentriert stehenden Moment der inneren Selbstreflexion folgt am Ende also die erneute Bewegung nach außen. Der altmodische Terminus ist »Ausdruck«.

4. Konzentration. Lyrik hat »Zusammengezogenheit zu ihrem Prinzipe« (444), formuliert Hegel. Die permanente Selbstreflexion verhält das lyrische Werk zu Knappheit und gedrängter Konsistenz. »Innere Tiefe des Ausdrucks« geht vor Breite oder »Weitläufigkeit«. Der lyrische Augenblick ist ein erfüllter, trotz seiner Konzentration reicher Moment. In Hegels Terminologie hat das offenbar auch eine zeitliche Komponente. Im Gegensatz zu epischer Breite, Gelassenheit und Objektivität ist das lyrische Werk als solches kurz, engagiert ausdrucksvoll, subjektiv-konzentrierteste Momentform. Die Knappheit der lyrischen Form hat eine bedeutende generelle Konsequenz: Lieder werden zu Zyklen zusammengestellt. Nur so erlangen sie im Gattungsgefüge der bürgerlichen Musikkultur seit dem 19. Jahrhundert jene Dignität der großen Form, die sie an dem bürgerlichen Kunstbegriff, dem Absolutheitsanspruch von Musik insbesondere, teilhaben läßt.

5. Zuständlichkeit. Hegel spricht von »inneren Situationen« als »Zuständen«, weder dramatische Entwicklung noch epische Kontinuität ist angesagt, sondern lyrisches Verweilen, Einstand der Zeit, Nachdenken, Weiterdenken.

6. Geschichte. Hegel hebt hervor, daß zwar die Lyrik in den »verschiedenen Epochen reichhaltig blühen kann«, daß sie jedoch »hauptsächlich der neueren Zeit« angehöre, in der »jedes Individuum sich das Recht« auf Subjektivität nehme (423); in diesem Sinne spricht Hegel von der »späteren lyrischen Kunstpoesie« (436). Auch der für Lyrik kennzeich-

nende Aspekt der »Kunstbildung« weist diese als eine essentiell späte Kunst aus.

Rihms Liedkomposition im Hölderlin-Zyklus kann als ein *exemplum* für Hegels Konzeption der lyrischen Poesie dargestellt werden.

Wie eingangs gezeigt, sind die musikalischen *Hölderlin-Fragmente* aus einer Position absoluter Individualität heraus gedacht, sie fingieren Innerlichkeit in künstlerisch extremer Weise, die Bewegung der Verinnerung ist ihnen als Formgesetz eingeschrieben. Die keinem tradierten Formschema oder harmonischen System folgenden lyrischen Momente, der expressive Gestus des momentan Erfüllten, das fiktive Eindringen in das »Innere« sogar der Sprachlaute und Töne – diese ständigen infinitesimalen Grenzüberschreitungen berufen das, was Hegel als »innere Subjektivität« beschreibt. Und die Folge der neun Fragmente erscheint – wiederum mit Hegel – als Reihung von »inneren Situationen, Zuständen, Begegnissen und Leidenschaften«, nicht als ein finaler Prozeß. Oben hatte ich geschlossen, daß all diese Momente virtuell gleich weit von einem imaginären Mittelpunkt entfernt, also konzentrisch und nicht linear angeordnet seien. Der Lyrikdefinition Hegels entspricht auch der außerordentliche Grad an Artifizialität dieser Liedfragmente. Extremer Selbstausdruck und extreme Selbstreflexion sind hier komplementäre kompositorische Charakteristika derselben Sache. Es gibt keine naive Unmittelbarkeit in dieser sich selbst bewußten Kunst, auch nicht eine fingierte. Und die Reflexivität führt auch die Knappheit und Konzentriertheit der Momente herbei. Die »Zusammengezogenheit«, von der Hegel als Signum des lyrischen Kunstwerks spricht, trifft genau den Formsinn der Rihmschen Fragmente, bereits der sprachliche Fragmentcharakter selber garantiert die geschrumpfte Form, den lyrischen Aphorismus, um eine nur scheinbar paradoxe Formulierung zu gebrauchen. Der ästhetische Anspruch aber führt konsequent zur Reihung, zum Zyklus als der verbindlichen Einheit.

Mit Hegels Theorie des Lyrischen begreife ich Rihms Lieder als »musikalische Lyrik«; ich werde noch zeigen, was dies historisch und gattungsästhetisch bedeutet.

Das Hegelsche Modell der Definition des Lyrischen, das, wie oben gezeigt, als eine mehrstufige Bewegung des philosophischen Gedankens angelegt ist, hat eine der Erklärung bedürftige Stelle. Das betrifft die dritte Stufe, den Schritt nach der Verinnerung wieder nach außen. Hegel sagt lediglich, daß hier das lyrische Subjekt nach der Konstituierung des Werks »sich ausspricht«. Wie aber geschieht dieses Ausbrechen aus der subjektiven, reflektierenden Versenkung ins Innere. Wohin, worauf zielt das »sich aussprechen«, die lyrische Mitteilung, die Botschaft.

An anderer Stelle habe ich auf die ganz analoge Problematik bei Schönberg hingewiesen[8], auf die Offenheit der Frage am Ende des bekannten Aphorismus, in dem Schönberg 1909 in expressionistischem Sprachgestus den Schaffensprozeß und das Verhältnis des Kunstwerks zur Realität zu bestimmen sucht.

Dieser Aphorismus[9] folgt ganz offensichtlich einer Lyrikdefinition, die der Bewegung des Gedankens bei Hegel analog ist: die Verinnerung der Außenwelt (das »innen schauen«), die innere Reflexion (das »innen ... ist die Bewegung der Welt«) und das wieder nach außen gerichtete Kunstwerk (der »Widerhall«, der »nach außen dringt«). Das Ziel des letzteren (der Gehalt, also deren Bedeutung, Sinn, Aufgabe) aber bleibt bei Schönberg jener Jahre mit dem »neuen Menschen« Nietzsches abstrakt und unklar und gewinnt erst in den religiös-politischen Kompositionen der amerikanischen Spätzeit Kontur und Richtung.[10]

Bevor ich Rihms Hölderlin-Zyklus in dieser Hinsicht befrage, weise ich auf ein anderes Modell für den Prozeß der Verinnerung hin, das gewiß im Angesicht Hegels entworfen wurde. Wie Schönbergs Aphorismus habe ich auch diesen Entwurf bereits an anderer Stelle behandelt.[11] Ich meine Ernst Blochs ebenfalls aus expressionistischem Geist herauswachsende Definition eines »internen Wegs« als Mittel der Selbstfindung des bürgerlichen Subjekts im 20. Jahrhundert. In der programmatischen Vorrede von Blochs *Geist der Utopie*, in der 2. Auflage von 1923, wird das »incipit vita nova« aus dem Primat des »Innersten« hergeleitet, auch hier ist Selbstreflektion die Voraussetzung der Wendung nach außen: »So tief führt zunächst der i n t e r n e Weg, auch Selbstbegegnung genannt, die Bereitung des inneren Worts, ohne die aller Blick nach außen nichtig bleibt, und kein Magnet, keine Kraft, das innere Wort auch draußen anzuziehen, ihm zum Durchbruch aus dem Irrtum der Welt zu verhelfen.« Blochs Weg ist die Verbindung des individuellen »Sich ins Blaue hinein bauen« mit dem »wir«, dem Kollektiv: »Nun haben wir zu beginnen« – eine Lösung aus dem Geist eines humanen Sozialismus. In der Erstfassung des Utopie-Buchs bleibt dies Kollektivum noch rein imperativisch. Die 2. Fassung bereits korrigiert die Ich-Wir-Relation: »Ich bin. Wir sind. Das ist genug. Nun haben wir zu beginnen«. Auch das »wir« wird hier als intakt gesetzt, dennoch erscheint es unverbunden mit der Selbstbegegnung des Ich, steht als parallele Setzung für sich – und das ist denn doch nicht »genug«! Erst Blochs späte *Tübinger Einleitung in die Philosophie* läßt die Selbstfindung des Ich direkt aus dem Kollektivum hervorgehen und sich erst im »Wir« vollenden: »Ich bin. Aber ich habe mich nicht. Darum werden wir erst.«

Es ist offensichtlich, daß Rihms lyrischer Zyklus sich gerade nicht auf ein rezipierendes Kollektivum richtet, sondern auf den betroffenen und wissenden einzelnen. (Das hat nichts mit Kategorien wie Verständlichkeit oder Popularität zu tun, sondern betrifft den sozialen Ort der Gattung. Bezeichnend ist, daß Hegel nachdrücklich auf die Unterscheidung zwischen den »Naturlauten« der Volkspoesie und dem »freien ausgebildeten Selbstbewußtsein« der »lyrischen echten Kunstpoesie« hinweist. (436) Trotzdem gilt auch für Rihms Lyrik, was Bloch im zentralen Musikkapitel des *Geists der Utopie* formuliert, und zwar bekanntlich im Anschluß an Schönberg: »Wir hören nur uns selbst. Aber der Ton brennt aus uns heraus« – zum einen also die Innerlichkeit und Ichbezogenheit der künstlerischen Erfahrung (die »Bewegung der Welt« sei »innen«, sagte Schönberg), dann der Akt der Kommunikation, das sich Äußern, bei Rihm wie bei Bloch von größter Intensität. Bei Bloch »brennt« sich der Ton aus der Innerlichkeit des Subjekts heraus, und Rihm spricht von einem »Katapult«, von »einer Art Urknall«, vom »energetischen Schub« (I 24), wenn er den imaginativen Akt charakterisiert. Er spricht auch von der »Energie eines musikalischen Augenblicks«. Und er führt den Begiff der »Heimsuchung« ein (I 26), also ein zwanghaftes Moment, wenn er das Hören, die Rezeption dieser aus der Freiheit ihrer Entstehung ihrer selbst bewußten Kunst bedenkt. (Die Rückführung von Schönbergs, Blochs und Rihms Innerlichkeits-Theoremen auf Hegels philosophische Theorie bedürfte der Historisierung. Es ist ja deutlich, wie alle drei genannten Protagonisten durch den Expressionismus beeinflußt sind, Schönberg als direkter Exponent in dieser Phase seines Schaffens, Bloch als betroffener Nachdenker und Rihm als ein junger Komponist, der durch das Systemdenken der seriellen Phasen des Komponierens hindurch in jener Phase seines Werks eine expressive Subjektivität für sich neu bewertete. (Ein Werktitel wie der des 3. Streichquartetts *Im Innersten* belegt dies schlaglichtartig.)

Bestimmte kompositorische Maßnahmen, formale Gesten vor allem, können den Schritt nach außen musikalisch
fingieren. Wenn wir uns auf Lieder beziehungsweise Liederzyklen beschränken, dann ist zunächst an bestimmte Arten
von Schlüssen zu denken, die ein Heraus- oder Hervorbrechen aus einem Innenraum suggerieren: die alle räumliche
und zeitliche Ferne überwindendende, fast instrumentale,
den erinnernd zitierten Werkanfang überhöhende, transzendierende Schlußstretta in Beethovens »An die ferne Geliebte« op. 98 oder der singuläre lyrische Aufschwung, die
Schlußekstase des letzten Liedes von Schumanns *Liederkreis*
nach Eichendorff op. 39. Es scheint, als gehöre Rihms Hölderlin-Zyklus mit der einlinigen instrumentalen Konduktzeile am Ende nicht zu diesem Typus. Doch ist es keineswegs nur der finale Zug vom Anfang zum überhöhten Ende,
der eine Bewegung von innen nach außen, das Ausbrechen
aus dem geschlossenen Innenraum fingieren kann. Anders
schon ist der Formgestus begründet, der mit den letzten Zeilen des *Leiermanns* aus der Todeslandschaft von Schuberts
*Winterreise*, diesem Innenraum der Vereinsamung und Entfremdung herausdrängt: die Änderung des Sprachmodus, die
emphatischen Oktavsprünge der Stimme, das singuläre Anschwellen der Dynamik zum *forte*, insgesamt der mitreißende Ausbruch des Sängers – »Willst zu meinen Liedern Deine
Leier drehn?«. Im Sinne von Schuberts Gedicht »Klage an
das Volk« steht hier als poetisch-musikalisches Bild einer
Statthalterschaft der »heil'gen Kunst«, die Vision einer Wiederkunft der »Zeit der Kraft und That« – wie gebrochen
auch immer und ohne ein Garant der »bessren Welt« sein zu
können.

Diese Art des Aufbrechens eines Innenraumes kennt
Rihms Lyrik sehr wohl, zum Beispiel am Ende des Fragments I, »der Augen Zorn«, oder im ganzen Fragment V
nach dem dreifachen Kondukt im *pianissimo*, ebenso am

Ende der Günderode-Lieder, und auch bei einer der Wahl-
möglichkeiten für den Schluß des Heiner-Müller-Zyklus.

*Was* aber wird da kommuniziert in Rihms Zyklus? Was
dringt nach außen? Ich möchte es Nachrichten über den
Zustand des Subjekts nennen. Das ist keine frohe Botschaft.
Das Ich, immer noch das bürgerliche Subjekt, ist beschädigt,
verstört, dissoziiert. Doch scheint es mir, dass dies nicht
einfach abbildend gemeint ist, nicht deshalb gilt, weil unsere
gesellschaftliche Realität selber als dissoziiert, verstört, zer-
rissen gesehen wird. Eher ist es umgekehrt: Das Subjekt erscheint oder sogar: gibt sich dissoziiert, weil die Gegenwart
zu geschlossen, zu kompakt und lückenlos organisiert, in
der Terminologie meiner Analyse: zu sehr vernetzt ist. »Ver-
waltete Welt« – Adornos Begriff hat hier nichts von seiner
Aktualität verloren. Die Haltung des Subjekts, die Funktion
von Kunst wären Abwehr, Entzug, Gegenbild. Daher hat
Rihms Definition von Musik als Freiheit ihre gesellschaftliche Perspektive: »Musik ist Freiheit, auf die Zeit gesetzte
Klang-Zeichen-Schrift, die Spur undenkbarer Gestaltfülle,
Färbung und Formung von Zeit, sinnlicher Ausdruck von
Energie, Abbild und Bann von Leben, dabei aber auch
Gegenbild, Gegenentwurf: das Andere« (I 149). Ernst Jandls
Poetik-Vortrag von 1969 beginnt mit den folgenden pro-
grammatischen Sätzen[12]:

>»Kunst heute, also auch Dichtkunst, kann als eine fort-
>während Realisation von Freiheit interpretiert werden.
>Eine solche Interpretation macht die Stelle der Kunst
>im Raster der Ideologien sichtbar; sie impliziert eine Aus-
>sage über die Funktion der modernen Kunst für den
>einzelnen und die Gesellschaft; sie ermöglicht damit eine
>Erklärung, wieso moderne Kunst von einzelnen als ein
>Ärgernis empfunden wird und aus bestimmten Gesel-
>schaftsformen ganz oder teilweise verbannt bleibt.«

Jandl summiert hier, was ich selber zum Gehalt der Rihm-schen Lyrik anzumerken hätte und nicht besser formulieren könnte.

Meine grundsätzliche Interpretation der *Hölderlin-Fragmente* als Kompositionen aus der Instanz einer vorausset-zungslosen Freiheit des Setzens ist schließlich noch einmal aufzubrechen. Rihm selbst hat gelegentlich gesprächsweise relativierend darauf hingewiesen, daß man eine ›Form Fragment‹ eigentlich nicht komponieren könne. Er sei »nicht fähig, das zusammenhanglose Kunstwerk zu erstellen«. In Musik eine »Fragmentkunst artikulieren zu wollen«, sei »frommer Betrug« oder »utopisch mit tragischen Momen-ten«[13]. Über die bereits gezeigten Geformtheiten dieser Mu-sik hinaus, ist ein weiterer auskomponierter Rekurs auf Ge-schichte zu bedenken. Es geht um die direkte Anküpfung an die Tradition des Liederkreises. In zweierlei Hinsicht.

Erstens stammt die Formidee des Hölderlin-Zyklus, ein rein instrumentales Nachspiel aus einem Element eines frü-heren Liedes (hier dem Fragment IV) zu entwickeln oder dieses Element als internes Zitat zu übernehmen, aus Schu-manns *Dichterliebe* op. 48. Die Großform des Fragment-Zyklus nutzt ein historisches Modell.

Zweitens denkt Rihm eine andere Formidee Schumanns weiter. Das Klaviernachspiel der *Dichterliebe* gewinnt durch seine außergewöhnliche Länge und seinen den dissonanten Liedschluß völlig umkehrenden Charakter das Gewicht und die Qualität eines selbständigen Stückes; pointiert: Der Lie-derzyklus endet als lyrisches Klavierstück. Rihm hat aus die-sem Vorgang die Konsequenz gezogen, Lied und lyrisches Klavierstück gleichberechtigt nebeneinander zu stellen, mit den drei Stufen: unbegleitete Stimme, Stimme und Klavier, Klavier allein, allerdings mit eindeutiger Priorität für Stufe zwei. Fragment VI, »Empedokles auf dem Ätna«, ist ein rei-nes Instrumentalstück, ein Charakterstück für Klavier, mit

Titel, wie bei Schumann üblich; »Gesang tacet« lautet die auf diese Besonderheit aufmerksam machende Vorschrift. Fragment IV ist Lied und Klavierstück in einem, drei»strophig« zunächst: eine Strophe unbegleiteter Gesang, dann zwei Strophen nur Klavier. Eine wiederum instrumentale vierte Strophe, eine praktisch »unbegleitete« einstimmige Klavierversion, beendet den Zyklus.

Mit der kompositorischen Gleichsetzung von Lied und lyrischem Klavierstück reflektiert Rihm auf die Geschichte beider Gattungen. Sie ist seit Schubert und Vořišek, spätestens aber seit Schumann identisch. Das betrifft die Theorie des Lyrischen (Hegels Bestimmung des Lyrischen ist auf Schumanns *Dichterliebe* ebenso anwendbar wie auf seine *Kreisleriana* oder den *Carnaval*), es betrifft Idee und Charakter der einzelnen Stücke (der Aphorismen, Fragmente, poetisierten Augenblicke, Momentformen), und es betrifft deren Zusammenstellungen zu größeren Formeinheiten, zu zyklischen Ordnungen. Auch aus diesem Grund plädiere ich dafür, die Kategorie der »musikalischen Lyrik« als Gattungsbegriff einzuführen. Rihms Hölderlin-Zyklus ist musikalische Lyrik sowohl im Sinne Hegels wie im Hinblick auf die Geschichte der Musik seit dem frühen 19. Jahrhundert.

Vielleicht ohne darauf zu achten, hat Rihm mit dem Hölderlin-Zyklus auch eine Kritik der Geschichtsschreibung komponiert. In der musikwissenschaftlichen Literatur, inbesondere in den großen Gattungsgeschichten, werden Klavierlied und lyrisches Klavierstück gängigerweise in verschiedenen Bänden abgehandelt. Es ist an der Zeit, das zu ändern. Beide Formen der musikalischen Lyrik gehören zusammen.

Rihms *Klavierstück Nr. 6 (Bagatellen)* komponiert dies noch einmal aus. Der Autor hat das Stück einmal einen »Zyklus von Bagatellen« (II 315) genannt, also auf die Reihung von Momenten als Formprinzip angespielt. Und er hat an gleicher Stelle als Charakter dieser Momente »seismographische Bewegungen in bereits verarbeitetem Material« bestimmt, also die Wiederverwendung, den erneuten Blick auf bereits als Werk Formuliertes betont. Dabei haben diese Klavier-Bagatellen in der langfristigen chronologischen Ökonomie des Komponierens die Funktion, die – auch bei anderen Komponisten, zum Beispiel bei Brahms – Lieder einnehmen, nämlich schöpferische Rekreation zu sein – die kleinere, intime Gattung als Erholung zwischen den großen Projekten. »Für mich bedeuten diese Bagatellen das Schlaglicht auf ein atemlos erschöpftes Aufraffen am Ende eines gewaltigen Produktionsschubs« (Rihm II 315). Doch wäre die bloße Kennzeichnung als »Klavier-Bagatellen« unzureichend, ja irreführend. Denn diese Bagatellen sind vokalen Ursprungs. Und nach dem Zitat einer Gesangsszene aus *Jakob Lenz* wird zwei Hölderlin-Fragmenten, ohne die Gesangsstimme, als lyrische Klavierstücke also, zu einer zweiten Existenz verholfen. Es sind die Fragmente II und IV, also die Invention über den Ton des und die Choral-Sarabande. Dazwischen steht in T. 72/73 ein Kurzzitat aus der *Musik für drei Streicher* [14] – die Verbindung »musikalischer Lyrik« zur Kammermusik wäre ein weiterer interessanter Aspekt. Dazu aber muß bei anderer Gelegenheit weiter ausgeholt werden.

ANHANG

# Nachwort

Die in diesem Band versammelten zehn Aufsätze gelten verschiedenen Werken der Musikgeschichte von der Goethezeit bis zum Ende der Moderne. In der wissenschaftlichen Biographie des Autors reichen sie von seinen Anfängen (Schönberg/George) bis in die unmittelbare Gegenwart (Schubert), methodologisch zeigen sie eine besondere Konzentration auf das einzelne Werk. Das hatte bereits 1935 Arnold Schönberg als Prämisse seiner Vorlesungen an der University of Southern California in Anspruch genommen (»what I am striving for in my lectures is directed on the work«), und Theodor W. Adorno hatte mit wünschenswerter Klarheit festgestellt, der »Schlüssel jeglichen Gehaltes von Kunst« liege »in ihrer Technik«. Aus solchen Überlegungen resultierte der zentrale Satz von Schönbergs Forderung an unsere Disziplin: Musikwissenschaft habe »Forschungen in den Tiefen der musikalischen Sprache« zu sein. Ansätze dieser Poetik lagen bereit, als die jüngeren Musikwissenschaftler, Angehörige von Helmut Schelskys »skeptischer Generation«, das Ende der Geistesgeschichte als leitende Methode verkündeten. Das war gegen Ende der 1960er Jahre. Der Vorherrschaft der Geistesgeschichte überdrüssig, faszinierten Werkimmanenz und New criticism, wollte man begreifen, wodurch man ergriffen wurde, wollte den Kunstcharakter des einzelnen Werks, seine Individualität, aus dem Durchgang durch die komposititonstechnische Analyse aufschließen. Voraussetzung war eine extreme Versenkung ins kompositorische Detail.

Und es gab ein zweites Begründungsfeld für einen wissenschaftlichen Neubeginn. Die Erfahrung tiefreichender Brüche in Geschichte und Gesellschaft mit den beiden Weltkriegen als katastrophischen Erfüllungen und die unbewältigten Probleme der wissenschaftlichen Aufarbeitung des Nationalsozialismus bestimmten das Verhältnis der Generationen zueinander. Das Nicht-mehr-Ganze der Lebenswirklichkeit erlaubte allenfalls ein Noch-nicht-Ganzes als Vorstellung in der geistigen Welt. Unter dem Einfluß der Literaturwissenschaften wurde die fragil-zerbrechliche musikalische Lyrik zur paradigmatischen Gattung. Und – eine ganz wichtige Entscheidung: Die Neuorientierung schloß eine positive Stellung zur Neuen Musik ein, die musikalische Moderne wurde ein Forschungsbereich eigenen Rechts.

Zwar forderte die neue analytische Methode eine Anwendung auf das Ganze des Werks, reichte also theoretisch von der Quellenphilologie über die Analyse hin zur Sozial- und Rezeptionsgeschichte. De facto aber blieb sie zunächst auf einen analytischen Kernbereich beschränkt. Und es war unglücklicherweise die historische Kontextualisierung, die zunächst auf der Strecke blieb. Sie wurde dann machtvoll eingefordert von einem neuen Wissenschaftsverständnis, das sich polemisch »new musicology« nennt und Musikwissenschaft als »Kulturwissenschaft« begreift. Daß sich nach gut 30 Jahren ein veränderter Wissenschaftsbegriff anmeldet, sollte in unserer schnellebigen Zeit nicht verwundern. Und man kann dies um so mehr verstehen, als Teile des musikanalytischen Handwerks in den letzten Jahren nicht ganz zu Unrecht eines subtilen Positivismus verdächtigt worden sind. Pierre Boulez sprach von Buchhalteranalysen. Andererseits hat die »neue Musikwissenschaft« – gewiß nicht zu ihrem Vorteil – statt der methodisch abgesicherten Analyse eine Hermeneutik á la Kretzschmar zurückgebracht. Für mich – und ich gebrauche betont die 1. Person singularis – für mich ist es von größter Wichtigkeit, die Meriten des alten

Systems innerhalb des neuen lebendig zu erhalten und mit Adorno darauf zu beharren, daß der Gehalt von Kunst in der kompositorischen Technik verschlüsselt sei. Dieser geschichtlich-gesellschafliche Gehalt, nicht die Analyse selbst sei das Ziel musikwissenschaftlicher Erkenntnis. Gleichwohl bleibt Analyse unverzichtbares Handwerk des Musikwissenschaftlers.

Die zehn Texte sind grundsätzlich unverändert abgedruckt. Geringfügige Kürzungen sind bei den Nachweisen verzeichnet.

Der Dank des Verfassers gilt dem Lektor, der dieses Projekt betreute: Wolfgang Matz, der die Anregungen zur Publikation gab und diese bis zur Drucklegung begleitete.

RB

# Anmerkungen

## »Kennst du das Buch?«
## Oder: Die Vertreibung der Musiknoten aus
### *Wilhelm Meisters Lehrjahre*

1 Johann Wolfgang von Goethe, *Wilhelm Meisters Lehrjahre*, 4 Bände, Berlin 1795–1796 (= *Goethes Neue Schriften*, Bd. 3–6). Auch als separate Roman-Ausgabe erschienen. – Der Verfasser dankt Hannelore Schlaffer, Jörg Jochen Berns und Albrecht Schöne für kollegial gegebene Auskünfte.

2 Zur zeitgenössischen Aufführungspraxis des Strophenliedes siehe die grundlegende Studie von Heinrich W. Schwab, *Sangbarkeit, Popularität und Kunstlied. Studien zu Lied und Liedästhetik der mittleren Goethezeit, 1770–1814*, Regensburg 1965 (= *Studien zur Musikgeschichte des 19. Jahrhunderts*, Bd. 3), insbesondere S. 66–73.

3 Hierzu die, wie es scheint, singuläre Studie von Gudrun Busch, *Zur Vorgeschichte und musikalischen Rezeption der Liedeinlagen in Goethes Roman »Wilhelms Meisters Lehrjahre«*, in: *Schubert-Jahrbuch* 1996, Duisburg 1996, S. 2–30. – Vgl. auch Schwab, S. 30 f.

4 Wilhelm Müller, Brief an Bernhardt Joseph Klein vom 15. Dezember 1822, abgedruckt in Wilhelm Müller, *Werke. Tagebücher Briefe*, hrsg. von Maria-Verena Leistner, Bd. 5, *Tagebücher Briefe*, Berlin 1994, S. 237.

5 Goethe an Zelter, 11. 5. 1820. *Briefwechsel zwischen Goethe und Zelter in den Jahren 1799 bis 1832*, hrsg. von Hans Günther Ottenberg und Edith Zehm, München 1991 (= Goethe. *Sämtliche Werke nach Epochen seines Schaffens*. Münchner Ausgabe, Bd. 20, 1), S. 601.

6 Zitiert nach Schwab, S. 21.

7 *New York Times Magazine*, 12. März 2000, S. 43.

8 Hannelore Schlaffer, *Wilhelm Meister. Das Ende der Kunst und die Wiederkehr des Mythos*, Stuttgart 1980, S. 160–165.

[9] Zeitgenössische Quellen zur Mannheimer Geschichte dieser Jahre sind wegen der Kriegsverluste rar. Der Verfasser war daher um so mehr erfreut, als er mit Hilfe der Leiterin der Theatersammlung des Reiss-Museums Mannheim, Frau Liselotte Homering, im Archiv des Mannheimer Altertumsvereins Exemplare der in Mannheim gedruckten programmatischen Broschüren zur Gründung des »Museums« lokalisieren konnte. Das schließt ein die »Ankündigung des Planes zum Museum« vom Juli 1808, die »Denkblätter des Weihefestes des Museums« vom 31.12.1808 und die »Verfassung des Museums Karl-Stephanie in Mannheim« von 1809. Über die beiden Vorgänger des »Museums« sind analoge Dokumente nicht vorhanden. Über das »Casino« berichtet Friedrich Walter in seiner »Geschichte Mannheims vom Übergang an Baden (1802) bis zur Gründung des Reiches«, Mannheim 1907 (= *Mannheim in Vergangenheit und Gegenwart. Jubiläumsgabe der Stadt*, Bd. 2); über das »Conservatorium« informiert Gottfried Weber in mehreren Artikeln der *Allgemeinen musikalischen Zeitung* (Jg. 8, 1805–6, Sp. 650–654, 791–796; Jg. 9, 1806–7, Sp. 273–287). Zur »Lesewut« vgl. Helmut Kreuzer, »Gefährliche Lesesucht? Bemerkungen zur politischen Lektürekritik im ausgehenden 18. Jahrhundert«, in: *Leser und Lesen im 18. Jahrhundert*, hrsg. von der Arbeitsstelle 18. Jahrhundert der Gesamthochschule Wuppertal, Heidelberg 1977, S. 62–75. Zu den Mannheimer kulturellen Institutionen generell vgl. Lothar Gall, »Bürgertum in Deutschland«, Berlin 1989, insbesondere S. 194–202.

[10] Jürgen Habermas, *Strukturwandel der Öffentlichkeit*, Neuwied Berlin 1971, S. 33 u. 73.

[11] Zur Geschichte und Ästhetik der Verseinlagen siehe Paul Neuburger, *Die Verseinlage in der Prosadichtung der Romantik*, Leipzig 1924, und Ingrid Winter, *Wiederholte Spiegelungen. Funktion und Bedeutung der Verseinlage in Goethes Iphigenie auf Tauris und Wilhelm Meisters Lehrjahre*, New York et al. 1988.

[12] Waltraud Hagen (mit Edith Nahler), *Quellen und Zeugnisse zur Druckgeschichte von Goethes Werken. 1. Gesamtausgaben bis 1822.* (= *Werke Goethes* [Akademie-Ausgabe], Ergänzungsband 2, Teil 1, Berlin 1966, Nr. 514), S. 250. Flodoard Freiherr von Biedermann, *Johann Friedrich Unger im Verkehr mit Goethe und Schiller. Briefe und Nachrichten*, Berlin 1927. – Der Briefwechsel Goethes mit dem Verleger und dem Verlagshaus Unger und an-

dere Quellen zur Publikationsgeschichte der *Lehrjahre* werden im folgenden nach Hagen wiedergegeben, sofern Hagen vollständig zitiert, und mit Nummern und Seitenzahlen innerhalb des Haupttextes nachgewiesen. Dieser Briefwechsel ist auf Seiten Goethes unvollständig überliefert, der Inhalt von Goethes Briefen muß daher zum Teil aus Ungers Antworten erschlossen werden, was aber in bezug auf die Fakten keine methodischen Probleme aufwirft.

13 Das Wort »Befehl« in Ungers Brief klingt schroff; man möchte daraus schließen, daß Goethes Entscheidungen recht harsch mitgeteilt worden sind. Das Wort mag aber auch zu Ungers Ergebenheitsvokabular gehört haben und nicht so martialisch gemeint gewesen sein, wie es klingt.

14 Harvards Houghton Library ist stolz darauf, ein Exemplar der Cottaschen Ausgabe von 1815–1819 der Werke Goethes zu besitzen, das der Dichter 1819 der Universität mit einem Begleitschreiben als Geschenk übersenden ließ. Das Widmungsschreiben lautet: »Möge mir hierdurch das Vergnügen und der Vorteil werden, immer näher mit dem wundervollen Land bekannt zu werden, welches die Augen aller Welt auf sich zieht, durch einen feierlichen gesetzlichen Zustand, der ein Wachstum befördert, welchem keine Grenzen gesetzt sind.« (*Goethes Werke*. Weimarer Ausgabe IV, 29, S. 383 f.).

15 Johann Wolfgang von Goethe, *Wilhelm Meisters Lehrjahre. Ein Roman*, hrsg. Hans-Jürgen Schings, München 1988 (= *Sämtliche Werke nach Epochen seines Schaffens*. Münchner Ausgabe, Bd. 5).

16 Johann Wolfgang von Goethe, *Wilhelm Meisters Theatralische Sendung. Wilhelm Meisters Lehrjahre. Unterhaltungen deutscher Ausgewanderten*, hrsg. von Wilhelm Voßkamp und Herbert Jaumann, mit Almuth Voßkamp, Frankfurt/Main 1992 (= *Sämtliche Werke, Briefe, Tagebücher und Gespräche* [Frankfurter Ausgabe], I., 9).

17 Hierzu die wertvollen Hinweise bei Busch, a. a. O., S. 6–8.

18 Philipp von Zesen, *Die Adriatische Rosenmund*, hrsg. von Volker Meid, Berlin New York 1983 (= *Philipp von Zesen, Sämtliche Werke*, Bd. 4, 2 [Ausgabe deutscher Literatur des XV. bis XVIII. Jahrhunderts]). – *Simson*, hrsg. von V. Meid, Berlin 1970, Bd. 8. – *Assenat*, hrsg. von Ferdinand von Ingen, Berlin 1980 (= Bd. 7).

19 Samuel Richardson, *The History of Clarissa Harlow*, vol. 2, London 1902 (= *The complete Novels of Mr. Samuel Richardson*), S. 64–68; Noten S. 67. In der Nachfolge Richardsons nennt Busch

(siehe oben Anm. 3 und 17) das Romanfragment *Geschichte der Fanny Wilkes* (1766) von Johann Timetheus Hermes sowie *Sophiens Reise von Memel nach Sachsen* (1769–1773) desselben Autors, und vor allem Johann Martin Miller mit seinem *Siegwart* von 1776.

20 Eduard Mörike, *Maler Nolten. Novelle in zwei Theilen*. Mit einer Musikbeilage, Stuttgart 1832. Die Musikbeilage ist als Broschüre separat gebunden. – Zwischen Goethe und Mörike liegt zeitlich Achim von Arnims fast unbekannt gebliebener Roman *Armuth, Reichthum, Schuld und Buße der Gräfin Dolores* von 1810, der Musikbeilagen verschiedener Komponistinnen und Komponisten enthält. Vgl. Busch, a. a. O., S. 15 ff.

21 Friederike Ungers Sendung mit Brief datiert vom 3. 5. 1796 (Biedermann S. 67 f.). Goethes Antwort enhält den Passus »... und so kann ich von Herrn Zelters Kompositionen meiner Lieder sagen: daß ich der Musik kaum solche herzliche Töne zugetraut hätte.« Goethe an Friederike Unger 13. 6. 1796, *Goethes Werke*. Sophien-Ausgabe, Bd. IV, 11, Weimar 1892, S. 92–93.

22 Ebenda, S. 106.

23 Schiller hatte schon am 27. 1. 1796 im Brief an Goethe Reichardt wegen seiner Rezension der »Horen« scharf kritisiert: »Denken Sie daran, Reichhardten, unseren soi-disant Freund, mit einigen Xenien zu beehren. Ich lese eben seine Rezension der ›Horen‹ in seinem Journal ›Deutschland‹, welches Unger ediert, wo er sich über die Unterhaltungen [deutscher Ausgewanderten] und auch noch andere Aufsätze schrecklich emanzipiert hat« (Johann Wolfgang von Goethe. *Briefwechsel mit Friedrich Schiller (= Gedenkausgabe der Werke, Briefe und Gespräche*, Zürich und Stuttgart 2/964, S. 153 f.). Goethes Antwortbrief vom 30. 1. 1796 zeigt in dem con brio seines Tones, wie weit er sich innerlich bereits von Reichardt entfernt hatte; eine Zusammenarbeit scheint in dieser Atmosphäre kaum mehr denkbar: »Aus Ihrem Brief sehe ich erst daß die Monatsschriften Deutschland und Frankreich Einen Verfasser haben [das ist Reichardt]. Hat er sich emancipirt, so soll er dagegen mit Karnevals-Grips-Drageen auf seinem Buffelrock begrüßt werden, daß man ihn für einen Perückenmacher halten soll. Wir kennen diesen falschen Freund sehr lange und haben ihm bloß seine allgemeinen Unarten nachgesehen, weil er seinem besonderen Tribut regelmäßig abtrug, sobald er aber Miene macht diesen zu versagen So wollen wir ihm gleich einem Bassa von drey bren-

nenden Fuchsschwänzen« (ebenda, S. 155). – Zum Gesamtkomplex von *Horen*-Streit, Distichen-Produktion und Xenien»flut« in den Jahren 1795 und 1796 siehe den Abschnitt »Distichen« in Johann Wolfgang von Goethe. *Sämtliche Werke*, Münchener Ausgabe, Bd. 4,1 »Wirkungen der Französischen Revolution 1791–1797«, hrsg. von Reiner Wild, München 1988, S. 1124ff., zu Reichardt insbesondere S. 1149 mit Nr. 677.

24 Friedrich von Schiller (Hrsg.), *Musen-Almanach für das Jahr 1797*, Tübingen 1797, Notenbeilage S. 16. Zu Schillers Musenalmanachen allgemein vgl. Wolfgang Seyffert, *Schillers Musenalmanache*, Berlin 1913.

25 Vgl. Unger an Goethe, 24. 9. 1796: »Als ich das letzte Buch in Mspt. erhielt, schickte ich sogleich das Lied Mignons an Herrn Kapellmeister Reichard, der es mir den ersten Posttag gleich retour schickte, und dessen Composition Herrn Zelter sehr gefiel. Ich ließ es drucken und lege es gleichfalls hierbei. Nun aber sehe ich aus Ihrem Brief, daß Sie die Composition des Liedes nicht wünschen. Obgleich der Druck schon ganz davon geendigt ist, und obgleich es schade um die schöne Composition wäre, wenn sie nicht beigelegt werden darf so will ich mich doch Ihrer Entscheidung, die ich im nächsten Brief erwarte, gern unterwerfen und dieses Lied cassieren, wenn es Ihnen nicht angenehm sein wollte« (Hagen 713, S. 322). Vgl. ebenfalls Unger an Goethe, 11. 10. 1796: »Da ich keine Antwort von Ihnen erhielt, ließ ich die Reichardtsche Composition in den 4ten Band beilegen, die der bescheidene Zelter selbst an der seinigen vorzog, welche in den Musenalmanach kommen soll, den Schiller herausgibt. Jetzt da ich aber Ihren Willen durch den hier vorgefundenen Brief von Ihnen weiß, so lasse ich alle Blätter aus die [sic!] Exemplare nehmen. Es ist möglich, dass in die feinen Exemplare dieses musikalische Blatt beigefügt worden, welches Sie dann herausnehmen zu lassen die Gewohnheit haben werden« (Hagen 715, S. 323).

26 Johann Friedrich Reichardt (Hrsg.), Deutschland, Bd. 3, 4. Stück, Berlin 1796, die Noten sind eingefügt zwischen S. 346verso und 347recto, Goethes »Lied« steht auf den Seiten 347–348.

27 Goethe, *Sämtliche Werke*, Münchner Ausgabe, a.a.O., S. 677, Nr. 19.

28 Schiller erwähnt im Brief ab Goethe vom 6. 12. 1796 den Sachverhalt und nennt nach der Cotta-Ausgabe des Briefwechsels als Autor einen »Magister Lyss« aus Leipzig. Emil Staiger liest in der

Gedenkausgabe den Namen »Dyss«. Da der Druck der Satire in Reichardts Almanach mit »L.« gezeichnet ist, halte ich »Lyss« für wahrscheinlich. Übrigens hat Brahms gerade diese Passage in seinem Exemplar der Cottaschen Ausgabe des Briefwechsels mit Bleistift herausgehoben.

29 »Die Französische Revolution, Fichtes Wissenschaftslehre und Goethes Wilhelm Meister sind die größten Tendenzen des Zeitalters.« Friedrich Schlegel, *Athenäums-Fragmente (1798)*, in: *Kritische Schriften und Fragmente*, Studienausgabe von Ernst Behler und Hans Eichner, Bd. 2, Paderborn 1988, S. 124.


## Wirkungen Beethovens in der Kammermusik

1 Zum Folgenden vgl. Alexander Wheelock Thayer, Hermann Deiters, Hugo Riemann, *Ludwig van Beethovens Leben* (= TDR), Bd. 5, Wiesbaden 1918, S. 234 ff.

2 F. Kuhlau, *Grand Quatuor pour deux Violons, Viola et Violoncelle* Œuv. 122, Leipzig o. J. (ca. 1841/42), Stimmendruck. Nachdruck Kopenhagen o. J. (Fundet til Udgivelse af Dansk Musik, 3. Serie, Nr. 206). Partitur Kopenhagen 1974.

3 W. Rihm, *Musik für drei Streicher (Violine, Viola, Violoncello)*, 1977, Taschenpartitur Philharmonia Nr. 498, Wien-London o. J.

4 *Annalen der Literatur und Kunst in den Österreichischen Staaten*, April 1804, *Intelligenzblatt*, Sp. 123. Ein Exemplar des Drucks der Sonate besitzt das Archiv der Gesellschft der Musikfreunde Wien.

5 F. Ries, *Bagatellen für Klavier* op. 58 Nr. 8.

6 F. Ries, Nr. 1 der *Deux grandes sonates pour le pianoforte et violin obligé*, Bonn o. J. (ca. 1812).

7 F. Hand, *Aesthetik der Tonkunst*, Leipzig 1837, Teil 1, S. 124 f.

8 Wer an weiteren Hinweisen interessiert ist, braucht nur die großen Gattungsartikel von MGG und The New Grove zu konsultieren; allein beim Streichquartett ergäbe sich Stoff für mehrere Bücher.

9 Vgl. H. Kohlhase, *Die Kammermusik Robert Schumanns* (= *Hamburger Beiträge zur Musikwissenschaft*, Bd. 19), Hamburg 1979; die Erstveröffentlichung durch W. Boetticher (Wilhelmshaven 1979 – *Quellenkataloge zur Musikgeschichte. Beihefte, Urtextausgaben praktischer Musik,* Bd. 4) hätte dringend eines kompetenten Korrektors bedurft, eine Schallplatteneinspielung liegt bei

Schwann (VMS 1025) vor. – Auch Schumanns *Etüden in Form freier Variationen über ein Thema von Beethoven* könnten hier herangezogen werden. Vgl. R. Münster, in: *Die Musikforschung* 31 (1978) und seine Edition, München 1976 (Henle).

10 Vgl. den analytischen Nachweis bei R. Brinkmann, »Anhand von Reprisen«, in: *Brahms-Analysen. Referate der Kieler Tagung 1983* (= *Kieler Schriften zur Musikwissenschaft*, Bd. 28), Kassel 1984.

11 G. Jenner, *Johannes Brahms als Mensch, Lehrer und Künstler*, Marburg 1905, S. 74. – Den Vergleich der beiden Werke genauer und differenzierter zu durchdenken und zu bewerten (auch im Hinblick auf die harmonische Disposition im Hauptsatz der Waldstein-Sonate) bleibe einer anderen Gelegenheit vorbehalten.

12 Bis auf wenige direkte Anknüpfungen (z. B. bei Ziffer 44 des 4. Satzes an Beethovens op. 131, Finale) ist in diesem Werk unter dem Signum der identischen Tonart ein Sichstellen zu Beethoven nach kompositorischem Ethos und künstlerischem Anspruch durchaus greifbar.

13 Artikel »Streichquartett«, in: MGG 12 (1965), Sp. 1592.

14 Vgl. Anfang und Ende des 2. Satzes (T. 1–10, 50–56).

15 In der Anlage wiederum des 2. Satzes, mit dem »Choral« in Folgeposition.

16 A. Schönberg, *Stil und Gedanke. Aufsätze zur Musik* (= *Gesammelte Schriften*, Bd. 1), hrsg. von I. Vojtech, Frankfurt a. M. 1976, S. 411. Der Bericht von O. Brusati *(Das Beethoven-Bild Arnold Schönbergs*, in: *Bericht über den Internationalen Beethoven-Kongreß 20. bis 23. März 1977 in Berlin*, Leipzig 1978, S. 379) über ein Beethoven-Vorbild für den Schlußsatz des Bläserquintetts op. 26 ließe sich übrigens durchaus auf das nachkomponierte Finale von op. 130 beziehen. Bezeichnend wäre, daß im Jahrzehnt der Neuen Sachlichkeit eine Formadaption vorläge, bezeichnend auch, daß sie gerade diesen Rondo-Satz Beethovens beträfe.

17 E. Budde, »Anmerkungen zum Streichquartett Nr. 2 von Charles Ives«, in: *Bericht über den Internationalen Musikwissenschaftlichen Kongreß Bonn 1970*, Kassel usw. o. J., S. 304.

18 Ch. E. Ives, *Memos*, hrsg. von J. Kirkpatrick, New York 1972, S. 74.

19 M. Kagel, *Ludwig van*, Schallplatte DGG 2530014. Zum Folgenden vgl. D. Schnebel, *Mauricio Kagel. Musik Theater Film*, Köln 1970, S. 252 u. 258f.

20 Zu seiner Darstellung und Kritik vgl. W. Klüppelholz, *Mauricio Kagel 1970–1980*, Köln 1981, S. 11ff., insbesondere S. 20f.

21  J. C. Lobe, *Lehrbuch der musikalischen Komposition*, Bd. 1, Leipzig ³1866, S. 10f. u. VII.

22  A. B. Marx, *Die Lehre von der musikalischen Komposition praktisch und theoretisch*, Bd. 1, Leipzig ⁶1863, S. 12.

23  H. Riemann, *Große Kompositionslehre*, Bd. 1, Regensburg 1902, S. 7ff. u. Beispiel S. 2Sf.

24  A. Schönberg, *Die Grundlagen der musikalischen Komposition*, ins Deutsche übertragen von R. Kolisch, hrsg. von R. Stephan, Wien 1979.

25  W. R. Griepenkerl, *Das Musikfest oder die Beethovener*, Braunschweig ²1841. Zusätzlich zur lexikalisch verzeichneten Literatur vgl. neuerlich D. B. Levy, »Wolfgang Robert Griepenkerl and Beethoven's Ninth Symphony«, in: *Festschrift Warren Fox*, New York 1979, S. 103ff., mit dem verdienstvollen Hinweis auf zeitgenössische Parallelen bei E. Ortlepp, *Über Jean Paul und Beethoven*, in: ders., *Grosses Instrumental- und Vokal-Concert. Eine musikalische Anthologie*, Stuttgart 1841.

26  Zitiert nach K. Kropfinger, *Wagner und Beethoven. Untersuchungen zur Beethoven-Rezeption Richard Wagners* (= *Studien zur Musikgeschichte des 19. Jahrhunderts*, Bd. 29), Regensburg 1975, S. 45.

27  *Allgemeine musikalische Zeitung* 7 (1804/05), Sp. 769f.

28  TDR, Bd. 2, S. 380.

29  Vgl. hierzu K. Viëtor, *Geschichte der deutschen Ode* (= *Geschichte der deutschen Literatur in Gattungen*, Bd. 1), München 1923, Nachdruck Darmstadt 1961, insbesondere S. 138–143.

30  Vgl. neuerlich C. Dahlhaus, *E. T. A. Hoffmanns Beethoven-Kritik und die Ästhetik des Erhabenen*, in: AfMw 38 (1981), S. 79ff.

31  Zitiert nach Fr. Krummacher, *Mendelssohn – der Komponist. Studien zur Kammermusik für Streicher*, München 1978, S. 73.

32  Zitiert nach Krummacher, *Mendelssohn*, S. 87.

33  Dieser offenbare Sachverhalt setzt voraus und belegt, daß Mendelssohn das Beethovensche Quartett bereits vor der Veröffentlichung über den Berliner Verleger Schlesinger hat einsehen können.

34  Krummacher, *Mendelssohn*, S. 318.

35  Die Korrektur, die hier in bezug auf E. T. A. Hoffmann bereits K. Kropfinger vornahm, sei nachdrücklich vermerkt: *Bemerkungen zur Geschichte des Begriffs-Worts »Struktur« in der Musik*, in: *Zur Terminologie der Musik des 20. Jahrhunderts* (= *Veröffentli-*

*chungen der Walcker-Stiftung*, Heft 5), hrsg. von H. H. Eggebrecht, Stuttgart 1974. Vgl. auch P. Schnaus, *E. T. A. Hoffmann als*
*Beethoven-Rezensent der Allgemeinen Musikalischen Zeitung*
(= *Freiburger Schriften zur Musikwissenschaft*, Bd. 8), München
1977.

36  Vgl. die hier singulären Arbeiten von H. H. Eggebrecht, insbesondere: *Zur Geschichte der Beethoven-Rezeption. Beethoven*
*1970* (= *Akademie der Wissenschaften und der Literatur Mainz.*
*Abhandlungen der Geistes- und Sozialwissenschaftlichen Klasse*,
Jg. 1972, Nr. 3), Wiesbaden 1972.

37  Den Beginn der Cavatina aus diesem op. 130 zitiert Rihm in seinem 3. Streichquartett (4. Satz, T. 6, VI. 2).

38  Fr. Hölderlin, *Patmos*, Vers 3–4. – Th. W. Adorno, *Mahler. Eine*
*musikalische Physiognomik*, Frankfurt a. M. 1980, S. 186.


# Monologe vom Tode,
## politische Allegorie und die »heil'ge Kunst«.
## Zur Landschaft von Schuberts *Winterreise*

1  Roland Barthes, *Der entgegenkommende und der stumpfe Sinn*,
übersetzt von Dieter Hornig, Frankfurt/Main, S. 286. Interessant
ist, daß Barthes das Impersonale als Subjekt des Singens erfährt.

2  Arnold Whittal, *Romantic Music*, London 1987, S. 29.

3  Berio orchestriert – anders als ich es hören möchte – mit Posaunen
und Hörnern, auslaufende Violoncelli vermitteln zum Vorhergehenden.

4  Daniel Jacobson, »Schuberts D 936A: Eine sinfonische Hommage
an Beethoven?« In: *Schubert. Durch die Brille*. Mitteilungen
Nr. 15, Juni 1995, S. 113 ff.

5  Zur Deklamation dieses Liedanfangs vgl. Elmar Budde, »Anton
Weberns Lieder op. 3«, Wiesbaden 1971 (*Beihefte zum Archiv*
*für Musikwissenschaft IX*), S. 19 ff. Zum Begriff der Fremde als
Grunderfahrung des lyrischen Subjekts der *Winterreise* vgl. auch
Martin Zenck, »Die romantische Erfahrung der Fremde in Schuberts ›Winterreise‹«, in: *Archiv für Musikwissenschaft XLIV*,
1987, S. 141–160.

6  Max Kalbeck, *Brahms*, Berlin 1904–1914, Bd. I, 2, S. 200.

7  Georg Friedrich Hegel, *Ästhetik*, hrsg. von Friedrich Bassenge,
Berlin (DDR) 1955, S. 1018. Vgl. auch die poetologische Bestim-

mung von Lyrik bei Karol Berger, *A Theory of Art*, New York Oxford 2000, S. 189ff.

[8] Theodor W. Adorno, *Schubert*, in: Musikalische Schriften IV, (= *Gesammelte Schriften*, hrsg. von Rolf Tiedemann, Bd. 17, Frankfurt am Main 1997, S. 23 und 25.

[9] Stefan Kunze, »Franz Schubert. Sinfonie h-moll. Unvollendete«, München 1965 (= *Meisterwerke der Musik*, Bd. 1, S. 31).

[10] Robert Schumann, »Die C-Dur-Sinfonie von Franz Schubert«, in: *Gesammelte Schriften über Musik und Musiker*, hrsg. von Martin Kreisig, Leipzig 5/1914, Bd. I, S. 463.

[11] Elisabeth Lenk, *Die unbewußte Gesellschaft. Über die mimetische Grundstruktur in der Literatur und im Traum*, München 1983. S. 218–234.

[12] Jürg Stenzl, »Traum und Musik«, in: *Musik und Traum*, München 1991, (*Musik-Konzepte*, hrsg. von Heinz-Klaus Metzger und Rainer Riehn, Bd. 74), S. 8–102, insbesondere 33–35.

[13] Zum folgenden vgl. auch die Analysen bei Elmar Budde, »Franz Schubert und das Lied. Zur Rezeptionsgeschichte des Schubert-Liedes«, in: *Gattungen der Musik und ihre Klassiker*, hrsg. von Hermann Danuser, Laaber 1988, S. 235ff.; ders., *Schuberts Liederzyklen. Ein musikalischer Werkführer*, München 2003.

[14] Andreas Dorschel, »Wilhelm Müllers ›Die Winterreise‹«, in: *The German Quarterly* 66, Nr. 4, Herbst 1993, S. 470.

[15] F. E. Weinert, »Art. Gedächtnis« in: Joachim Ritter, *Historisches Wörterbuch der Philosophie*, vol. 3, Basel 1974, Sp. 35–43. Zum Folgenden auch C. von Bormann, »Art. Erinnerung«, in: J. Ritter, a. a. O., Bd. 2, Basel 1972, Sp. 635–643.

[16] Vgl. Jacques Le Goff, *History and Memory* (übersetzt von Steven Rendall und Elizabeth Clamann), New York 1992. Siehe ebenfalls Aleida Assmann, *Zeit und Tradition. Kulturelle Strategien der Dauer*, Köln (u. a.) 1999.

[17] Zitiert nach Le Goff, S. 18.

[18] Andere Bearbeiter tun das nicht. So beläßt Ernst Rudorff (*Kaiserliederbuch*, Bd. I, S. 536f.) den doppelten Nachsatz. Gleichwohl setzte sich Silcher als Modell durch.

[19] Wilhelm Müller, »Rom, Römer und Römerinnen. Eine Sammlung vertrauter Briefe aus Rom und Albano mit einigen späteren Zusätzen und Belegen (Berlin 1820)«, in: *Werke*, a. a. O., Bd. 3: *Reisebeschreibungen und Novellen*, S. 155.

[20] Auch Stoffels betont, daß die »thematischen Prämissen der Win-

terreise, einer Reise abseits jeden menschlichen Bezugs in die menschenfeindliche Natur zu der Sicht- und Kompositionsweise entscheidend beitragen.« Bereits die »Radikalität der Absonderung« suche ihresgleichen bei den Zeitgenossen, und »gerade sie« bestimme »Inhalt und Stil der Gedichte«. Siehe Ludwig Stoffels, *Die Winterreise*, Bd. 1: *Müllers Dichtung in Schuberts Vertonung*, Bonn 1987, S. 100.

21  Die biographische Erklärung ist stets die leichteste und daher auch die schwächste. Ludwig Stoffels Mahnung zur Vorsicht bei primär biographischen Begründungen z. B. durch Mayrhofer ist jedoch richtig. Gerade Mayrhofer hatte eine besondere Neigung zur biographischen Deutung.

22  Schuberts Freundeskreis war in den letzten Jahren ein bevorzugter Gegenstand musikwissenschaftlicher Forschung, siehe unter anderem: Michael Kohlhäufl, *Poetisches Vaterland. Dichtung und politisches Denken im Freundeskreis Franz Schuberts*, Kassel (u. a.), 1999; Ilija Dürhammer, *Schuberts literarische Heimat. Dichtung und Literaturrezeption der Schubert-Freunde*, Wien Köln Weimar 1999; Eva Badura Skoda, Gerold W. Gruber, Walburga Litschauer, Carmen Ottner (Hrsg.), *Schubert und seine Freunde*, Wien Köln Weimar 1999; Walther Dürr, Siegfried Schmalzriedt, Thomas Seyboldt, Hrsg., *Schuberts Lieder nach seinem literarischen Freundeskreis. Auf der Suche nach dem Ton der Dichtung in der Musik*. Kongreßbericht Ettlingen 1997, Frankfurt am Main (u. a.) 1999.

23  Otto Erich Deutsch, *Schubert. Die Dokumente seines Lebens*, Kassel u. a. 1964, S. 258. Deutsch neigte grundsätzlich zur biographischen Begründung. Dagegen sieht Hans Joachim Kreutzer Schuberts Gedicht als ein »vollgültiges Zeichen zeitgenössischen Bewußtseins«, das »politisch ernstgenommen werden« muß. (H. J. Kreutzer, *Obertöne: Literatur und Musik*, Würzburg 1994, S. 158 f.)

24  Kohlhäufl, *Poetisches Vaterland*, passim.

25  Es ist so leicht, diese Gedankenfigur mit »Flucht aus der Wirklichkeit« negativ zu besetzen. Ich kann nur immer wieder auf die Einsicht Hans Werner Henzes verweisen, der Kammermusik eine Musik zum »Nach- und Weiterdenken« nannte. – Kohlhäufl (a. a. O., S. 288 ff.) hat einzelne Wendungen auf konkrete Personen und Ereignisse bezogen, die 3. Zeile der 1. Strophe, daß »Nicht *einer* von der Meng sich unterscheidet« zum Beispiel durchaus

überzeugend auf Theodor Körner, den gefallenen Dichter von »Leier und Schwert«. – Ob das Adjektiv »freiheitlich«, mit dem ich die politische Dimension von Schuberts »Klage«-Poem charakterisiere, mit »demokratisch« im institutionellen Sinn der 48er Bewegung, dem zentralen Wort etwa von Ludwig Uhlands Rede im Frankfurter Paulskirchen-Parlament vom 22. Januare 1849, gleichgesetzt werden kann, darf hier einstweilen offenbleiben.

26  Zum Folgenden vgl. die wortgeschichtliche Studie von Isabell Papmehl-Rüttenauer, *Das Wort Heilig in der deutschen Dichtersprache von Pyra bis zum jungen Herder*, Weimar 1937, siehe auch die Artikel »heilig« und »hold« in *Deutsches Wörterbuch von Jacob Grimm und Wilhelm Grimm*, Bd. 10, Leipzig 1877, Sp. 827 ff. und 1734 ff., sowie N. Wokart, Artikel »Heilig, Heiligkeit«, in: Joachim Ritter, *Historisches Wörterbuch der Philosophie*, Bd. 3, Basel 1974, Sp. 1034–1037.

27  *Goethes Werke*. Weimarer Ausgabe, Bd. 1, Weimar 1887, S. 355.

28  Elmar Budde hat sich mehrfach zum Vergleich von Friedrich und Schubert geäußert. Siehe z. B. seinen Aufsatz »Franz Schubert – Caspar David Friedrich. Eine Studie«, in: *Von Dichtung und Musik*, Tutzing 1997, S. 127–162.

29  Werner Hofmann, »Zu Friedrichs geschichtlicher Stellung«, in: *Caspar David Friedrich* [Katalog der Ausstellung der Hamburger Kunsthalle], München 1974, S. 69.

30  Vgl. Reinhold Brinkmann, *Late Idyll. The Second Symphony of Johannes Brahms*, Cambridge, Mass. 1995, Taschenbuch 1997, S. 222 f.

31  Diese Geschichte wird nur eben gestreift, inbesondere bei der kompositorischen Rezeption. Vgl. aber neuerlich Klaus Hinrich Stahmer (Hrsg.), *Franz Schubert und Gustav Mahler in der Musik der Gegenwart*, Mainz 1997, mit Beiträgen unter anderem zu Zender und Bredemeyer, auch Friedhelm Döhl widerfährt Gerechtigkeit. Rainer Nonnenmann hat eine ausführliche Darstellung der *Winterreise*-Rezeption angekündigt (*Musik & Ästhetik* 7, H. 26, S. 65).

32  In meinem Münchner Vortrag vom 29. Mai 2001 in der Carl Friedrich von Siemens Stiftung habe ich die Frage gestellt, ob nicht diese paradigmatische Geltung der »Winterreise« mehr über das 20. Jahrhundert aussagt als über das 19. (Vgl. den Bericht von Eleonore Büning in der *Frankfurter Allgemeinen Zeitung* vom 6. Juni 2001, Feuilleton.) Vielleicht deutet das erneuerte Interesse

an der »Schönen Müllerin« bei den Vertretern des neuen Regie-
theaters (Marthaler in Zürich) am Beginn des 21. Jahrhunderts auf
eine neue Wende. Zu anderen Aspekten dieses Problemkreises
siehe Hans Joachim Kreutzer, »Schubert. Ein literarisches Kalei-
doskop«, in: *Schubert und das Biedermeier. Festschrift Walter
Dürr*, hrsg. von Michael Kube, Werner Aderholt, Walburga Litschauer, Kassel 2002, S. 1–15.

33 Zu Thomas Mann und Peter Härtling.

34 Eine eingehendere Interpretation dieses Romanschlusses gebe ich
in einem Vortrag *Franz Schubert, Lindentrees, and German Natio-
nal Identity. A Song as Subject of History*, dessen deutsche Fassung
im Herbst 2004 im Picus Verlag Wien im Druck erschienen ist.

35 Es sei daran erinnert, daß für eine rezeptionsgeschichtliche Fragestellung nicht die literarische Qualität im Vordergrund steht.

36 Ingeborg Bachmann, »Früher Mittag« (1952), in: *Sämtliche Gedichte*, München Zürich, S. 54ff.

37 Siehe die Diskussion bei Max Horkheimer, »Zum Begriff des
Menschen«, in: *Kritische Theorie der Gesellschaft III*, 1968, SY.
282: »Wo trotz allem das Wort Mensch im emphatischen Sinn erklingt, bedeutet es nicht die Rechte der Menschheit. Es steht ein
für die Theorie der Vernunft, der einmal der unbeirrbare Glaube
zugrunde lag, daß die Verwirklichung einer richtigen Welt auch
möglich sei. Das Wort meint nicht mehr die Macht des Subjekts,
der [Macht] des Bestehenden stand zu halten, wie stark es immer sei.«

38 Matthias Schmidt, *Theorie und Praxis der Zwölftontechnik. Ernst
Krenek und die Reihentechnik der Wiener Schule*, Laaber 1997,
S. 69, zum *Reisebuch* S. 52–71.

39 Stoffels bemerkt richtig (a. a. O., S. 111), erst das Schlußgedicht
enthalte komprimierte, verschlüsselte Aussagen über den Zyklus
als Kunstprodukt, zieht aber weiter keine Konsequenzen aus dieser Einsicht. Er sieht Sänger und Spieler gemeinsam weiterreisen,
Symbol der Vereinigung von Dichtung und Musik. – Johannes
Brahms hat den *Leiermann* als Kanon bearbeitet; es ist die letzte
Nummer seiner 1891 veröffentlichten 13 Kanons für Frauen-
stimmen op. 113. Der sechsstimmge Satz unterlegt der arrangierten Schubertschen Melodie einen Text von Friedrich Rückert:
»Einförmig ist der Liebe Gram«, der offenbar auf die »eintö-
nige Weise« des Leiermann-Liedes kommentierend anspielt. (Ich
danke Anne Shreffler für ihren Hinweis auf den Kanon.)

40 Vgl. die (für den Schluß fast entgegengesetzte) Interpretation des Liedes durch Hans Heinrich Eggebrecht in: »Prinzipien des Schubert-Liedes« und »Vertontes Gedicht. Über das Verstehen von Kunst durch Kunst«, beide Aufsätze in: Eggebrecht, *Sinn und Gehalt. Aufsätze zur musikalischen Analyse*, Wilhelmshaven 1979, (Taschenbücher zur Musikwissenschaft, hrsg. von Richard Schaal, Bd. 58), S. 191–193 und 221–225. Zur metrisch-rhythmischen. Gestalt vgl. auch Arnold Feil, *Franz Schubert. Die schöne Müllerin. Winterreise*, Stuttgart 1975, S. 147 ff.

41 Die Möglichkeit, dass in T. 28, 44 und 48, jeweils 1. Viertel, die aus dem Autograph belegte und im Erstdruck nicht mehr vorhandene Punktierung wieder eingeführt werden sollte, müßte trotz des im Falle der *Winterreise* philologischen Gewichts des Erstdrucks ernsthaft diskutiert werden. Die »Neue Schubert Ausgabe« setzt an zwei dieser Stellen, T. 28 und 48, die Punktierungen als Ossia.

42 Der fiktive Charakter dieser Situation wird auch daran deutlich, daß die historische Drehleier, das imaginierte Instrument, einer solchen dynamischen Abstufung gar nicht mächtig war. Vgl. Abbildung und knappe Beschreibung der Drehleier bei Susan Youens, *Retracing a Winter's Journey*, Istaca and London 1991, S. 297 f. – Eine der schönsten Abbildungen einer mittelalterlichen Drehleier, hier mit auffällig kommunizierenden Musikern, findet man übrigens im Figurenband der musizierenden Ältesten der Apokalypse des romanischen Hauptportals der Kathedrale von Santiago di Campostela. – Beim Vortrag wurde hier eine Aufnahme des Liedes mit Dietrich Fischer-Dieskau und Herta Klust von 1953 gespielt.

43 Wilhelm Müller, *Werke. Tagebücher, Briefe*, hrsg. von Maria-Verena Leistner, Bd. 5: *Tagebücher, Briefe*, Berlin 1994, S. 10.

44 Hugo von Hofmannsthal, 1905, zitiert nach Richard Alewyn, *Über Hugo von Hofmannsthal*, Göttingen, 4. abermals vermehrte Auflage 1967, S. 10.

Zeitgenossen.
Johannes Brahms und die Maler Feuerbach,
Böcklin, Klinger und Menzel

1 Jürgen Ecker, *Anselm Feuerbach. Leben und Werk. Kritischer Katalog der Gemälde, Ölskizzen und Ölstudien*, München 1991, Nr. 384. Besitz: Schackgalerie München; Abb.: Ecker, Farbtafel 37.

2 Alfred Orel, *Johannes Brahms und Julius Allgeyer. Eine Künstlerfreundschaft in Briefen*, Tutzing 1964, S. 68.

3 Briefwechsel VII, S. 92.

4 Orel, S. 124

5 Zu Feuerbach wurde für diesen Vortrag die folgende kunstgeschichtliche Literatur konsultiert: Julius Allgeyer, *Anselm Feuerbach*, hrsg. von Carl Neumann, Berlin Stuttgart 2/1904; Herbert von Einem, »Gedanken zu Anselm Feuerbach und zu seiner ›Iphigenie‹«, in: *Zeitschrift des deutschen Vereins für Kunstwissenschaft* XVIII, Heft 3/4, 1964; ders., »Anselm Feuerbachs ›Orpheus und Eurydike‹«, in: *Wallraf-Richartz-Jahrbuch* XXXVI, 1974; Christoph Heilmann (Hrsg.), [Katalog] *»In uns selbst liegt Italien«. Die Kunst der Deutsch-Römer*, München 1987 [mit den Aufsätzen: Götz Pochat, »Mythos und Symbol bei Burckhardt, Bachofen, Vischer, Schopenhauer«, S. 19–28; Ekkehard Mai, »Im Widerspruch zur Zeit oder von der Tragik der Ideale. Feuerbachs Kunstentwürfe«, S. 80–97]; Werner Hofmann, »Sous le signe de la ›nevrose du vrai‹«, in: [Katalog] *Symboles et Réalités. La peinture allemande 1848–1905*, Musée du Petit Palais [Paris], 12 Octobre 1984–13 Janvier 1985, S. 29–43; Marianne Küfner, »Zu Anselm Feuerbachs Bildthemen«, in: *Anselm Feuerbach. Seine Familie und ihre Zeit*, Speyer 1975 (Beiträge zur Speyerer Stadtgeschichte III); Emil Michelmann, *Feuerbach und Brahms. Eine psychologische Skizze*, Berlin 1940; Heinrich Theising, »›Die Ewigkeit der Kunst‹. Zu Anselm Feuerbachs Schaffen und Denken«, in: [Katalog] *Anselm Feuerbach. 1829–1880. Gemälde und Zeichnungen*. Ausstellung in der Staatl. Kunsthalle Karlsruhe 5. Juni–15. August 1976, Karlsruhe 1976, S. 64–98.

6 Michael Jaffé, *Rubens. Catalogo Completo*, Milano 1989, Nr. 108, unter dem Titel »Autoritratto con la moglie Isabella Brant«. Besitz: Alte Pinakothek München; Abbildung: Jaffé. Den Hinweis auf die Geißblattlaube verdanke ich Martin Warnke.[6] – Die Iso-

lierung der beiden Figuren von ihrer Umgebung, von der öffentlichkeit durch den Naturrahmen ist die Bildidee, die Feuerbach
von Rubens übernimmt. Bei Rubens aber treten beide Protagonisten in direkten, fast betont auffordernden Blickkontakt mit
dem Betrachter. Feuerbach eigen dagegen ist die verinnerlichende
Selbstabschließung der Figuren, ihre Bezogenheit nur aufeinander, die Herstellung einer auf sich selbst konzentrierten Kunstwelt ohne Außenperspektive. Dies Miteinander von Aneignung
und Umdeutung geben der Feuerbachschen Rezeption ihre geschichtlich-programmatische Perspektive.

7 Ecker Nr. 499. Besitz: Kunstmuseum Düsseldorf; Abbildung:
  Ecker, Farbtafel 61.

8 Vgl. Feuerbach selbst über die 1. Version seiner *Iphigenie* von
  1862: »Nun ist das Iphigenienrätsel gelöst. Der Gefühlszustand,
  welchen wir Sehnsucht nennen, bedarf körperlicher Ruhe. Er bedingt ein Insichversenken, ein sich Gehen- oder Fallenlassen. Es
  war ein Moment der Anschauung, und das Bild ward geboren,
  nicht Eurypideisch, auch nicht Goethisch sondern einfach Iphigenie am Meeresstrand sitzend und allerdings ›das Land der Griechen mit der Seele suchend‹. Was sollte sie auch anderes tun?«
  (*Ein Vermächtnis von Anselm Feuerbach*, hrsg. von Henriette
  Feuerbach, Berlin o. J., S. 206.)

9 Josef Viktor Widmann, *Johannes Brahms in Erinnerungen*, Berlin
  1898, S. 130f.

10 Zu diesem Thema allgemein Walter Salmen, Johannes Brahms und
   die bildende Kunst, *Neue Züricher Zeitung* vom 7./8. Mai 1983;
   siehe auch die diversen Künstler-Kombinationen bei Konrad
   Huschke, Musiker, Maler und Dichter als Freunde und Gegner,
   Leipzig 1939. Die wissenschaftlich relevanten Publikationen sind
   der hervorragend kommentierte Kieler Katalog: *Brahms-Phantasien. Johannes Brahms – Bildwelt, Musik, Leben*, hrsg. von Jens
   Christian Jensen, bearbeitet von Ingeborg Kähler, Annegret Friedrich und Christoph Caesar, Kiel 1983, sowie der wichtige Aufsatz
   von Leon Botstein, »Brahms and Nineteenth-Century Painting«,
   in: *19th-Century Music* XIV, Nr. 2, Herbst 1990, S. 154–168. – Für
   kollegiale Hilfe bei den Recherchen für diesen Vortrag sei gedankt:
   Otto Biba (Archiv der Gesellschaft der Musikfreunde Wien), Kurt
   und Renate Hofmann (Brahms-Institut Lübeck), Jürgen Neu-
   bacher (Staats- und Universitätsbibliothek Hamburg), Michael
   Struck (Brahms-Gesamtausgabe Kiel).

11 Maria Fellinger, *Brahms-Bilder*, 2. verm. Auflage der Brahms-Bilder-Mappe, Leipzig 1911. Vgl. auch *Ein Brahms-Bilderbuch*, hrsg. von Viktor von Miller zu Aichholz, Wien o. J.

12 Siehe die Abbildungen bei Klaus Eggert, *Der Wohnbau der Wiener Ringstraße im Historismus 1855–1896*, Wiesbaden 1976 (*Die Wiener Ringstraße. Bild einer Epoche*, Bd. 8), zum Beispiel Abbildungen 186, 188, und 210 (Bibliothek Nikolaus Dumba, nach dem Gemälde von Rudolf Alt).

13 Siehe das Gemälde von Rudolf Alt, *Das Atelier des Malers Hans Makart in der Gußhausgasse* von 1885.

14 Katalog Kiel, S. 22 f. Siehe auch Alessandra Comini, »Ansichten von Brahms – Idole und Bilder«, in: *Johannes Brahms – Leben Werk Interpretation Rezeption. Kongreßbericht zum III. Gewandhaus-Symposium anläßlich der* »Gewandhaus-Festtage 1983«, Leipzig 1985, S. 58–65.

15 Fellinger, a. a. O., S. 28; eine Abbildung auch in: Katalog Kiel, S. 23, Nr. 15. Zur Ausstattung der Wohnung siehe die Beschreibung bei Kalbeck II/2, S. 408–411.

16 Siehe die vergleichenden Abbildungen in: Katalog Kiel, S. 25, Nr. 21. – Das Seitenrelief des Grabmals von Luigi Cherubini auf dem Pariser Friedhof Pÿegre-Lachaise zeigt übrigens ebenfalls die krönende Muse.

17 Vgl. hierzu die erhellenden, das gesamte historische Spektrum erfassenden Ausführungen bei Peter Gay, *Pleasure Wars*, New York, London 1997 (*The Bourgeois Experience. Victoria to Freud*, Bd. 5), S. 53 ff., insbesondere S. 58–61.

18 Ecker Nr. 194. Besitz: Bayerische Staatsgemäldesammlungen München; Abbildung: Katalog Karlsruhe 1976, S. 236.

19 Heute in der Staats- und Universitätsbibliothek Carl von Ossietzky Hamburg.

20 Besitz: Archiv der Gesellschaft der Musikfreunde Wien; Abbildung: Katalog Kiel, S. 30.

21 Heute in der Staats- und Universitätsbibliothek Carl von Ossietzky Hamburg und in dem von Kurt und Renate Hofmann aufgebauten Brahms-Institut Lübeck. Vgl. auch hierfür den Katalog Kiel, S. 26 ff.

22 Brief an Adolf Schubring vom Juni 1874, *Briefwechsel* VIII, S. 227.

23 Die zweite Fassung, Ecker Nr. 491, ist von 1873. Besitz: Städt. Galerie Nürnberg; Abbildung: Ecker, Farbtafel 60.

[24] Ecker Nr. 91. Besitz: Städtische Kunsthalle Mannheim; Abbildung: Ecker, Farbtafel 7.

[25] Hätten nicht Zeitgründe dagegen gesprochen, wäre dies der Ort für eine Interpretation der *Nänie* im Vergleich zur Antikenauffassung Feuerbachs gewesen. Ein Ausgangspunkt könnte die Bemerkung Theodor Billroths sein, das Parzenlied sei »trotz der klassischen Form von weit wärmerem Klang« als die *Nänie*, die Billroth »mit dem kühlen Kolorit manchen Feuerbachschen Bildes verglich« (vgl. Otto Gottlieb-Billroth (Hrsg.), *Billroth und Brahms im Briefwechsel*, Berlin Wien 1935, S. 337).

[26] *Johannes Brahms an Max Klinger*, hrsg. von Ernst Eggebrecht und Hans Schulz, Leipzig 1924, S. 5 f.

[27] *Anselm Feuerbachs Briefe an seine Mutter*, hrsg. von G. J. Kern und Hermann Uhde-Bernays, Berlin 1911, Bd. 2, S. 287.

[28] Zitiert nach Zelger 1987, S. 46.

[29] Zu Böcklins »Zivilisationsmüdigkeit« siehe die Ausführungen bei Zelger 1987, S. 46.

[30] Siehe Gustav Jenner, *Johannes Brahms als Mensch, Lehrer und Künstler. Studien und Erlebnisse*, Marburg 2/1930, S. 74.

[31] Ecker Nr. 464. Besitz: Neue Pinakothek München; Abbildung: Ecker, Farbtafel 53.

[32] Ecker Nr. 370. Besitz: Hessisches Landesmuseum Darmstadt; Abbildung: Ecker, Farbtafel 39.

[33] Gerbert Frodl, Hans Makart. *Monographie und Werkverzeichnis*, Salzburg 1974, Nr. 299. Besitz: Kunsthalle Hamburg; Abbildung: Frodl, S. 364.

[34] Ecker Nr. 481. Besitz: Städtische Kunsthalle Mannheim; Abbildung: Katalog »In uns selbst liegt Italien«, München 1987, S. 268.

[35] Eduard Hanslick, *Concerte, Componisten und Virtuosen der letzten fünfzehn Jahre*, Berlin 1886, S. 363 f.

[36] 2. Fassung von 1864: Ecker Nr. 378. Besitz: Stadt Speyer; Abbildung: Ecker, Farbtafel 35. Das folgende Zitat nach Kalbeck II/2, S. 294.

[37] Feuerbach an seine Mutter, 6. September 1873, Briefe II, S. 288.

[38] Siehe von Einem 1964, S. 127.

[39] Mai, *Im Widerspruch zur Zeit oder von der Tragik der Ideale*, a. a. O. (Anm. 5), S. 96.

[40] Reinhold Brinkmann, »Anhand von Reprisen«, in: *Brahms-Analysen*, hrsg. von Friedhelm Krummacher und Wolfram Steinbeck, Kassel (u. a.) 1984, S. 116. Vgl. auch Brinkmann, *Late Idyll. The*

*Second Symphony of Johannes Brahms*, Cambridge/Mass. 1994, S. 139.

41 Zu Böcklin wurde für diesen Vortrag die folgende kunstgeschichtliche Literatur konsultiert: Rolf Andree, *Arnold Böcklin. Die Gemälde*, Basel 1877 (daraus insbesondere: Rolf Andree, »Zum Geleit«, S. 12–14; Giorgio de Chirico, »Arnold Böcklin«, S. 46–50; Winfried Ranke, »Böcklinmythen«, S. 64–91); [Katalog] *Arnold Böcklin. 1817–1901*, Darmstadt 1977 (daraus insbesondere: Dorothea Christ, »Geschaute – gesuchte – gefundene Wirklichkeit«, S. 24–33; Norbert Schneider, »Böcklins ›Toteninsel‹. Zur ikonologischen und sozialpsychologischen Deutung eines Motivs«, S. 106–125); Peter Gay, *The Naked Heart*, New York London 1995 (*The Bourgeois Experience. Victoria to Freud*, Bd. 4); Christoph Heilmann, [Katalog] *»In uns liegt Italien«*, siehe oben Fußnote 5 (daraus insbesondere: Christoph Heilmann, »Einleitende Anmerkungen zur Kunst der Deutsch-Römer«, S. 11–18; Franz Zelger, »Invention, Realisation, Degeneration. Böcklin-Motive und ihre Umsetzung auf Postkarten«, S. 45–69; Winfried Ranke, »Muß ein ›Deutsch-Römer‹ Idealist sein? Vorläufige Gedanken über einige späte Bilder Böcklins«, S. 70–79); Werner Hofmann, »Sous le signe …«, a.a.O., siehe oben, Fußnote 5; Franz Zelger, *Die Toteninsel. Selbstheroisierung und Abgesang der abendländischen Kultur*, Frankfurt/Main 1991. – Nachweise zur *Toteninsel* III: Andree Nr. 345. Besitz: verschollen (zuletzt Adolf Hitler); Abbildung: Andree S. 421.

42 Andree Nr. 266. Besitz: Kunstmuseum Basel; Abbildung: Andree, Farbtafel 27.

43 Andree Nr. 375. Besitz: Bayerische Staatsgemäldesammlungen München; Abbildung: Andree, Farbtafel 35.

44 Andree Nr. 174. Besitz: Schackgalerie München; Abbildung: Andree, S. 234.

45 Andree Nr. 301. Besitz: Bayerische Staatsgemäldesammlungen München; Abbildung: Andree, S. 315. Vgl. Ranke 1977, S. 77.

46 Vgl. hierzu auch Brinkmann, *Late Idyll*, S. 48–53.

47 Veröffentlicht Leipzig 1894. Vgl. die vollständige Abbildung in: [Katalog] *Max Klinger*. Ferrara Palazzo dei Diamanti, 17. März 1996 – 16. Juni 1996, Ferrara 1996, S. 280–235. Vgl. auch die Abbildungen einer Vielzahl von Blättern und von Skizzen im Katalog Kiel, S. 29–51. – Das Verhältnis von Brahms zu Klinger ist biographisch erschöpfend abgehandelt. Die Autoren des Kieler

Katalogs sehen es – im Gegensatz zu den meist eulogischen Darstellungen – als problematisch (S. 40f.). Das ist, wie ich meine, generell zutreffend; die oben zitierten Briefe sprechen eine deutliche Sprache. Das Verdikt von Jens Christian Jensen (Katalog Kiel, S. 59) allerdings geht zu weit. – Zu Klinger wurde für diesen Vortrag die folgende kunstgeschichtliche Literatur konsultiert: Katalog Kiel 1983; *Max Klinger*. [Katalog der Ausstellung] Bielefeld/Göttingen/Tübingen/Wiesbaden 1976/77; Karin Meyer-Pasinski, *Max Klingers Brahmsphantasie*, Frankfurt/Main 1981; Werner Hofmann, »Sous le signe…«, a.a.O., siehe oben Fußnote 5. Das Blatt Accorde ist abgebildet in Katalog Kiel, S. 37. Inzwischen ist zu Klinger und Brahms die hervorragende Studie von Jan Brachmann erschienen (*Ins Ungewisse hinauf … Johannes Brahms und Max Klinger im Zwiespalt von Kunst und Kommunikation*, Kassel u.a. 1999 (= *Musiksoziologie*, hrsg. von Christian Kaden, Bd. 6). In seiner Darstellung des Blatts Accorde betont Brachmann (zu Recht, nach meinem Urteil wohl etwas zu stark) die Komponente Schopenhauer. Vielleicht liegt auch in Klingers Schopenhauer-Rezeption eine zusätzliche Irritation für Brahms.

[48] Zu Menzel wurde für diesen Vortrag die folgende kunstgeschichtliche Literatur konsultiert: Peter Betthausen (et al.), *Adolph Menzel. Master Drawings From East Berlin* [Katalog der Ausstellung Frick Collection New York 1990], Alexandria, Virginia, 1990; Günter Busch, »Menzels Grenzen«, in: *Adolph Menzel. Realist, Historist, Maler des Hofes* [Katalog der Ausstellung Kiel et al. 1981], Schweinfurt 1981; Francoise Forster-Hahn, »Authenticity into Ambivalence: The Evolution of Menzel's Drawings«, in: *Master Drawings* XVI, Nr. 3, London 1978; Rolf Hochhuth, *Menzel. Maler des Lichts*, Frankfurt/Main Leipzig 1991; Werner Hofmann, *Menzel der Beobachter* [Katalog der Ausstellung Kunsthalle Hamburg 1982], München 1982; Jens Christian Jensen, *Adolph Menzel*, Köln 1982; Peter Wegmann, *Von Caspar David Friedrich bis Ferdinand Hodler*, [Katalog Nationalgalerie Berlin 1993], Frankfurt/Main Leipzig 1993; *Adolph Menzel 1815–1905. Das Labyrinth der Wirklichkeit*, hrsg. von Claude Keisch und Marie Ursula Riemann-Reyher, [Katalog Nationalgalerie und Kupferstichkabinett Berlin] Berlin 1996. – Zu Menzel und Brahms siehe auch: Karl Geiringer, *Brahms. His life and Work*, New York 3/1981, pp. 178–179; Katalog Kiel, S. 59–60. – Nachweise zum *Balkonzimmer*: Besitz: Nationalgalerie Berlin;

Abbildung: Hochhuth, S. 73. – Dieser Schlußteil des Vortrags geht zurück auf das Kapitel The »Last Great Master Craftsmen«: Contemporaries in: Brinkmann, *Late Idyll*, S. 4–10.

49 Brinkmann, *Late Idyll*, passim. Meine dort 1994 veröffentlichte Interpretation des Balkonzimmers als bewußt fragmentarisch wurde seinerzeit von Kunsthistorikern mit Skepsis beurteilt. Inzwischen hat Claude Keisch im Katalog Berlin 1996, S. 90–92, das »Unfertige« dieses Bildes aus der »Bildlogik« zu erklären versucht.

50 Vgl. hierzu Daniel Beller-McKenna, *Johannes Brahms' Later Settings of Biblical Texts*, Diss. phil. Harvard University 1994.

51 Wegmann, S. 155.

52 Forster-Hahn, S. 255.

53 Archiv Nationalgalerie Berlin III. 46. Zitiert nach Adolph Menzel. Gemälde Zeichnungen, [Katalog Nationalgalerie, Staatliche Museen zu Berlin] Berlin (DDR) 1980, S. 62.

54 Siehe Brinkmann, *Late Idyll*, S. 1–4.

55 Theodor Fontane, *Adolph Menzel*, zitiert nach dem Abdruck bei Hochhuth, S. 148.

56 Besitz: Staatliche Kunsthalle Karlsruhe; Abbildung: Hochhuth, S. 221.

57 Besitz: Kunsthalle Hamburg; Abbildung: Jensen 1982, Farbtafel 21.

58 Besitz: Nationalgalerie Berlin; Abbildung: Hochhuth, S. 76.

59 Busch, *Menzels Grenzen*, S. 11.

60 Anhalter Bahnhof – Besitz: Museum Reinhart Winterthur; Abbildung: Hochhuth, S. 75. *Palaisgarten* – Besitz: Nationalgalerie Berlin; Abbildung: Hochhuth, S. 85. *Friedrichsgracht* – Besitz: Nationalgalerie Berlin; Abbildung: Hochhuth, S. 101. *Straßenecke* – Besitz: Nationalgalerie Berlin; Abbildung: Hochhuth S. 120.

61 *Kriegsverlust* (früher *Dresden*); Farbabbildung: Hochhuth, S. 98/99.

62 Der Brief ist abgedruckt und kommentiert bei Reinhold Brinkmann, *Die »heitre Sinfonie« und der »schwer melancholische Mensch«. Johannes Brahms antwortet Vincenz Lachner*, AfMw 46, 1989, S. 294–306. Vgl. auch Brinkmann, *Late Idyll*, S. 125–144.

63 Daß umgekehrt Menzel die Musik von Brahms mit großer Intensität erlebt hat, belegt der schöne Bericht von Alfred Kerr über ein Berliner Konzert, das Menzel besuchte: »Einmal, es war in der Singakademie, war er [Menzel] besonders ergriffen. [...] eine Sängerin sang allein den ganzen Abend [...] Alice Barbi. Sie sang Lie-

der von vielen Völkern [...], und gegen den Schluß hin kam der
Brahmssche dunkle Gesang: »Immer leiser wird mein Schlum-
mer«. [...] Dann, als ich ging, sah ich, wie der kleine alte Herr
noch dasaß, den weißen Halsbart auf die Brust gestützt, nicht verloren, aber tief versenkt, fast versunken in das Labyrinth sehn-
süchtig-unbestimmter Regungen, das die Zauberin beschworen
hatte. Dann gab er sich einen Ruck und trottete durch die Bank-
reihen, gestrengen Blicks, aber immer noch etwas in dem durch
Victor Hugo verewigten Zustand: les pieds ici, les yeux aileurs. So
prägte er sich mir tief ein.« (Alfred Kerr, *Wo liegt Berlin? Briefe
aus der Reichshauptstadt 1895–1900*, hrsg. von Günther Rühle,
Berlin 1997, S. 98.)

## Epoche Jugendstil?

1   Walter Benjamin, »Rückblick auf Stefan George«, in: *Gesammelte
    Schriften III*, hrsg. von Hella Tiedemann-Bartels, Frankfurt/Main
    1972, S. 394. Dort auch das folgende Zitat.
2   Dominik Jost, *Literarischer Jugendstil*, Stuttgart 1969 (Sammlung
    Metzler 81), S. 14.
3   So z. B. R. Schmutzler, *Art Nouveau. Jugendstil*, Stuttgart 2/1977;
    G. Sterner, *Jugendstil, Kunstformen zwischen Individualismus
    und Massengesellschaft*, Köln 3/1977; vgl. auch H.-U. Simon, *Se-
    zessionimus. Kunstgewerbe zwischen literarischer und bilden-
    der Kunst*, Stuttgart 1976. Folgende weitere Studien bilden den
    Hintergrund für diese Studie: *Jugendstil. Der Weg ins 20. Jahr-
    hundert*, hrsg. von H. Seling, Heidelberg München 1955 (und mit
    einer programmatischen Einleitung von Kurt Bauch); Horst Fritz,
    *Literarischer Jugendstil und Expressionismus. Zur Kunsttheo-
    rie, Dichtung und Wirkung Richard Dehmels*, Stuttgart 1969;
    H. H. Hofstätter, *Geschichte der europäischen Jugendstilmalerei*,
    Köln 1963. Neuerlich auch Jürg Stenzl (Hrsg.), *Art Nouveau, Ju-
    gendstil und Musik*, Zürich 1980; Robert Münster (Hrsg.), *Ju-
    gendstil – Musik? Münchner Musikleben 1890–1918*, Wiesbaden
    1987 [Katalog einer Ausstellung der Bayerischen Staatsbiblio-
    thek München]; Walter Frisch, »Music and Jugendstil«, in: *Critical
    Inquiry 17*, S. 138–161. Einer extensiven Anwendung des Stilbe-
    griffs huldigt auch Jost Hermand, freilich mit starken ideologie-
    kritischen Vorbehalten, in einer Vielzahl von Publikationen. Sein

wichtigstes Buch (*Stilkunst um 1900*, Berlin *1967* [= Richard Hamann / J. Hermand, *Die deutsche Kultur von der Gründerzeit bis zum Expressionismus*, Bd. IV]) beginnt mit den Worten »Einmal ganz grob gesprochen ...«.

4  So der Titel eines Aufsatzes von Fritz Schmalenbach neuerlich abgedruckt in *Jugendstil*, hrsg. von Jost Hermand, Darmstadt 1971 (Wegeder Forschung 110). Vgl. auch Schmalenbachs unverändert wichtige Publikation *Jugendstil. Ein Beitrag zur Geschichte der Flächen-Kunst*, Würzburg 1935).

5  [Katalog zur Ausstellung] *Ein Dokument deutscher Kunst.* Darmstadt 1901–1976, 5 Bände, Darmstadt 1977.

6  N. Pevsner, *Wegbereiter moderner Formgebung*, Hamburg 1957 (rde 33), S. 57.

7  Dolf Sternberger, *Über Jugendstil*, o.O. 1977 (Insel-Taschenbuch 274), S. 23.

8  Joseph Maria Olbrich, »Das ›Dokument deutscher Kunst‹«, in: *Deutsche Kunst und Dekoration* VI, 1900, S. 370.

9  Vgl. die Diskussion dieser Sätze in Dolf Sternbergers Darmstädter Rede von 1976, o.a.O., S. 11 ff.

10  Sternberger, S. 26.

11  Siehe G. Reising und J. Hermand, in Katalog Darmstadt I.

12  Zur Künstlerkolonie Mathildenhöhe und ihrer Ausstellung von 1901 vgl. die Bände IV und V des in Endnote 5 genannten Katalogs. Eine kurze kritische Darstellung auch bei Simon, S, 137 ff.

13  Am besten immer noch der konzentrierte Essay von Volker Klotz, »Jugendstil in der Lyrik«, in: *Akzente* IV, 1957, S. 26 ff.

14  Arnold Schönberg, *Briefe*, hrsg. von Erwin Sztein, Mainz 1958, S. 30 f.

15  Reinhold Brinkmann, »Arnold Schönbergs Lieder«, in: *Arnold Schönberg*. Publikation der Akademie der Künste, Berlin 1974, S. 48.

16  Zur harmonischen Bedeutung der Akkordfunktion siehe Edward Cone, *Music. A View from Delft*, Chicago London 1989, S. 255 f. Vgl. neuerlich auch Walter Frisch, *The early Works of Arnold Schoenberg. 1893–1908*, Berkeley 1993, S. 92 ff.

17  Er ist als solcher keineswegs selten. Auch in Olbrichs Bauten gab es Musiksalons, z.B. im Oberhessenhaus von 1908 oder in dem großen Ausstellungsgebäude von 1907/09. Ansonsten war der Platz des reich ornamentierten Flügels die für viele Olbrich-Häuser so charakteristische große Halle, z.B. im Haus Christian-

sen von 1901. Bezeichnend für den großbürgerlichen Habitus insgesamt ist, daß das Interesse stets dem Flügel, niemals dem Klavier galt.

[18] Fr. Hoebner, *Peter Behrens*, München 1913, S. 13.

[19] Beschreibungen bei K. Breysig, *Über Kunst und Leben – Haus Peter Behrens* (Ausstellungsführer 1901), Abdruck bei Koch, S. 346.; ferner bei Hoeber S. 16. – Fotos: Katalog Darmstadt V, S. 66; ferner bei Koch, a. a. O.

[20] Behrens malte das 207 x 149 cm große Temperabild 1897. Offenbar war es ihm sehr wichtig; es nahm auch in seinem späteren Heim in Babelsberg einen zentralen Platz ein.

[21] Ein Beispiel für die Überformung der Gegenstände durch das Ornament, das keine Rücksicht auf die unerschiedlichen Funktionen wie Materialien nimmt. Vom späteren Behrens her übt selbst der sonst so panegyrische Biograph Hoebner hier deutliche Kritik.

[22] Hoebner S. 57. Es ist bezeichnend, daß diese Apsisgestaltung weitgehend identisch ist mit der ebenfalls von Behrens gebauten Apsis des Krematoriums in Delstern (Westfalen).

[23] Ebenda, S. 211. Offenbar ein Text aus der Nach-Darmstädter Zeit.

[24] August Endell, »Möglichkeiten und Ziele einer neuen Architektur«, in: *Deutsche Kunst und Dekoration* 1900, S. 144.

[25] Hugo von Hofmannsthal, *Aufzeichnungen*, Frankfurt/Main 1959, S. 237.

[26] Der Text des Festspiels bei Koch, S. 63 ff., Fotos im Katalog Darmstadt V, S. 109, sowie Simon, Abb. 9.

[27] Zu W. de Haan vgl. R. Schweitzer, *Darmstädter Musikleben im 19. Jahrhundert*, Darmstadt 1975, S. 158 ff. Zwei Ausschnitte bei Koch, S. 71 ff.

[28] Die Fakten der folgenden Darstellung gehen auf eine Auswertung der Darmstädter Tagespresse von Mai bis Oktober 1901 zurück. Siehe ferner Koch, passim, und Simon, S: 145 f.

[29] Aus dem Programm zur Grundsteinlegung des Künstlerhauses, Koch S. 44.

[30] Zu Einzelheiten vgl. den Katalog der Ausstellung *Joseph M. Olbrich, 1860–1908, Das Werk des Architekten*, Darmstadt 1967, S. 100 ff.

[31] Hauptkatalog. Die Ausstellungsbauten der Künstlerkolonie, Darmstadt 1901, S. 14 f.

[32] *Berlin und Leipzig 1900.* Hier zitiert nach der 3. Auflage vom Juli 1901, S. VIII-X.

[33] Orchester und Dirigent existierten in Wien tatsächlich. Das Orchester wurde 1899 gegründet und nannte sich Wiener Symphoniker; es gehört zu den Vorläufer-Institutionen der Wiener Symphoniker. Vgl. Rudolf Flotzinger u. Gernot Gruber, *Musikgeschichte Österreichs*, Bd. III: *Von der Revolution 1848 zur Gegenwart*, Wien (u. a.) 1995, S. 105 ff.

[34] Koch, S. 238 f.

## Schönberg und George.
## Interpretation eines Liedes

[1] Die erste Niederschrift des Liedes »Ich darf nicht dankend« (nach Versen aus Georges ›Jahr der Seele‹) findet sich mit diesem Datum auf S. 103 des sog. 3. Skizzenbuchs. Sie steht vor den frühesten Skizzierungen des 3. und 4. Satzes aus Opus 10.

[2] Manuskriptdatum des 1. Orchesterliedes aus Opus 22, dem das Gedicht »Seraphita« von Ernest Dowson in der Übertragung Georges zugrunde liegt.

[3] Das Lied ist nicht exakt zu datieren. Doch wurde das Schlußlied des Zyklus am 28.2.1909, also unmittelbar nach den Klavierstükken op. 11, Nr. 1 und Nr. 2 vollendet. Karl Kraus veröffentlichte die Nr. 14 (als reproduziertes Autograph) im 9. Jg. der *Fackel* (Nr. 300, 11.4.1910). Im Notentext weichen Manuskript (im Nachlaßarchiv Los Angeles) und *Fackel*-Autograph nur in Dynamik und Bogensetzung von der endgültigen Druckfassung ab: sie sind – wie fast stets bei den Schönbergschen Autographen, die keine Reinschriften darstellen – noch nicht vollständig bezeichnet. Die Fassung der *Fackel* steht hierbei zwischen Nachlaßmanuskript und Druckfassung (Wien 1914, UE 5338).

[4] Die Analyse war ursprünglich ein Kapitel der primär den Klavierstücken op. 11 geltenden Dissertation des Verfassers. Sie diente dort der Erörterung des Werkumkreises der ersten beiden dieser Klavierstücke, zog bestimmte Linien aus und durchdachte die kompositorische Situation des Frühjahrs 1909 von anderen Aspekten her. Doch war der Gang der Analyse wichtiger als die Fixierung handfester Ergebnisse. Die Dissertation des Verfassers (*Arnold Schönberg: Drei Klavierstücke op. 11. Studien zur frühen Atonalität bei Schönberg*) ist 1969 in gekürzter Fassung beim Steiner Verlag Wiesbaden als Beiheft zum *Archiv für Musikwissen-*

327

*schaft* Nr. 7 im Druck erschienen. Eine 2. Auflage mit neuem Vorwort erschien im Jahr 2000.

5 In: *Der blaue Reiter,* München 1912 (diese Sätze S. 32–33), Neuausgabe München 1965 (dort S. 66 u. 74). – Vgl. auch Schönbergs Brief an R. Dehmel vom 16. 11. 1916 (J. Birke, *R. Dehmel und A. Schönberg,* Mf XI, 1958, S. 285) und das Vorwort zu A. Schönberg, *Texte,* Wien New York 1926, S. 6.

6 Gemäß solcher Auffassung enthält schon der konzentrierte Beginn das Ganze, das die Intentionen dieses Beginns austrägt. Der folgende Satz (»Wenn man einen Vers …«) weitet dann die These aus: Jedes Einzelmoment sei in sich zugleich das Ganze.

7 Man hat die folgenden Sätze aus dem späten Vortrag »Composition with twelve tones« von 1941 (*Style and Idea,* New York 1950, S. 106) bei Bezugnahme auf die George-Lieder mit jenen aus dem Jahre 1911 konfrontiert: »A little later I discovered how to construct larger forms by following a text or poem. The differences in size and shape of its parts and the change in character and mood were mirrored in the shape and size of the composition, in its dynamics and tempo, figuration and accentuation, instrumentation and orchestration. Thus the parts were differentiated as clearly as they had formerly been by tonal and structural functions of harmony«. Das »a little later« (es bedeutet hier: nach den Stücken von »extraordinary brevity« seit 1908, die vorher erwähnt werden) und die Berufung auf »larger forms« aber lassen es geraten erscheinen, diese Äußerungen nicht auf die Kurzformen des Opus 15 zu beziehen (obwohl der Text von »poem« spricht), sondern auf die *Erwartung* und *Die Glückliche Hand.* Wie ein Kommentar dazu lesen sich die Worte Weberns (*Wege zur neuen Musik,* Wien 1960, S. 57 f., vgl. auch S. 60): »Was damals Längeres geschrieben wurde, hängt mit einem tragenden Text zusammen (Schönberg ›Erwartung‹ und ›Die glückliche Hand‹, Berg ›Wozzeck‹) …«

8 Schönberg selbst hat diese Zielsetzung später formuliert (»Gesinnung oder Erkenntnis«, in: *26 Jahre neue Musik.* Jb. der UE Wien 1926, S. 25): »… daß ich in meinem Aufsatz ›Das Verhältnis zum Text‹ im ›Blauen Reiter‹ … vielleicht als erster mich von der Ausdrucksmusik, zunächst theoretisch, abgewendet habe …«

9 W. Kayser (»Goethes Auffassung von der Bedeutung der Kunst«, in: *Die Vortragsreise,* Bern 1958) hat als Motto seines Aufsatzes gegensätzliche Äußerungen Goethes zu gleichen ästhetischen Phä-

nomenen einander konfrontiert, um zu demonstrieren, daß »auf der Ebene von Zitaten« keine Einsichten zu erwarten seien, sondern nur, indem diese Zitate auf ihre Voraussetzungen hin geprüft, in ihrer augenblicklichen Motivierung gesehen werden.

10 Von dem zuerst in einem Privatdruck (Berlin 1895) erschienenen Zyklus vertonte Schönberg (nach der 2. Auflage, Berlin 1899) nur die 15 Gedichte des Mittelteils (die Numerierung im folgenden bezieht sich nur auf diesen Mittelteil). Außerdem ist eine unvollendete Komposition vom Schlußgedicht des 1. Teils, »Friedensabend«, erhalten (J. Rufer, *Das Werk Arnold Schönbergs*, Kassel u. a. 1959 [Rufer WV], S. 94). Die Herauslösung des in sich gerundeten Mittelteils aus der bei George bewußt verschleiernden Zusammenordnung und Ineinanderspiegelung mit den Teilen 1 und III (ist das Ich der Lieder identisch mit dem jungen Herrscher der anderen Teile?) findet eine gewisse Rechtfertigung in der poetischen Liedhaftigkeit der Folge. (In Georges *Das buch der sagen und sänge* aus dem gleichen Band der Gesamtausgabe steht ähnlich eine liedhafte Gedichtreihe, allerdings am Ende des Zyklus.) Diese Herauslösung gibt den Liedern jedoch ein gut Teil jener Direktheit zurück, die der Dichter stilisierend vermeiden wollte. Ähnlich Schönberg verfuhr bekanntlich Franz Schubert in *Die schöne Müllerin*: Prolog und Epilog, die das tragische Geschehen des Liederspiels von Wilhelm Müller romantisch ironisierend relativieren sollen, blieben unvertont. Zu weiteren inneren Analogien zwischen den Zyklen Schuberts und Schönbergs vgl. Th. W. Adorno, »Situation des Liedes«, in: *Anbruch* X, 1928, und neuerlich »Zu den Georgeliedern«, Nachwort zur Insel-Ausgabe des Schönbergschen Opus, Wiesbaden 1959 (= Inselbücherei Nr. 683).

11 Das Geschehen des Mittelteils ist in Analogie der Jahreszeitenfolge von Sommer und Herbst angelegt. Den nachfolgenden Gedichtkreis *Das jahr der seele* läßt George im Herbst beginnen. Das Gesamtschaffen soll sich hier zyklisch reihen. »Der wert einer dichtung ist auch nicht bestimmt durch einen einzelnen wenn auch noch so glücklichen fund in zeile und strofe oder grösserem abschnitt … die zusammenstellung? das verhältnis der einzelnen teile zueinander? die notwendige folge des einen aus dem andern kennzeichnet erst die hohe dichtung« (St. George, *Werke*, Ausgabe in zwei Bänden, München Düsseldorf 1958 [George 1 bzw. II], Bd. 1, S. 530).

12 Hierzu die Interpretation Adornos (a.a.O.). Vgl. auch Hugo von
Hofmannsthal zu Gedichten aus *Das jahr der seele:* »… hier ist ein
Herbst, und mehr als ein Herbst. Hier ist ein Winter, und mehr als
ein Winter. Diese Jahreszeiten, diese Landschaftern sind nichts
als die Träger des Anderen« (»Das Gespräch über Gedichte«, in:
*Prosa* II, Frankfurt/M. 1951, S. 96).

13 Mitgeteilt nach dem Abdruck im 3. Bd. der Gesamtausgabe der
Werke Georges. Die dort gegebene Interpunktion der 8. Zeile
wird gegenüber der Fassung in der von R. Boehringer besorgten
zweibändigen Werkausgabe bevorzugt.

14 George 1, S. 530. – »… wir sehen in jedem ereignis jedem zeitalter
nur ein mittel künstlerischer erregung« ist daher eine Maxime
Georges *(Blätter für die Kunst* II, 2, 1893, S. 34). So liegt aller Sinn
des Lebens erst und nur in seiner Transformierung zur Kunst.
Man möge doch, hat George gefordert (1, S. 119), »bei einer dichtung vermeiden sich unweise an das menschliche oder landschaft-
liche urbild zu kehren: es hat durch die kunst solche umformung
erfahren dass es dem schöpfer selbst unbedeutend wurde …«

15 Jene »luft peinigender innerlichkeit«, die George an Verlaines
*Fêtes galantes* bemerkte (I, S. 509).

16 Vgl. dazu das Kapitel »Hugo von Hofmannsthal: Die Wahrheit
der Gebärde« bei W. Kayser, *Die Wahrheit der Dichter,* Hamburg
1959 (= rde 87), S. 45 ff.: »Hofmannsthal hat den Augenblick an
einem Gegenständlichen, in dem seine Wesenheit gesammelt erscheint, gern als Geste oder Gebärde bezeichnet«. – In seiner Untersuchung über *Bild und Gebärde in der Sprache Hofmannsthals*
(Wien 1961, = Österreichische Akademie d. Wiss., Phil.-hist. Kl.,
Sitzungsberichte, Bd. 238, 1) hat W. Mauser die Wurzeln der »Gebärdensprache« Hofmannsthals (für den die Beziehungen von
Wort und Körper fundamentale Erfahrungen waren) in der schon
im Frühwerk bestimmend wirksamen Schicht einer »daseins-
unmittelbaren Sprache« aufgezeigt. Hofmannsthal selbst hat Verse
aus Georges *Das buch der hängenden gärten* Gebärden genannt
(»Gedichte von Stefan George«, in: *Prosa* 1, Frankfurt/M. 1950,
S. 291). – Gebärde ist auch ein Zentralwort des mittleren Rilke.
A. Langen (»Deutsche Sprachgeschichte vom Barock bis zur Gegenwart«, in: *Deutsche Philologie im Aufriß,* Berlin Bielefeld
²1957, Bd. 1, Sp. 1365) kennzeichnet Rilkes Gebärdenmetaphorik:
In ihr werde »die konkrete Bewegung der Menschen und Dinge
auf Seelisches und Abstraktes, das immer wieder beseelt und per-

sonifiziert erscheint, übertragen«. Doch hätten wohl Rilke und Hofmannsthal und auch George umgekehrt gesagt, die »konkrete Bewegung der Menschen und Dinge« sei dieses »Seelische« selbst als wortgewordene Gebärde. (Die Eigenart dieser drei Dichter aus dem Spezifischen ihrer Gebärdensprache zu erschließen, ist hier nicht unsere Aufgabe.) – Auf diesem Hintergrund der Dichtung ist auch in der neueren Literaturwissenschaft »Gebärde« eine wichtige Kategorie bei der Interpretation von Lyrik. P. Böckmann z. B. formuliert (»Die Sageweise der modernen Lyrik«, in: *Zur Lyrik-Diskussion,* hrsg. von R. Grimm, Darmstadt 1966 Wege der Forschung, Bd. CXI, S. 112): »So gilt nun in der Lyrik überhaupt nicht der Begriff, sondern die Gebärde.« V. Klotz hat »Gebärde« als zentrale Stilfigur eines literarischen Jugendstils zu fassen versucht (»Jugendstil in der Lyrik«, in: *Akzente* IV, 1957).

17 »… daß die einfache flöte genüge um den Menschen das tiefste zu verraten. Eine farbe zaubert gestalten hervor, indes drei spärliche striche die landschaft bilden und ein schüchterner klang das erlebnis gibt«, rühmt George an Verlaine (I, S. 509). Vgl. auch seine grundsätzliche Bemerkung (I, S. 532): »… denn kunst ist nicht schmerz und nicht wollust sondern triumf über das eine und die verklärung des andern. Tiefster schmerz deutet sich auch nicht an durch ausstossen von wehlauten auf offenem markt: der kenner der seele aber hört ihn unendlich rührend als seufzer aus einer scheuen einsamkeit. Tiefste wollust gibt sich auch nicht zu erkennen durch anwendung heftiger worte und bilder sondern durch ein lächeln? durch eine zerdrückte träne und durch ein beben«. – Man vergleiche mit diesen Vorstellungen Schönbergs bekanntes Vorwort zu Weberns Streichquartett-Bagatellen op. 9, wenngleich die fundamentalen Differenzen zwischen ihnen und Schönbergs Ausdrucksästhetik nicht übersehen werden sollten.

18 Die Landschaft der »Hängenden Gärten« ist der Park; von Quitten heißt es, daß sie »zerschellen«; »zerplatzen« wäre zu banal.

19 E. Morwitz (*Kommentar zu den Werken Stefan Georges,* München Düsseldorf 1960, S. 91 ff.) hat gemeint, daß innerhalb des Mittelteils mit dem 10. Gedicht (inhaltlich: nach der Erfüllung) der Gesamtton ruhiger werde; er nennt als technische Mittel dazu: gerade Verszahl, durchgängige Fünfhebigkeit, Verzicht auf den dreifachen Reim. Die Analyse der Gedichtreihe zeigt auf, daß deren Aufbau vor allem in Zahlenverhältnissen der Vershebungen eine deutliche Ordnung erkennen läßt.

20 Zu Georges zyklischer Bauweise, speziell auch zur Bedeutung von Ordnungsprinzipien, die auf (additiven) Zahlenverhältnissen beruhen (wie sie deutlicher noch als hier in *Der siebente ring* heraustreten) vgl. L. Lang, *Der Zyklus bei George und Rilke*, Diss. phil. Erlangen 1948, maschr. Siehe auch W. Kayser, *Geschichte des deutschen Verses*, Bern München 1960. – Einen schönen Katalog der Georgeschen Formungsmittel bietet P. G. Klussmann, *Stefan George. Zum Selbstverständnis der Kunst und des Dichters in der Moderne*, Bonn 1961 Bonner Arbeiten zur Literatur, Bd. 1.

21 Nur die erste und die letzte Zeile sind ohne Substantiv.

22 Vgl. W. Kayser, ebenda, S. 142. – Die Literaturwissenschaft umschreibt diese Weise des Dichtens seit N. von Hellingrath (*Pindarübertragungen von Hölderlin. Prolegomena zu einer Erstausgabe*, Jena 1911) typologisch mit dem Begriff der »harten Fügung«.

23 Das ist von Ohrenzeugen immer wieder beschrieben worden. Vgl. W. Kayser, ebenda.

24 Interpretiert man diese Haltung als Flucht vor der Wirklichkeit, als Errichtung einer kunstvoll arrangierten »Atelierwelt« (Klotz, a.a.O. S.28), so wird man hier literarischen Jugendstil wiederfinden. D. Sternberger hat in seinem bekannten Essay »Über den Jugendstil« (in: *Über den Jugendstil und andere Essays*, Hamburg 1956) pointiert das »Heim« als »ornamentale Hülse« (S. 22) das »reifste Werk des Jugendstils« genannt.

25 Das optische Moment der Gedichtgestalt ist sicher nicht ohne Bedeutung. Gundolf hat George einen »Augenmenschen« genannt (Fr. Gundole, *George*, Berlin 1920, S. 117).

26 Für-sich-Stellen der Anfangszeilen ist ein häufiges Formungsmittel Georges. Vgl. die Gedichte 3–10 u. 12; auch andere, wie »Komm in den totgesagten park und schau« aus *Das Jahr der seele* (George I, S. 121), folgen solchem Prinzip.

27 Zur Technik des Gedichtanfangs siehe die Bemerkungen bei W. Kayser, *Das sprachliche Kunstwerk*, Bern München [11]1965, S. 192 ff.

28 W. Kayser (ebenda, S. 101 ff.) hat die Problematik lautsymbolischer Deutungen dargelegt und gefolgert: »Erst wenn ein Laut durch Häufung oder besondere Stellung sinnfällig wird, kann er lautsymbolische Wirkungen ausüben. Noch stärker als bei den Klangmalereien geben erst die Bedeutungen die Richtung auf das Symbolische an«.

29 K. H. Ehrenforth hat ihr ausführliche Untersuchungen gewid-

met (*Ausdruck und Form. Schönbergs Durchbruch zu Atonali-tät in den George-Liedern op. 15*, Bonn 1963 Abhandlungen zur Kunst-, Musik- und Literaturwissenschaft XVIII. Dazu die Rezension von C. Dahlhaus, Mf XVIII, 1965, S. 459f., und die Replik Ehrenforths, Mf XIX, 1966, S. 120, mit Berichtigung S. 359). Das Lied Nr. 14 nimmt bei Ehrenforth eine Sonderstellung ein: Er kennzeichnet es (S. 45, 8Sf., 107f., 121f.) als das »kühnste«, »der Webernschen Tonsprache direkt benachbart« (ähnlich schon früher Th. W. Adorno im erwähnten Insel-Band, S. 82); das »athematische Prinzip« sei hier, »zumindest im Klavier, ungewöhnlich weit vorangetrieben«. Als zentrales Formelement des Liedes nennt Ehrenforth eine bestimmte Intervallordnung, die das Klavier in T. 1 exponiert: aufsteigende Folge von großer Sept – kleiner Sept –Tritonus – Quint, mit abschließender fallender kleiner Sekunde. Er versucht, diese Intervallordnung – mit Modifizierungen und unter Einbeziehung der Komplementärintervalle – im gesamten Lied nachzuweisen. An diese »konstruktive Gesetzmäßigkeit im Klavier« aber zeige die Gesangsstimme bis auf wenige Anklänge keine Bindung. – Ehrenforth versteht die Komposition als eine »bewußt vom Espressivo befreite Musik ...«, welche »Möglichkeiten nur-intervallischer Zusammenhänge erproben« wolle. – Diese Ansicht hat Ehrenforth neuerlich (»Schönberg und Webern«, NZfM CXXVI, 1965) noch einmal vertreten, sie allerdings modifiziert (S. 103f.): das Lied sei »formal doppelgleisig angelegt«; der fallende Kleinsekundschritt, der jetzt sowohl in der Gesangsstimme wie hin Klavier aufgewiesen wird, sei »Träger herkömmlicher motivischer Bindungen«. Den »Ursprung« des Halbtonmotivs sieht der Autor im 1. Takt des Klaviers, sein Vorkommen am Beginn der Singstimme in T. 2 erwähnt er nicht. – Meine Ausführungen sind den Ergebnissen Ehrenforths in manchem verpflichtet. Sie bilden jedoch zugleich eine kritische Auseinandersetzung mit seinen Thesen, ohne daß auf diese im einzelnen jeweils verwiesen wird. Die ausführliche Diskussion erscheint heute, nach fast vierzig Jahren, akademisch. Der Text wurde daher in diesem Abdruck in einigen Anmerkungen leicht gekürzt.

30  Der Begriff Periode scheint gerechtfertigt, weil einmal die Vordersatz-Nachsatz-Gliederung evident ist, zum andern aber auch ein Halbschluß-Ganzschluß-Verhältnis durchblickt, freilich jenseits tonal-harmonischer Ordnung (dazu im folgenden).

31 Vgl. auch C. Dahlhaus, »Musikalische Prosa«, NZfM CXXV, 1964, S. 181.

32 Th. W. Adorno (a. a. O. S. 76) nennt es die »Paradoxie« von Liedern, »daß sie ihr eigenes Formgesetz nicht finden durch Beziehung auf musikalische Formkategorien, die ihnen vorgegeben sind, sondern durch Entäußerung, Versenkung in ein ganz Anderes«.

33 Interessant und für den geschichtlichen Ort Schönbergs bezeichnend sind in diesem Zusammenhang Worte R. Wagners zu möglicher Vertonung Goethescher Verse (*Oper und Drama*, in: *Sämtliche Schriften und Dichtungen,* Volksausgabe, Bd. III, S. 115 f.): »... Das Wahre an der Sache ist, daß eine vollkommen dem Sinn entsprechende [d. h. den ›natürlichen‹ Sprachakzent beachtende, der allein den Wortsinn hervorhebt] musikalische Komposition auch dieser Verse sie in Prosa auflösen, und aus dieser Prosa sie als selbständige Melodie erst wiedergebären müßte ...«

34 Das bezieht sich zunächst nur auf den Sprachsatz und ist in Hinsicht auf eine Erörterung der Bedeutung des George-Textes für die musikalische Form gesagt. Schönbergs und Regers Begriff einer ›musikalischen Prosa‹ (die, wie C. Dahlhaus, a. a. O., gezeigt hat, gleichwohl gebundene musikalische Rede in Form periodischer Beziehungen voraussetzt) fixiert im musikalischen Bereich den analogen Sachverhalt. Daß die Liedprosa des Georgeschen Textes eine »rhythmische Prosa« bleibt (schon wegen der Reimkorrespondenzen), ist einleuchtend. – Zur Unterscheidung von Vers und Prosa vgl. W. Kayser, *Das sprachliche Kunstwerk,* Bern München[11]1965~ S. 245 ff. und 263 ff. Zu den Skizzen für das Opus 15 vgl. den Band B1/2, Teil 1, S. 211–213, der Schönberg Gesamtausgabe.

35 Bemerkenswert ist, daß die Singstimme nicht auf einem dieser beiden Töne schließt. Dazu unten S. 199 f.

36 Dieses Intervallgerüst ist aber kein »Klangzentrum« gemäß der Definition von E. Erpf (*Studien zur Harmonie- und Klangtechnik der neueren Musik,* Leipzig 1927, S. 122); weder ist es ein »dissonanter Vielklang von besonderem Klangreiz«, noch hat es »in einem gewissen primitiven Sinn den Charakter eines klanglichen Zentrums, von dem die Entwicklung ausgeht, und in das sie wieder zurückstrebt«.

37 Die Änderungen sind stets im Text begründet. Siehe unten S. 198 f.

38 Das hat Ehrenforth bereits gesehen. Seine Zurückführung der

übermäßigen Dreiklangsfolgen auf die Intervallordnung von Takt 1 kann ich allerdings nicht mitvollziehen.

[39] Eigentlich ein Sonderfall der Kleinterzteilung. Und die Großterzteilung läßt sich auf die Ganztonreihe zurückführen (vgl. Schönbergs *Harmonielehre*, Wien Leipzig 1911, S. 436f.).

[40] Den Niederschlag solcher Verfahren zur theoretischen Reflexion bringt die *Harmonielehre*: »Die kleine Terz teilt die chromatische Skala in vier, die große Terz teilt sie in drei gleiche Teile« (ebenda, S. 266).

[41] Sie erfolgt eben nicht (oder zumindest nicht primär), wie Ehrenforth (a. a. O.) annimmt, um eine großintervallische Struktur – im Sinne Weberns etwa – zu erzielen.

[42] Das *sfppp* dürfte auch für die Singstimme gelten.

[43] Das Schließen wird hier vornehmlich durch das Ritardando, durch langsames Auslaufen der Bewegung suggeriert.

[44] Zu der des Gedichts innerhalb der Georgeschen Reihe vgl. oben S. 183f.

[45] Was Klassifizierungen wie »Webern-Nähe« besagen möchten.

[46] Natürlich: Dieses bildet sich aus der Singstimmenmelodik der Takte 2–4, die – wie gezeigt wurde – ganz dem Wort verpflichtet ist. Doch kann man davon nicht herleiten, daß gerade diese Töne und dieses Intervall gewählt werden.

[47] Diese ist dem Formverlauf des Gedichts genau entgegengesetzt. Dort bewirkt die Konjunktion »und« das Anketten des letzten Bildes an die Reihung der übrigen (vgl. oben S. 10).

[48] Ein ähnliches Verfahren punkthafter Konzentration, in weit größeren Dimensionen, wählt R. Wagner in *Tristan und Isolde:* Der große Liebesgesang im 2. Aufzug entwickelt sich nach dem Einmünden ins Unisono aus dem einen oktavierten es der Bratschen.

# Der Narr als Modell.
## Arnold Schönbergs *Pierrot lunaire*
## und der moderne Künstler

1 Der Partitur-Titel folgt dem nur generell. Der Begriff »Lieder« fällt weg, ebenso die letzte Zeile. In der graphischen Differenzierung sticht jetzt der verkürzte Titel PIERROT LUNAIRE hervor.

2 Natürlich war Schönbergs Feststellung, angesichts Direktor Hertzkas Vorschlag, das Werk nur als Klavierauszug zu publizieren, auch ein Argument für die Bedeutung der Partitur und damit für den Druck einer kleinen, lesbaren, billigen.

3 Arnold Schönberg, »Die Jugend und ich« (1923), als »The Young and I« in: *Style and Idea*, hrsg. Leonard Stein, London 1975, S. 94.

4 Siehe die Diskussion unten S. 231f.

5 Vor etlichen Jahren plante der amerikanische Musikologe Evan Bonds eine solche vergleichende Studie.

6 Sofern die Texte und ihre Anordnung betroffen sind, war Susan Youens die erste, die Schönbergs Intention erkannt hat. Siehe ihr »Excavating an Allegory«: The Texts of ›Pierrot lunaire‹«, in: *Journal of the Arnold Schoenberg Institute*, VIII,2, November 1984.

7 Zitiert nach Louisa E. Jones, *Sad Clowns and Pierrots*, Lexington, Kentucky 1984, S. 67f.

8 Francis Haskell, »The Sad Clown«, in: Ulrich Finke (Hrsg.), *French 19th-Century Painting and Literature*, Manchester 1972, S. 2f.

9 Zitiert nach Judith Wechsler, *A Human Comedy. Physiognomy and Caricature in 19th-Century France*, Chicago 1982, S. 45.

10 Robert E. Storey, Pierrot. A Critical History of a Mask, Princeton, NJ 1978, plate 2.

11 Sicher war es Schumann bewußt, daß Berlioz hier eine Beethoven-Kritik komponiert hatte. Das Übereinanderblenden von Freudenthema als Tanz und »Seid umschlungen« als Choral im Finale von Beethovens Neunter ist das Modell.

12 Zu Wangenheims Berliner Auftritt im Pierrot-Kostüm siehe Peter Jelavich, *Berlin Cabaret*, Cambridge, Mass., 1993, S. 130 und 145.

13 Ich verdanke die Kenntnis dieses Satzes Regina Busch.

14 Regina Busch wies gelegentlich auf dieses von dem Impressa-

rio Guido Steiner lancierte Projekt hin. Ihr Vortrag ist inzwischen im Druck erschienen. Siehe Regina Busch, »»Venedig in Wien‹. Schönbergs Pierrot im Prater«, in: Heidemarie Uhl (Hrsg.), *Kultur – Urbanität – Moderne. Differenzierungen der Moderne in Zentraleuropa um 1900*, Wien 1999 (Studien zur Moderne 4), S. 351–382. – Vergleiche die Darstellung und bildnerische Dokumentation bei Norbert Rubey und Peter Schoenwald, Venedig in Wien, Theater und Vergnügungsstadt der Jahrhundertwende, Wien 1996, passim. Von der Venedig-Euphorie in den USA zeugen auch die Reste eines Venedig nachempfundenen Ortsteils Venice bei Santa Monica (Los Angeles).

15 Ernst von Wolzogen, Verse zu meinem Leben, Berlin 1907, S. 134.

16 Das gilt auch für das Unisono von Klavier und Cello in der Nr. I (V., 29 ff.). Siehe unten S. 238.

17 Jonathan Dunsby, *Schoenberg: Pierrot lunaire*, Cambridge 1992, S. 35.


## Kompositorische Maßnahmen Eislers

1 H. Eisler, *Lieder und Kantaten*, Bd. 1, Leipzig 1955; im folgenden = GA 1.

2 *Sinn und Form. Sonderheft Hanns Eisler 1964*, Berlin 1964; im folgenden = SuF.

3 H. Eisler, *Eine Auswahl von Reden und Aufsätzen*, Leipzig o. J., Reclam.

4 Zum Montageprinzip bei Eisler vgl. die technisch zutreffenden Untersuchungen von J. Elsner in SuF.

5 *Schriften zum Theater* III, Frankfurt/Main 1963, S. 304/5.

6 *Das Politische im Lied*, Bonn 1967.

7 Hier zitiert nach der in den *Beiträgen zur Musikwissenschaft* X, 1968, S. 38, gegebenen Übersetzung durch I. Krause.

8 *Komposition für den Film*, Berlin 1949, S. 101/102.

9 *Musikblätter des Anbruch* VII, S. 422 f.

10 *Musikblätter des Anbruch* IX, S. 337 f.

11 Die Formulierung dieses Satzes geschieht mit Bedacht. Sie ist nicht nur in den Inhalten der Schrift begründet. Auch sprachliche *Kriterien* scheinen in manchen (sogar umfangreichen) Partien für die Beteiligung eines zweiten – ungenannten – Autors zu sprechen. Darauf verweist die partielle Stellung des Reflexivums der

3. Person singularis zum Verb, also ans Satzende, ebenso wie der eben dort zu findende Gebrauch des Substantivs »Bereich« als Neutrum. Beides ist Eislers Stil sonst fremd. Gleichwohl wären, da Eisler sie unter seinem Namen veröffentlichte, solche Partien als von ihm akzeptiert anzusehen. – Vgl. auch *Bulletin of the American Musicological Society* 11–13, 1948, S. 69.

12  *Texte* 1, Köln 1963, S. 113.

13  Siehe SuF, S. 130ff.

# Vom Pfeifen und von alten Dampfmaschinen.
## Zwei Hinweise auf Texte Theodor W. Adornos

1  Aus: *Die Musik* 22, 2, 1930, S. 918f.

2  Th. W. Adorno, *Impromptus*, Frankfurt/M. 1968, S. 51ff.

3  Th. W. Adorno, *Alban Berg*, Wien 1968, S. 21.

4  *Impromptus*, S. 59.

5  Ebenda, S. 67f.

6  Ebenda, S. 68.

7  W. Gurlitt, *Johann Sebastian Bach*, zitiert nach der 4. Auflage, Kassel 1959, S. 13.

8  W. Gurlitt, *Paul Hindemith*, in: *Musikgeschichte und Gegenwart* 1, hg. von H. H. Eggebrecht, Wiesbaden 1966, S. 202.

9  Th. W. Adorno, *Berg*, Wien 1968, S. 10.

10  *Impromptus*, a.a.O., S. 58.

11  Th. W. Adorno, *Ästhetische Theorie*, Frankfurt/M. 1970, S. 219.

12  Th. W. Adorno, *Klangfiguren*, Berlin u. Frankfurt/M. 1959, S. 244.

13  Ebenda, S. 246.

14  Ebenda, S. 25.

15  H. Kühn, »Hans Sachs und die ›insgeheim gesellschaftliche Phantasmagorie‹«, in: *Richard Wagner – Werk und Wirkung*, hrsg. von C. Dahlhaus, Regensburg 1971, S. 147ff.

16  Th. W. Adorno, »Benjamins ›Einbahnstraße‹«, in: *Über Walter Benjamin*, Frankfurt/M. 1968, S. 57.

17  H. H. Holz, *Prismatisches Denken*, ebenda, S. 71f.

18  Vgl. *Riemann Musiklexikon. Sachteil*, Mainz 12/1967, S. 751.

19  Th. W. Adorno, *Mahler*, Frankfurt/M. 1960, S. 10f.

20  Ebenda, S. 26f.

21  Ebenda, S. 26.

22  Ebenda, S. 25.

23 Ebenda, S. 26.
24 So Mahler zu N. Bauer-Lechner.
25 Th. W. Adorno, *Ästhetische Theorie*, S. 125.
26 G. Kaiser, *Benjamin. Adorno. Zwei Studien*, Frankfurt/M. 1974, S. 113f.
27 Th. W. Adorno, *Mahler*, a.a.O., S. 12.
28 Ebenda, S. 13.
29 Th. W. Adorno, *Einleitung in die Musiksoziologie*, Frankfurt/M. 1962, S. 72f.

## Musikalische Lyrik oder die Realisation von Freiheit. Wolfgang Rihms *Hölderlin-Fragmente*

1 In seiner Analyse von Rihms Klavierstück Nr. 6 hat Wilhelm Killmayer für die Komponisten eine Sonderstellung einzelner Töne reklamiert. Töne haben nach Killmayer »eigene Charaktere, die es nicht gestatten, ihnen wechselnde Funktionen zuzuteilen.« Interessanterweise spricht Killmayer vom »Geist des Einzeltons«. Vgl. Wilhelm Killmayer, »Zu Wolfgang Rihms Klavierstück Nr. 6 (Bagatellen)«, in: *Melos. Jahrbuch für zeitgenössische Musik* 51, 1992, S. 106.
2 Wolfgang Rihm, *ausgesprochen. Schriften und Gespräche*, hrsg. von Ulrich Mosch, Winterthur 1997, Bd. 1–2 (Veröffentlichungen der Paul Sacher Stiftung, Bd, 6, 1–2). Bd. II, S. 300. – Der Autor von Studien zur *Eroica* kann es sich denn doch nicht versagen, darauf hinzuweisen, daß die Tonkonstellation es-(d)-des-c historisch erheblich belastet ist. An dieser Stelle mag es bei einem Hinweis bleiben.
3 Eric Sams, *The Songs of Robert Schumann*, London 2/1975; Eric Sams, *The Songs of Hugo Wolf*, Bloomington Indianapolis 3/1992.
4 Rihm kann sich nicht erinnern, welche Hölderlin-Ausgabe er seinerzeit bei der Komposition benutzte. Auf jeden Fall entspricht die Numerierung der Fragmente in Rihms Zyklus derjenigen Friedrich Beißners in der Stuttgarter Augabe, die von vielen späteren Herausgebern als grundlegend benutzt worden ist. Alle textkritischen Ausgaben jedoch, die ich einsehen konnte, sprechen von »Bruchstücken« und »Plänen«, nicht von »Fragmenten«. Es ist daher schwer zu entscheiden, welche Hölderlin-Ausgabe Rihm bei der Komposition vorlag.

5 Vgl. auch die Diskussion der b-h-Spannung im 6. Klavierstück durch Wilhelm Killmayer, a. a. O., S. 105 f.

6 Reinhold Brinkmann, »Schoenberg's Quartets and the Viennese Tradition«, in: Reinhold Brinkmann u. Christoph Wolff (Hrsg.), *Music of My Future. The Schoenberg Quartets and Trio*, Cambridge, Mass. 2001.

7 Georg Wilhelm Friedrich Hegel, *Ästhetik*, Berlin 1955 (Seitennachweise im Text).

8 Reinhold Brinkmann, »Schönberg und das expressionistische Ausdrucksprinzip«, in: Rudolf Stephan (Hrsg.), *Bericht über den 1. Kongreß der Internationalen Schönberg-Gesellschaft*, Wien 1974, S. 13 f.

9 Arnold Schönberg, »Aphorismen«, in: *Die Musik* 9, 1909/10, S. 159.

10 Reinhold Brinkmann, »Schoenberg the Contemporary. A View From Behind«, in: Juliane Brand u. Christopher Hailey, *Constructive Dissonance. Arnold Schoenberg and the Transformation of Twentieth-Century Culture*, Berkeley Los Angeles 1997, passim. Erweiterte deutsche Ausgabe: *Arnold Schönberg und der Engel der Geschichte*, Wien 2001 (*Die Wiener Vorlesungen*, hrsg. von Hubert Christian Ehalt, Bd. 20).

11 Siehe Fußnote 7.

12 Ernst Jandl, »Voraussetzungen, Beispiele und Ziele einer poetischen Arbeitsweise«, zuerst in: *protokolle* 1970, H. 2, S. 25. Auch in: Ernst Jandl. *Gesammelte Werke*. 3. Band: *Stücke und Prosa*, hrsg. von Klaus Siblewski, Darmstadt Neuwied 1985, S. 480.

13 »Wolfgang Rihm im Gespräch mit Martin Wilkening«, in: »Wolfgang Rihm, Komponistenportrait 29. und 30. Oktober 1988«, Programmbroschüre hrsg. von Martin Wilkening, Berlin 1988, S. 9.

14 Killmayer, S. 109.

# Nachweise

(1) »*Kennst du das Buch?*« *Oder: die Vertreibung der Musiknoten aus* »*Wilhelm Meisters Lehrjahre*«: Erstveröffentlichung im *Goethe-Jahrbuch* 118, 2001, S. 289–303.

(2) *Wirkungen Beethovens in der Kammermusik*: Ursprünglich ein öffentlicher Vortrag zu dem Symposion über Beethovens Kammermusik, das vom Beethoven-Archiv in Bonn im Jahr 1984 veranstaltet wurde. Veröffentlicht im Symposionsbericht: Sieghart Brandenburg u. Helmut Loos (Hrsg.). *Beiträge zu Beethovens Kammermusik*, München 1987 (= Veröffentlichungen des Beethovenhauses Bonn., NF, Bd. IV, 10, S. 79–110.) Der Wiederabdruck ist um einige analytische Paragraphen gekürzt.

(3) *Monologe vom Tode, politische Allegorie und die* »*heil'ge Kunst*«. *Zur Landschaft von Schuberts* »*Winterreise*«: Erstveröffentlichung im *Achiv für Musikwissenschaft* 2005. Rudolf Stephan zum 80. Geburtstag am 3. April 2005 gewidmet. Der Interpretation von Schuberts *Winterreise* gilt auch meine im Wiener Picus-Verlag 2004 erschienene »Wiener Vorlesung« *Schubert, Lindenbäume und der deutsch-nationale Gedanke*.

(4) *Zeitgenossen. Johannes Brahms und die Maler Feuerbach, Böcklin, Klinger und Menzel*: Der Essay gibt den Text eines öffentlichen Vortrags wieder, der 1997 auf dem internationalen Brahms-Kongreß Hamburg gehalten wurde. Er ist Martin Warnke zum 60. Geburtstag am 12. 10. 1997 gewidmet. Die Erstveröffentlichung erfolgte 1999 im Kongreßbericht: Friedhelm Krummacher u. Michael Struck (Hrsg.), *Quellen – Text – Rezeption – Interpretation*. Internationaler Brahms-Kongreß Hamburg 1997, München 1999, S. 71–94.

(5) *Epoche Jugendstil?*: Konzipiert als Vortrag zum Symposion »Art Nouveau and Jugendstil and the Music of the Early 20th Century« der International Musicological Society, das im September 1979 in Adelaide (Australien) stattfand. Eine Publikation in englischer Spra-

341

che mit unsäglichen Druckfehlern ist in den *Miscellanea Musicologica. Adelaide Studies in Musicology,* vol 13, 1984, S. 19–47 erschienen. Nicht wieder abgedruckt wird die annotierte Bibliographie zum Jugendstil in der Musik.

(6) *Schönberg und George. Interpretation eines Liedes*: war ein Kapitel der Schönbergs Klavierstücken Opus 11 gewidmeten Dissertation des Verfassers und wurde von deren Betreuer, Prof. Dr. Hans Heinrich Eggebrecht, zum Erscheinen im *Archiv für Musikwissenschaft* bestimmt (Jg. 26, 1969, S. 1–28). Der Appendix zur Frage eines Jugendstils in der Musik wird nicht wieder abgedruckt, seine Fragestellungen sind jetzt ausführlicher in den Aufsatz *Epoche Jugendstil?* (in diesem Band S. 139–176) dargestellt. Eine Zusammenfassung der Interpretation des 14. George-Liedes gibt mein Aufsatz »The Lyric as Paradigm. Poetry and the Foundation of Arnold Schoenberg's New Music«, in: Claus Reschke u. Howard Pollack (Hrsg.), *German Literature and Music 1890–1988. An Aestetic Fusion,* München 1992 (Houston German Studies VIII), S. 95–129.

(7) *Der Narr als Modell. Schönbergs Pierrot lunaire und der moderne Künstler*: Ein Vortrag zum Symposion über Schönberg und Kandinsky, das 1993 in Den Haag statt fand. Publiziert in einer englischen Übersetzung im Tagungsbericht: Konrad Boehmer (Hrsg.), *Schönberg and Kandinsky. An Historic Encounter,* Amsterdam 1997, S. 139–167. Die hier erstmals publizierte deutsche Version ist leicht gekürzt, vor allem der Anhang mit einer Liste von Pierrot-Kompositionen um 1900 entfällt. Sein gesammeltes Wissen über *Pierrot lunaire* hat der Verfasser zusammengetragen in Bd. 24A und 24B1 der Schönberg-Gesamtausgabe.

(8) *Kompositorische Maßnahmen Eislers*: Ein Vortrag zur Tagung »Über Musik und Politik«, die das Institut für neue Musik und Musikerziehung Darmstadt im April 1969 veranstaltete. Veröffentlicht im Tagungsbericht: Rudolf Stephan (Hrsg.), *Über Musik und Politik,* Mainz 1971 (Veröffentlichungen des Instituts für neue Musik und Musikerziehung Darmstadt, Bd. 10), S. 9–22.

(9) *Vom Pfeifen und von alten Dampfmaschinen. Hinweise auf zwei Texte Theodor W. Adornos*: Veröffentlicht in Carl Dahlhaus (Hrsg.), *Beiträge zur musikalischen Hermeneutik,* Regensburg 1975, S. 113–120.

(10) *Musikalische Lyrik oder die Realisation von Freiheit. Zu Wolfgang Rihms »Hölderlin-Fragmenten«*: Ursprünglich ein Vortrag innerhalb des Rihm-Symposions der Salzburger Festspiele 2000. In dieser Form unpubliziert. Im Rihm-Heft der *Musik-Konzepte* (Neue Folge. Sonderband, München 2004, hrsg. von Ulrich Tadday) habe ich einige Gedanken dieses Aufsatzes vorab diskutiert.

# Personenregister

Abraham, Lars Ulrich 252
Adorno, Theodor W. 52, 62, 72,
    77f., 257, 259ff., **263–272**,
    293, 299, 301
Allgeyer, Julius 108f., 116
Altenberg, Peter 235
Ansorge, Conrad 161, 165
Arnold, Carl Heinrich 135
Atterbom, Per Daniel Amadeus
    88

Bach, Johann Sebastian 32, 46,
    51, 114, 228, 265, 283
Bachmann, Ingeborg 97
Bantock, Granville 236
Banville, Théodore de 218
Baptiste, s. Debureau, Jean-
    Gaspard
Barrault, Jean-Louis 207, 217
Barthes, Roland 73
Bartók, Béla 45f.
Bauch, Kurt 142
Baudelaire, Charles 207, 215,
    218f., 224
Bauer-Lechner, Natalie 269
Bayer, Josef 236
Beaumarchais, Pierre Augustin
    Caron de 206
Beethoven, Ludwig van 14,
    **32–72**, 74f., 78f., 95, 113f.,
    129, 211, 254, 283, 292

Behrens, Peter 142, 144, 146f.,
    149f., 166–169, 175f.
Benjamin, Walter 139, 268, 271
Benzmann, Hans 174
Berg, Alban 235, 255, 266f.
Berio, Luciano 75
Berlioz, Louis Hector 59, 225
Bierbaum, Otto Julius 172ff.
Bismarck, Otto von 114, 133
Bizet, Georges 173
Bloch, Ernst 268f., 290f.
Böcklin, Arnold **108–138**, 167
Bosse, Gustav 233
Botstein, Leon 117, 130
Botticelli, Sandro 167
Brahms, Johannes 42ff., 46ff.,
    51, 69, 76, **108–138**, 296
Brecht, Bertolt 49, 227,
    242–245, 250f., 261
Bredemeyer, Reiner 96f.
Brockhaus, Friedrich Arnold
    87
Bruckner, Anton 277
Burckhardt, Jacob 122, 129
Busch, Günter 136
Busch, Wilhelm 115
Busoni, Ferruccio 216, 229,
    233, 235, 239
Busse, Carl 174
Byron, George Gordon Noel
    Lord 224f.

Caesar, Christoph 113
Callot, Jacques 115 f.
Celan, Paul 282
Cezanne, Paul 206
Champfleury, Jules 218 f.
Cherubini, Luigi 114, 127
Chodowiecki, Daniel Nikolaus
    114 ff.
Christiansen, Hans 146
Claessens, Paul 145
Conrat, Ilse 115
Cornelius, Peter von 115, 121
Correggio 116
Courbet, Gustave 116

Dante (Alighieri) 182
Daumier, Honoré 206, 221
Debureau, Charles, 219
Debureau, Jean-Gaspard 207,
    217–220
Debussy, Claude 140
Dehmel, Richard 152–157, 172,
    174
Delacroix, Eugène 116, 123
Deutsch, Leonhard 258
Doering, Louis 116
Döhring, Sieghart 228
Dudow, Slatan 244
Dunsby, Jonathan 238
Dvořák, Antonin 44
Dyck, Anthonis van 116

Eckmann, Otto 145 f.
Ehrenforth, Karl Heinrich 191
Eichendorff, Joseph von 59,
    211, 292
Eisler, Hanns **241–261**, 267
Endell, August 169, 175 f.

Engelmann, Theodor 119
Ensor, James 206
Ernst Ludwig, Großherzog
    von Hessen und bei Rhein
    159 f., 170, 172

Falke, Gustav 174
Feld, Leo 236
Fellinger, Maria 113
Feuerbach, Anselm **108–138**
Finscher, Ludwig 45
Flotow, Friedrich von 173
Fontane, Theodor 135, 137
Friedrich II., »der Große«,
    König von Preußen 114, 136
Friedrich, Caspar David 94
Fuchs, Georg 169 f.
Fuller, Loie 146

Gautier, Théophile 218
George, Stefan 145, 161, 163,
    165, **177–205**, 209 f., 257, 299
Giraud, Albert 209, 211, 216,
    221, 231
Gluck, Christoph Willibald 110
Goethe, Johann Wolfgang von
    **9–31**, 37, 49, 80 f., 92, 103,
    110, 123, 211, 271 f., 299
Gottsched, Johann Christoph
    91 f.
Grabbe, Christian Dietrich 225
Griepenkerl, Friedrich Konrad
    55
Griepenkerl, Wolfgang Robert
    55, 59, 61 f., 66
Grosz, George 133
Grüber, Klaus Michael 96
Guercino 116

Günderode, Karoline von 293
Gurlitt, Wilibald 265

Haan, Willem de 170
Haeckel, Ernst 146
Hacker, Benedikt 115
Hafis 118
Hand, Ferdinand 39
Händel, Georg Friedrich 55f.,
    59, 114
Hanslick, Eduard 126f.
Hartleben, Otto Erich 209, 211,
    216, 221, 231f.
Härtling, Peter 96
Haskell, Francis 218
Haydn, Joseph 38f., 52, 57, 114
Hegel, Georg Wilhelm
    Friedrich 60, 77, 82, 93,
    284–291, 295
Heine, Heinrich 96, 103, 211,
    225
Helft, Bartholomeus van der
    114
Hellingrath, Norbert von 163
Hellmesberger, Josef 236
Herbeck, Ernst 282
Herder, Johann Gottfried 61f.,
    91f.
Hertzka, Emil 210
Hetsch, Ludwig 21
Heymann, Werner Richard 234
Hindemith, Paul 263–269, 272
Hodler, Ferdinand 147f.
Hoebner, Fr. 166
Hoffmann, E. T. A. 56, 115f.,
    232
Hofmann, Werner 94, 123f.,
    135

Hofmannsthal, Hugo von 104,
    169, 183
Hofstätter, Hans Helmut 142
Hölderlin, Friedrich 72, 91, 96,
    163, 273, **273–296**
Holländer, Friedrich 234
Holländer, Victor 172
Holz, Hans Heinz 268
Hopper, Edward 206, 221
Hugo, Victor 225
Humperdinck, Engelbert 174

Ingres, Jean Auguste
    Dominique 114, 127
Ives, Charles 47ff.

Jandl, Ernst 293f.
Janin, Jules 217f.
Joachim, Joseph 69
Jost, Dominik 140f.

Kagel, Mauricio 50, 67, 71f.
Kähler, Ingeborg 113
Kaiser, Gerhard 271
Kalbeck, Max 113, 121, 133f.
Kandinsky, Wassily 225
Kassner, Rudolf 266
Kaulbach, Wilhelm von 116
Keller, Gottfried 128
Killmayer, Wilhelm 273, 277
Klages, Ludwig 266
Kleist, Heinrich von 55
Klimt, Gustav 144
Klinger, Max **108–138**
Klopstock, Friedrich Gottlieb
    91
Knepler, Georg 249
Kohlhäufl, Michael 90

347

Korn, Erich 237
Kremser, Eduard 86
Krenek, Ernst 97f., 267
Kretzschmar, Hermann 300
Kropfinger, Klaus 66
Krufft, Niclas de 38
Krummacher, Friedhelm 65f.
Kuhlau, Friedrich 32f., 35, 37, 63f.
Kühn, Hellmut 268
Kupelwieser, Leopold 116
Kurth, Ernst 155f.
Kwast-Hodapp, Frieda 160

Lachner, Vincenz 137
Lange, Samuel Gotthold 91
Lefevre, Henri 83
Legrande, Paul 219
Lehár, Franz 224, 226, 236
Levetzow, Karl von 236
Levi, Hermann 108, 113
Lewin, David 228
Liliencron, Detlev von 174
Lindblad, Adolf Fredrik 64
Lionardo da Vinci 114, 116
Lobe, Johann Christian 53
Löwe, Carl 172
Löwe, Ferdinand 236

Macke, August 206
Mahler, Gustav 69, 85f., 267, 269–272
Makart, Hans 113, 116, 124
Manet, Edouard 116
Mann, Klaus 95
Mann, Thomas 95f.
Marees, Hans von 121, 123, 167
Marschner, Heinrich August 56

Marx, Adolf Bernhard 53
Marx, Karl 83, 243
Mayer, Günther 242
Meier-Graefe, Julius 147
Mendelssohn Bartholdy, Felix 40f., 51, 53, 56, 64ff., 71, 114
Mendelssohn, Arnold 17
Menzel, Adolph von **108–138**
Metternich, Klemens Wenzel Fürst von 88, 90, 93
Meyer, Ernst Hermann 241f., 254
Meyerbeer, Giacomo 55
Meyerhold, Vsevolod 207
Michelangelo 116
Molière 207
Morgenstern, Christian 256
Mörike, Eduard 17, 21
Mörike, Karl 21
Moscheles, Ignaz 38
Mozart, Wolfgang Amadeus 38, 52, 55, 57
Mühlfeld, Richard 115, 134
Müller, Heiner 293
Müller, Wilhelm 12, 75, 79, 81, 87f., 90, 95ff., 99, 104
Murillo, Bartolomé Esteban 116
Musil, Robert 207

Nadar, Félix 207
Napoleon Bonaparte 90
Nerval, Gérard de 218
Nietzsche, Friedrich 129, 289
Nodier, Charles 218
Nodnagel, Erich Otto 171f.
Novalis (Friedrich von Hardenberg) 83, 271

Obrist, Hermann 143
Olbrich, Joseph Maria 148, 168, 171, 173

Petri, Egon 216, 229
Pfitzner, Hans 45
Picasso, Pablo 206, 221
Piranesi, Giovanni Battista 115
Prévert, Jacques 253
Puccini, Giacomo 224, 226
Pyra, Immanuel Jacob 91 f.

Raffael 114, 116, 122
Ranke, Winfried 128
Ratz, Erwin 42 f.
Reger, Max 69, 160
Rehm, Walter 207 f.
Reichardt, Johann Friedrich 11 f., 16 f., 19, 22–26, 28–30
Reni, Guido 115
Richardson, Samuel 21
Richter, Ludwig 115
Riemann, Hugo 38, 53
Ries, Ferdinand 38
Rihm, Wolfgang 35, 37, 67, 69–72, **273–298**
Rilke, Rainer Maria 124 f., 205
Romano, Giulio 116
Rossini, Gioachino 63
Rubens, Peter Paul 110, 116
Ruch, Hannes 172

Saint-Saëns, Camille 174
Sams, Eric 278
Schelsky, Helmut 299
Schiller, Friedrich 24–29
Schlaf, Johannes 174
Schlaffer, Hannelore 13

Schlegel, Friedrich 31, 83
Schlesinger, Adolph Martin 33
Schmalenbach, Fritz 142
Schmidt, Christian Martin 227 f.
Schnebel, Dieter 50, 266
Schneider, Friedrich 56
Schober, Franz von 89, 91 f., 105, 107
Schönaich, Christoph Otto Freiherr von 92
Schönberg, Arnold 46 f., 53, 142, 152–158, 163, 165, **177–205**, **206–240**, 243, 250, 255, 256–261, 266 f., 276, 283 f., 289–291, 299
Schopenhauer, Arthur 121
Schreker, Franz 236, 267
Schubert, Franz 39, 52, 55, 73–107, 211, 267, 277, 292, 295, 299
Schulz, Johann Abraham Peter 13
Schumann, Clara 108, 114, 119, 127
Schumann, Robert 39, 40 ff., 65, 69, 78, 114 ff., 121, 207, 211, 213 f., 220, 225, 278, 292, 294 f.
Schwind, Moritz von 116
Sedlnitzky, Josef Graf 88
Seling, Helmut 145, 147
Senn, Johann 88
Shakespeare, William 114, 223
Silcher, Friedrich 84 f.
Simrock, Fritz 116 f.
Sondheim, Stephen 13
Specht, Richard 236

Spengler, Oswald 133
Spohr, Ludwig 56
Spontini, Gaspare 56
Stein, Erwin 223
Steinla, Moritz 114
Stephan, Rudolf 228
Sternberger, Dolf 148 f.
Stevens, Wallace 207
Stiedry, Fritz 244
Stix, Karl 173 f.
Stockhausen, Karlheinz 259 f.
Straus, Oscar 172, 236 f.
Strauß, Johann 174, 238
Strauß, Joseph 173
Strauss, Richard 171 f., 228
Strawinsky, Igor 227, 267

Tizian 116
Tschaikowsky, Peter 48, 95

Unger, Friederike 23 ff., 26
Unger, Johann Friedrich 9,
    16 f., 23–26, 28
Uz, Johann Peter 91

Velasquez, Diego 116
Velde, Henry van de 145, 147
Verlaine, Paul 207, 220
Vóriśek, Jan Václav 295
Voss, Johann Heinrich 13
Vulpius, Christiane 30

Wagner-Stiedry, Erika 223
Wagner, Nike 280

Wagner, Richard 45, 51, 58, 66,
    116, 124, 150, 155, 174, 210,
    212, 224, 226, 228, 230, 266 f.
Wangenheim, Gustav von 234
Watteau, Antoine 206, 231
Weber, Carl Maria von 124
Weber, Max 19
Webern, Anton 70, 159, 165,
    177 f., 227, 255 f., 267, 276,
    283 f.
Wedekind, Frank 172, 174
Weill, Kurt 267
Wendland, Waldemar 236
Wesendonck, Mathilde 210
Wichgraf, Fritz 113
Widmann, Josef Viktor 112
Wieland, Christoph Martin 91
Willette, Adolphe 219
Winckelmann, Johann Joachim
    110
Wolf, Hugo 45, 47, 51, 278
Wolzogen, Ernst von 172, 237

Zehme, Albertine 214
Zelter, Carl Friedrich 12,
    23–27, 29
Zemlinsky, Alexander 46,
    156–159, 222, 239, 267
Zender, Hans 97
Zepler, Bogumil 172
Zesen, Philipp von 20 f.
Zieten, Hans Joachim von
    114
Zillig, Winfried 267

Wir danken der Universal Edition, Wien, für die Genehmigung des Abdrucks aus den *Hölderlin-Fragmenten* von Wolfgang Rihm, S. 274 und S. 276, © 1977 by Universal Edition A.G., Wien/UE 16660 sowie dem Deutschen Verlag für Musik, Leipzig, für die Genehmigung des Abdrucks des »Solidaritätslieds« von Hanns Eisler, S. 245–248, © by Deutscher Verlag für Musik, Leipzig.